備前焼の狛犬

全国の備前焼狛犬を訪ねて

相原　武弘

日本文教出版

はじめに

家の建て替えによる床の間の置物探しから、変な縁で古備前の細工物である布袋や獅子等の香炉の蒐集から研究へと興味が移り、平成一九年一一月には自費出版により「備前の細工物」に纏めることができました。

その本にも記述していますが、備前焼が延々と受け継がれた歴史の中で、備前陶工の技術の卓越性とそれぞれの時代に翻弄されながらも様々な品物を作ることにより生き続けてきた、備前人の逞しさが私を備前焼に引きつけた魅力でしょうか。

著書「備前の細工物」では、繊細で小さな香炉等の製品を時代別・種類別に取り上げましたが、備前細工物の大きなものの代表としては、神社に奉られている狛犬があります。

全国的には狛犬と呼ばれていますが、岡山県内ではお宮にある獅子ということから宮獅子と呼ばれて親しまれています。

私も子供時代から慣れ親しんだ名称ですが、ここでは宮獅子ではなく狛犬という名称を使わせてもらいます。

神社は守り神様の住む場所、国家鎮護、豊年満作祈願の場所として、また地域の集会所や子供達の遊びの場として昔から親しまれ、そこにある鳥居や本殿前には必ずといっていいほど狛犬が鎮座し、見慣れた存在となっています。

狛犬は一般に石で作られているものが殆どで、陶製、特に備前焼で作られたものは余り見受けられないため、石製品に比べ調査研究が進んでいません。

「備前の細工物」のあとがきにも触れたのですが、香炉などの次には獅子等の置物等の大型の製品をテーマとして取り組みたいと考えていました。

それは、あちこちで備前焼の狛犬が盗難に遭っているとか、長年の風雪による亀裂や破損により破棄されるなど、年々数が少なくなっているということを聞いたからです。

そこで、著書完成の前から過去の調査結果やインターネットによる情報収集を始めました。

岡山県備前市内では比較的よく見かける備前焼狛犬ですが、県内の他の地域にはどれくらいあるのか、さらには全国への分布はどうなっているのかなど、想像をかき立てられながら取り組みました。

過去に調査された記録や文献を調べ、それらの狛犬が現在どうなっているのか、また、これまで知られていなかった狛犬を見つけ出したいという思いを胸に、人を頼り、あるいはインターネット等による情報収集を行い、その情報に基づき現地へ出かけ、一つ一つ確認と計測を行いました。

平成二二年に中間報告として『備前宮獅子』の表題で発表させていただきましたが、その後も調査は継続していて、今回、一〇年の区切りとして、改めて発表することにしました。

なお、狛犬の写真撮影では、本体の正面と共に拝殿に向かってそれぞれの側面を写したかったのですが、置き場所や周囲の木々の影響などから参道に向かって側面を写したものもあります。

狛犬は阿と吽形の一対が基本ですが、どちらか片方が無くなるなど、破損が著しく、直立していないものもあることから、写りが悪くなっているものもあります。

また、現地を訪問した時間が早朝や夕刻に掛かっているものや、デジカメで三脚も使わず撮影したものもあることから見苦しいものもありますが、ご容赦願います。

目　次

一. 狛犬について

狛犬は本来、「獅子・狛犬」と呼ばれており、向かって右側が阿像で口を開いた角なしが「獅子」で、左側が吽像で口を閉じて角があるのが「狛犬」です。

現在では、形は阿吽ともに獅子に近いですが、呼び方は狛犬として定着しています。

狛犬の起源は諸説ありますが、古くは古代オリエントやエジプトまで遡ります。

神殿や椅子には王の強力な力を誇示するため、最強の動物であるライオン（獅子）を守護獣として刻んだことが始まりと考えられ、インドを経由して中国に入ります。

中国では皇帝の守護獣として獅子が定着し、唐獅子と呼ばれるように派手で一対で相似形のものとなります。

日本には平安時代後期に遣唐使によって宮中に持ち込まれたと考えられており、宮中では天皇の玉座を守る守護獣として御簾や几帳の裾のあおり止めの押さえ（鎮子）として置かれました。

中国の一対の獅子は日本に持ち込まれた直後、口を開けた獅子と口を閉じて角がある狛犬という形式に変わっていきます。

神社に神像が置かれるようになると、それを守る守護獣として狛犬も内陣・外陣・神門・鳥居の近くに置かれるようになり、江戸時代に入ってからは玉乗りなど多様な形態の変化を見せます。

狛犬の材料には、木・石・金属（青銅や鉄）・陶製などがあり、殿内の内陣・外陣などには小型で木造、屋外の神門には大型の石造が多く見られます。

神社の参道に置かれるようになったのは江戸時代以降といわれ、庶民が奉納するという形になります。

木造では東大寺にある平安時代後期の康治元年（一一四二）や滋賀県大宝神社（鎌倉時代初期）、そして兵庫県高売布神社の永仁五年（一二九七）が、石造では東大寺の建久七年（一一九六）や京都府宮津市の籠神社（鎌倉時代）、山梨県熊野神社の応永一二年（一四〇五）などが古いとされています。

陶製の古いものでは、愛知県深川神社の加藤四郎左ヱ門景正（藤四郎）作と伝えられる鎌倉時代のものがあります。

狛犬左右の配置についてですが、一般に右に口を開けた阿型と左に口を閉じた吽型が配置されていますが、勿論例外もあります。

本来は守護獣として神前に配置されているのですが、祭神が菅原道真などの場合、阿型が左、吽型が右に配置され祭神を見守るように正面から見ると振り向いたように配置されているものがあるようです。

ちなみに、菅原道真は平安時代の学者、歌人、政治家であり、時の宇多天皇に重用され右大臣にまで昇りましたが、左大臣の藤原時平との確執から福岡県太宰府に左遷され、延喜三年（九〇三）に同地で亡くなっています。

道真の死後、藤原時平が病死、醍醐天皇の皇子や皇子の子が相次いで病死したほか、御所内の清涼殿が落雷に遭い多くの死傷者が出ました。

これらを道真の祟りだとして恐れた朝廷は、その後に罪を許すと共に名誉を回復させます。

清涼殿の落雷以降、道真の怨霊が雷神に結びつけられ、京都の北野天満宮を造営して祟りを鎮めようとしますが、その後も大災害が起こるたびに道真の祟りとして恐れられました。

こうして道真は天神様として信仰されるようになり、祟り封じとして祀られるようになりますが、道真が優れた学者で歌人であったことから天神様が学問の神として信仰されるようにもなります。

戦前・戦中には、道真が左遷された太宰府においても天皇を恨まず、ひたすら謹慎の誠を尽くした天皇の忠臣として、国民の発意高揚に利用されます。

なお、狛犬は朝鮮から来たのではないかという説もありますが、「こまいぬ」の発音を「こま犬」、「高麗犬」、そして朝鮮というように誤って解釈され広まったのではないかとの見解もあります。

いずれにしても、朝鮮半島には狛犬の報告例が極めて少ないことから、日本には中国から伝来したと考えられます。

二．備前細工物の歴史（香炉から置物、そして狛犬製作への変遷）

備前市の赤穂線伊部駅南にあって鎌倉から明治の中頃まで使われた国指定の南大窯跡の調査では、甕のほか皿・擂鉢・徳利の陶片が数多く見られ、古代より同様の器種が作られていたことが判っています。

南大窯を含めた他の窯跡からは細工物の陶片を見つけることがほとんど出来ないため、細工物が何時の頃から作られ始めたか定かなことは判りませんが、一般には桃山時代の後期からと考えられています。

備前焼は水への適性や耐久性に優れていたということから、鎌倉・室町時代以降に作られた器種は甕・皿・擂鉢・徳利がほとんどといっても過言ではないでしょう。

しかし、志野や織部といった釉薬物が出てくる桃山時代から備前は衰退期に向かい、伊万里や京・瀬戸焼などの磁器が盛んとなった江戸中期になると、それまで作っていた甕・皿・擂鉢・徳利などの器種では立ち行かなくなります。

備前土は熱による収縮率が大きく釉薬陶に向かないことから、布袋や獅子・達磨などの細工物を作ることにより活路を見いだそうとしたのではないかと考えられます。

初期の布袋や獅子・達磨などは粗土を篩（ふるい）に掛けて小石やゴミを取り除いた均質な土「ふるい土、おろし土」による焼締めであり、素朴な作りで見るものを和ませますが、伊万里のような華やかさはありません。

そのため、土を「ふるい土、おろし土」による製作から水に晒して粒子の小さな水簸土に替え、鉄分の多い「磯上の土」を釉薬のように塗り土として利用するなど、釉薬物に対抗するための工夫をしていきます。

それでも売れなくなると釉薬を用いた閑谷焼、色付けした彩色備前、山土を用いた白備前、還元炎による青備前を生み出し、香炉や置物等の製品を作ることで備前焼の生き残りを図ります。

これらは当初、藩主導により他の追随を許さない精巧で緻密、尚かつ上品な仕上がりで、広く世に知られるところとなります。

しかし、江戸中期以降藩による主導が弱くなってくると、製品は次第に粗悪化していき、明治からは製品も小型の香炉や置物から狛犬、人物像などの大型の製品が作られるようになります。

また、江戸末期から色備前と呼ばれる金彩や銀彩そして色釉で彩色した徳利・皿などの製品が作られ、明治・大正期には岡山駅などの土産品として盛んに作られていますが、その他の製品は置物などが細々と作り続けられます。

しかし、大正から昭和にかけて金重陶陽、三村陶景、西村春湖などにより初期の閑谷焼、彩色備前、白備前、青備前と見間違うような製品が作られ、備前焼の隆盛に繋がっていきます。

閑谷焼、彩色備前、白備前、そして色備前は備前焼本来の焼締め陶とは異なりますが、これも備前焼を守るための手段であり、他の窯にはない備前特有の工夫といえます。

三、備前焼狛犬の誕生

イ）安久焼宮獅子

備前焼による狛犬がいつ頃から作られたかと云うことですが、京都府舞鶴市の高倉神社にある安久焼の狛犬が重要な資料といえます。その狛犬は、高さ三〇センチ程で、顔は平面的で人に近い形の鼻と目を持っており、髪は体に土のかたまりを貼り付けて渦（髪の先端が巻いている模様）はありません。

胴には「あこ村におき　ひせんつぼやき衆き志ん仕申候　慶長十八年八つき十五日（一六一三年）」と銘文が刻まれており、備前の陶工が安古（現在の地名は安久）で窯を作り、その記念として神社に寄進したものと云われています。

当時、備前藩主池田忠雄の姉が宮津藩主の京極高広に嫁いでいたことから、備前の陶工が招かれ、擂鉢・壷・甕などを安古の窯で作られたと考えられます。

土は地元の山土を用い、窯も舞鶴市吉原の春高稲荷神社境内にあったことから備前焼ではありませんが、備前の陶工が狛犬を作ったと確認できるものとしては最古と云えます。

舞鶴市内には他に、現在は盗難に遭っている慶長一五年（一六一〇年）銘文のもののほか、銘文のない一対と一体の狛犬がありますが、窯が慶長末には終わっていることからこれらもほぼ同時期に作られたと考えられます。

この安久焼宮獅子の形態は瀬戸の狛犬や、高倉神社に奉納されている木製の獅子の形態に近いことから、これらを参考として作られたのではないかと推察されます。

高倉神社は舞鶴市長浜の海辺に位置しており、安久焼宮獅子の他に木造の神像や舞台幕などの寄進物、古文書類などの豊富さでは市内でも有数の神社です。

祭神は誉田別尊（ホンダワケノミコト・応神天皇＝八幡神社の主祭神とされ、中世に武の神として全国に広まった）、天児屋根命（アメノコヤネノミコト・春日神＝藤原氏の氏神である奈良春日大社の祭神）、菅原道真（天神）であり、武神の主祭神として中世より重要な場所であったと考えられています。

明治になって、この地が海軍の軍港となったことから神社には日清・日露戦争の記念碑をはじめ、戦勝祈願の品が幾つも残されています。

高倉神社

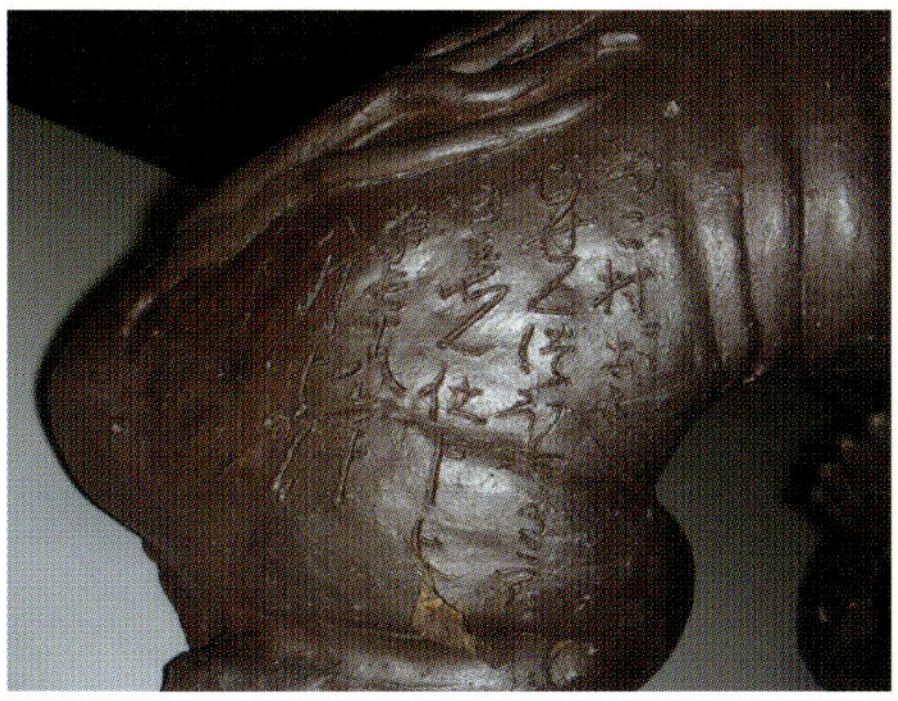

吽形胴の銘文

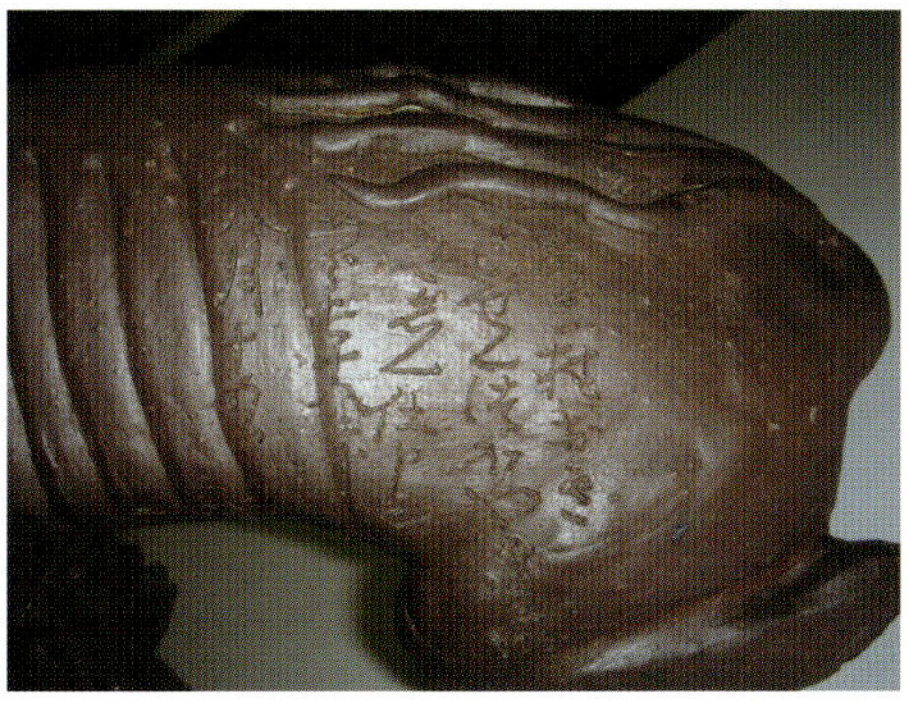

阿形胴の銘文

備前の陶工が製作した最古の年銘がある高倉神社の狛犬

慶長18年（1613）に備前の陶工が安古（現地名は安久）で窯を作り、その記念として神社に寄進したことが胴体に記されている京都府舞鶴市　高倉神社の狛犬

ロ）備前焼狛犬

備前焼として確認できる最初の狛犬は、備前市閑谷の天神社にある貞享三年（一六八六）銘の一対と、現在は行方不明になっている福神社のもの（同年銘）があります。

いずれも高さ三〇センチ程度で、同年に閑谷学校の新聖堂と芳烈祠の瓦を閑谷の土を使って伊部の陶工達が焼いた記念として伊部御細工人の木村重房が寄進したもので、備前焼の狛犬はこの頃から作られたと考えられ、神社の殿内に祀られたもので狛犬としては小型です。

閑谷学校は、寛文一〇年（一六七〇）に備前藩主　池田光政により備前市閑谷に学問所として作られ、その後増改築が行われ、元禄一四年（一七〇一）にほぼ完成しています。

作られた当初の屋根は茅葺きでしたが、貞享一年（一六八四）からの建て替えと共に、貞享三年（一六八六）に伊部焼瓦に葺き替えられます。

貞享三年（一六八六）銘の狛犬のほか、同四年には瓦窯で作った焼き物が御城へ献上されたことが藩の記録である「撮要録」に記されています。

この瓦窯では元禄一四年（一七〇一）頃まで焼かれていたと考えられています。

なお、同所では瓦窯の他に小窯が築かれ、釉薬を用いた京焼の青磁風の祭器や装飾品が作られていますが、その細工が素晴らしいことから閑谷焼と呼ばれ、窯が廃止された後も伊部で陶工により昭和まで断続的に作られています。

次に年銘で確認できる古い狛犬は、一〇〇年以上経過した文政四年（一八二一）の岡山市北区足守の鼓神社と、愛知県陶磁資料館のもので、高さは八〇センチ超と大型になります。

これ以降、小型の狛犬は殆ど見られません。

天神社の狛犬

四．備前焼狛犬の形態の変遷

安久焼の狛犬は備前の陶工が作ったものですが、この形態は備前には伝わっていないことから、備前焼狛犬は天神社にある貞享三年（一六八六）が初出と云えます。

天神社の狛犬は阿が三三センチ、吽が三四センチと小型で、体は頭部が足の位置よりも前に出ており、今にも飛びかかってきそうな姿です。

主な特徴は次のとおり。

・頭の額は狭く、頭部の髪は真っ直ぐに伸び、その先端は平面的に渦のように巻いている。
・阿型の口は大きく開けられ、舌の先端は尖っている。
・阿型の歯は下が四本、上が六本でそれぞれは離れている。
・前足は細く犬のような形態で、前へ突っ張っている。
・足先は盛り上がり、爪は鋭く尖っている。
・体は全体的に細身で、背中には渦模様や髪などの細工は作られていない。
・尻尾は小さく渦巻きは三個、その形態は団子のように立体的な作りとなっている。

天神社の狛犬（阿形）

文政以降は大型となり、小型のものは殆ど無いことから、神社の外に置かれた狛犬はこの頃から作られたと考えられます。

大型狛犬の初期は岡山市足守の鼓神社と、愛知県陶磁資料館にある文政四年（一八二一）銘の二体です。

その形態は、次のとおり。
・頭の額は広く、頭部の髪は波をうち、その先端は立体的に幾つも渦のように巻いている。
・阿型の口は大きく開けられ、舌の先端はやや丸みを持っている。
・阿型の歯は下が四本、上が六本、それぞれは離れている。
・前足やや太く、前へ突っ張っている。
・足先は盛り上がり、爪は鋭く尖っている。
・体は太くなり、背中には渦模様や髪などの細工は作られていない。
・尻尾はやや大きくなり、渦巻きは五個で、その形態はやや平面的な作りとなっている。
なお、愛知県陶磁資料館の狛犬は一三〇センチ超と大型のため、尻尾は本体とは別々に焼かれています。

愛知県陶磁資料館の狛犬（阿形）

愛知県陶磁資料館の狛犬（尻尾）

江戸末期から明治初期の代表的な狛犬では、大阪の住吉大社のものがあります。
その形態は、次のとおり。
・頭の額は広く、頭部の髪は波をうち、阿型の先端は立体的で、より多く渦を持ち、さらに毛先が下へ伸びている。
・頭部は、顎から頭頂部の長さよりも顔幅の長さが短く、扁平な顔となっている。
・阿型の口は大きく開けられ、舌の先端はやや丸みを持っている。
・阿型の歯は下が二本、上が六本で上の中側四本は繋がっている。
・前足太く、直立し、腰で全体重を支えた形態となっている。
・足先の盛り上がりはやや小さくなるが、爪は鋭く尖っている。
・体は太く、背中は肉感的な盛り上がりを持っている。
・尻尾は大きくなり、渦巻きは少なくなるが、先端は四から六本と分かれ、その形態は立体的な作りとなっている。

住吉大社の狛犬（吽形）

住吉大社の狛犬（阿形）

明治中期から大正になると、後述する備前陶工　木村友敬と森良明のものが多く見られます。

大まかな形態の特徴は、次のとおり。（姫路市新次神社　大正一三年森良明作）
・頭の額は広く、頭部の髪は波をうち、阿型の先端の渦は立体的で、下へ伸びた毛先は長くなっている。
・阿型の口は大きく開けられ、舌の先端はやや丸みを持っている。
・阿型の歯は下が二本、上が六本で繋がっている。
・前足は細く、直立した形態となっている。
・足先の盛り上がりはやや小さくなり、爪先はやや丸みを持っている。
・体は太くなり、背中には渦模様や髪などの細工が作られている。
・尻尾はやや小さくなり、渦巻きは五個で、その形態はやや平面的な作りとなっている。
この頃になると殆どが型物で、顔や髪、関節などが誇張して作られています。

新次神社の狛犬（阿形）

新次神社の狛犬（吽形）

昭和期になると、木村友敬（興楽園）作の狛犬が多く見られます。
大まかな形態の特徴は、次のとおり。（赤磐市天津神社　昭和一五年興楽園友敬作）
・頭の額は狭く、頭部の髪は波をうち、阿型の先端の渦は立体的で、下へ伸びた毛先は短くなっている。
・頭部は小さく、全体的にアンバランスな形態となっている。
・阿型の口は小さく開けられ、舌の先端はやや丸みを持ち、舌の大きさは小さくなっている。
・阿型の歯は下が二本、上が六本で中の四本は繋がっている。
・前足は太く体と一体になり、体は直立した形態となっている。
・足先の盛り上がりはやや小さく、爪先はやや丸みを持っている。
・体は太く、背中には渦模様などの細工はない。
・尻尾は小さく、渦巻きは八個で、その形態は立体的であるが、先端は短い作りとなっている。
・全体的にズングリとした体型となっている。

天津神社の狛犬（阿形）

天津神社の狛犬（阿形）

五．備前焼狛犬の製作者（木村・森氏の系統）

狛犬を製作した人物（陶工）ですが、備前では古来より木村、森、大饗、寺見、金重、頓宮を六姓として各家が備前焼製作に当たっていたとされていますが、今回の調査で、狛犬については木村と森の両家が多くの狛犬製作に関わっていたことが判りました。

まず、木村家の系統ですが、古備前研究家である和気町の目賀氏の調査によると、伊部最大の窯元で室町後半から焼物製作に関わり、多くの名工を排出して代々御細工人を世襲し、その木村氏の中でも興楽園系が中心的存在とされています。

興楽園系の当主は成人名を長十郎、隠居名を長右衛門と名乗っており、友直、友敬などの名が狛犬にあるほか、その傍系の新七郎貞清、儀三郎貞幹、真平などの名も見られます。

玉舟系では、吉右衛門、盛次清近、宗太郎宗得が、黄微堂系と思われる六郎平吉朝、さらには桃渓堂系の平次など、木村氏の系譜によるものが多い。

今回の調査でも、狛犬本体や台座に記銘された製作者別の数では木村氏が最も多く見られました。


次に森家ですが、江戸初期から活躍した伊部を代表する窯元で、初期の細工物に名作が多い。

狛犬では特に栄太郎良明のものが殆どで、僅かに甚治郎良康のほか、正統などの名前が見られました。

詳しい窯元六姓については、目賀道明氏の著書「備前焼の系譜」を参照されたい。

今回の調査による阿吽別の製作者の一覧は次のとおり。

阿型　木村九七（うち友敬四〇）　森二五（うち良明二一）　金重二　大饗二　寺見一　大森四　岡村二
　　　小山二　ほか

吽型　木村九九（うち友敬三六）　森二八（うち良明二三）　金重二　大饗二　大森四　岡村二　ほか

六．備前焼狛犬のベスト一〇

イ）古さベスト一〇（本体又は台座から年銘が明らかなもの）

①岡山県備前市	木谷天神社（備前焼ミュージアム蔵）	貞享三年（一六八六）
②岡山県岡山市	鼓神社	文政四年（一八二一）
愛知県瀬戸市	愛知県陶磁資料館	文政四年（一八二一）
大阪府大阪市	聖天了徳院	文政四年（一八二一）
⑤広島県福山市	備後一宮吉備津神社	文政七年（一八二四）
⑥千葉県南房総市	熊野神社	文政八年（一八二五）
⑦岡山県備前市	宇佐八幡宮	文政九年（一八二六）
⑧岡山県倉敷市	由加神社本宮	文政一二年（一八二九）
⑧東京都品川区	品川神社	文政一三年（一八三〇）
島根県松江市	美保神社	文政一三年（一八三〇）

ロ）大きさベスト一〇（台座を除いた本体の高さ）

一般的に阿型より吽型のほうが大きく作られているため、ここでは阿吽それぞれについて調査した結果に基づき、それぞれのベスト一〇としました。

阿型

①岡山県岡山市	護国神社	一六〇cm
②愛媛県西条市	石鎚神社	一五八cm
新潟県新潟市	白山神社	一五八cm
④新潟県柏崎市	柏崎神社	一五四cm
⑤香川県琴平町	金比羅宮	一四五cm
⑥大阪府住吉区	住吉大社	一四一cm
⑦岡山県倉敷市	西明院金比羅宮	一四〇cm

⑧ 岡山県備前市　宇佐八幡宮（鳥居前）　一三八cm

⑨ 愛知県瀬戸市　愛知県陶磁資料館　一三六cm

京都府左京区　宗忠神社　一三六cm

吽型

① 新潟県新潟市　白山神社　一七五cm

② 新潟県柏崎市　柏崎神社　一六八cm

③ 岡山県岡山市　護国神社　一六〇cm

④ 京都府左京区　宗忠神社　一五八cm

⑤ 愛媛県西条市　石鎚神社　一五六cm

⑥ 香川県琴平町　金比羅宮　一五四cm

⑦ 大阪府住吉区　住吉大社　一四八cm

⑧ 岡山県備前市　宇佐八幡宮（鳥居前）　一四五cm

⑨ 岡山県倉敷市　西明院金比羅宮　一四四cm

⑩ 岡山県岡山市　吉備津彦神社　一四〇cm

七．備前焼狛犬の分布状況

今回調査するまでは、地元　備前市内に多いだろうということは想像していましたが、その周辺、特に岡山市内に多く見つかったことに驚かされました。

明治から大正期は現在のように物流（運搬）方法が発達していなかったと思われますが、予想に反して県内の広範囲に分布していました。

九〇㎝を越える備前焼の狛犬は相当な重量があることから、現在のような鉄道やトラックを使わないでどの様な方法で運んだのかと調べたところ、舟で運ぶ方法がありました。

海岸線沿いには江戸時代以前から航路があったことから、岡山・玉野・倉敷そして笠岡市方面にはこの道を通っていったのではないでしょうか。

岡山県には三大河川の吉井川・旭川・高梁川があり、古くから船底が浅く、大量の物資を運ぶことのできる高瀬舟が行き来しており、また明治時代には鉄道が一部に開設していたことから、県中部や北部へはこれらが使われたと考えられます。

岡山県以外へは古くから日本を東廻り、西廻りと国内を周回する航路、北前船がありました。

今回の調査により北は北海道、西は長崎県と広範囲に見つかったことに驚かされるとともに、当時の物流がどのように活発であったか想像を掻き立てられました。

しかし、備前から遠く離れた地域にどうしてあったのでしょうか。

北海道の地元で聞いたところでは、鳥取県の人が明治期に北海道へ移住し、そこに神社を造った際に、新潟県では地元の石油王が三つの神社へ寄進するために取り寄せたそうです。

また、徳島県では江戸時代に備前や牛窓の住人が舟を造るための杉材を切り出すため、集団で移住して集落を作ったということから、その移住した人達が故郷を忍んで神社に寄進したのではないかということを聞き、備前と各地を結ぶ縁があるということが判りました。

様々な理由で備前の狛犬が各地へ運ばれ、そこの人達に大切に守られていることに、改めて驚かされた次第です。

備前焼狛犬の全国分布状況

（調査件数　342）

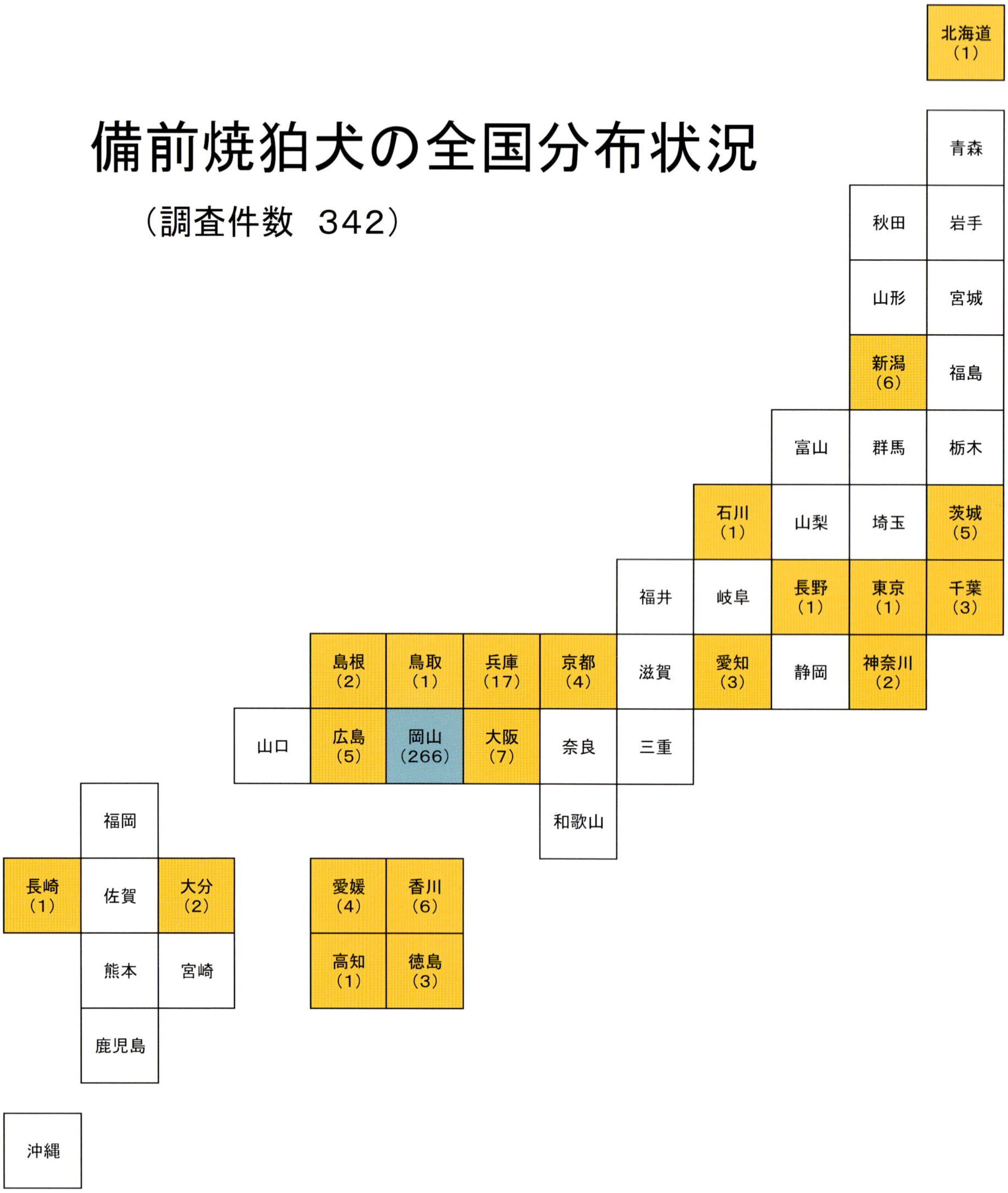

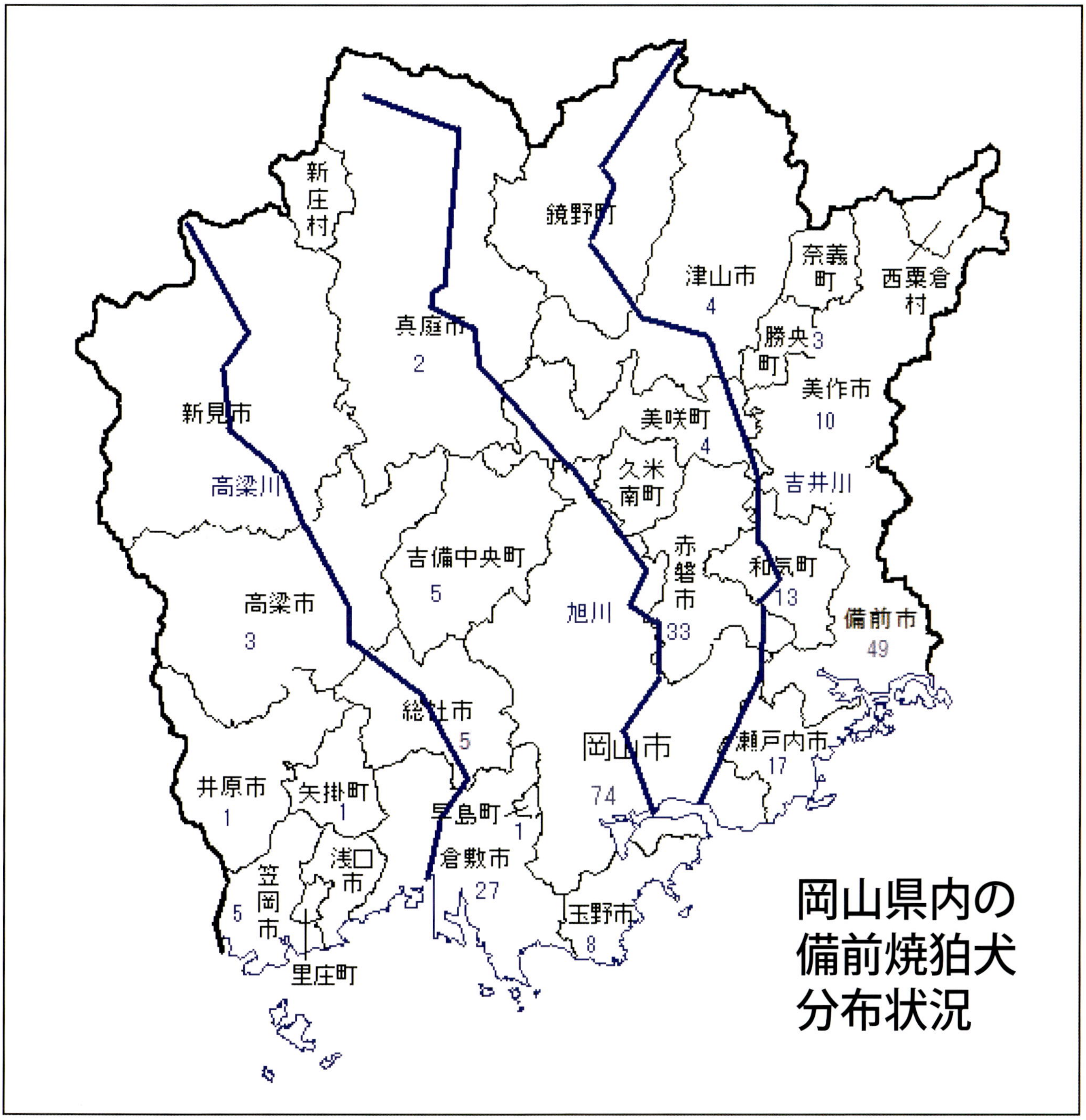
岡山県内の
備前焼狛犬分布状況
新庄村
鏡野町
津山市
4
奈義町
西粟倉村
真庭市
2
勝央町
3
新見市
美作市
10
美咲町
4
久米南町
高梁川
吉井川
吉備中央町
5
赤磐市
33
和気町
13
高梁市
3
旭川
備前市
49
総社市
5
岡山市
74
瀬戸内市
17
井原市
1
矢掛町
1
早島町
1
浅口市
倉敷市
27
笠岡市
5
玉野市
8
里庄町

備前焼狛犬の系譜

制作年	所在地	形態	概要
1611	舞鶴西飼神社（不明）	内陣小型	備前陶工が舞鶴で備前様式の焼物生産した記念に近隣5神社へ寄進
1613	高倉神社	内陣小型	胴体へ寄進記録（池田輝政の娘が丹後宮津　京極高広へ嫁いでいる関係か）
1619	元和5年銘釣灯篭		備前での細工物の始め？
1621	元和7年銘猫つまみ重箱		備前での細工物の始め？
1686	天神社（福神社は不明）	内陣小型	備前で最初の狛犬
	135年間の空白		
1821	鼓神社、愛知県陶磁器資料館	境内大型	大型狛犬の誕生
1824	備後一宮吉備津神社	境内大型	県外に寄進された最も古い狛犬
1891	護国神社	境内大型	県内最大の狛犬
1917	白山神社（大正6年）	境内大型	備前焼最大の狛犬
1940	皇紀2600年（昭和15年）		戦勝祈願として製作されるものあり
2006	木里神社	境内大型	備前最後の本格的狛犬

各年代での製作数		
	1820	5
	1830	8
32	1840	3
	1850	10
	1860	6
	1870	15
	1880	20
	1890	18
142	1900	19
	1910	18
	1920	28
	1930	24
	1940	10
	1950	5
	1960	1
26	1970	3
	1980	2
	1990	3
	2000	2

八．岡山県内の備前焼狛犬

岡山県内での本格的な調査はこれまで殆ど行われていません。

過去には昭和五二年に愛知県の本多静雄氏により、その所在地や製作年が調べられていますが、その数は八〇と限られたものでした。

本調査では、それを大幅に上回る二六六の狛犬を見つけることが出来ました。

なお、調査表の並びは郵便番号順（二四七以降は発見順）としています。

	神社名	所在地	高さ（阿）	作者	高さ（吽）	製作者	製作年	西暦
1	甚九郎稲荷	岡山市北区天神町９－４１	90	木村	91	木村		
2	一丸神社	岡山市北区田町１－４－１２	86		86			
3	宗忠神社	岡山市北区上中野１－３－１０	110		110		明治１８年	１８８５
4	毘沙門天（日差神社）	倉敷市山地日差山	66		70		安政４年	１８５７
5	鯉喰神社	倉敷市矢部１０９	105		105		明治２５年	１８９２
6	荒神社	倉敷市二子１６５０	67	森良明	67	森良明	昭和２年	１９２７
7	三社宮	岡山市南区大福４９６	86		86			
8	外野八幡宮	岡山市南区大福２６	45		50			
9	興除神社	岡山市南区中畦２６	77		78		慶応２年	１８６６
10	妙法寺稲荷堂	都窪郡早島町早島１３９２	95	木村六郎平	94	木村六郎平	明治２０年	１８８７
11	八幡宮	岡山市北区富吉１８５９	66		71		明治３９年	１９０６
12	松尾神社	岡山市北区三和１７５７	86		84			
13	松尾神社	岡山市北区菅野１６８４	84		84		昭和１４年	１９３９
14	若宮八幡宮	岡山市北区楢津３０４３	94		105			
15	天津神社	岡山市北区楢津２０５０	71		78		大正２年	１９１３
16	日吉神社	岡山市北区佐山１３４８	96		98		大正１５年	１９２６
17	吉備津彦神社	岡山市北区一宮１０４３	130		140			
18	靭負（ゆきえ）神社	岡山市北区芳賀３４００	98	森良明	98	森良明	明治４１年	１９０８
19	八幡宮	岡山市北区松尾４９６	44		43			

20	妙教寺	岡山市北区高松稲荷７１２	測不		測不			
21	高松稲荷（霊応殿）	岡山市北区高松稲荷７１２	62	木村吉右兵衛門	67	木村吉右兵衛門		
22	高松稲荷（境内）	岡山市北区高松稲荷７１２	113	木村長十郎ほか７名	95	木村長十郎ほか７名	弘化４年	１８４７
23	上加茂神社	岡山市北区津寺１９	62		69		大正７年	１９１８
24	鼓神社	岡山市北区上高田３６２８	なし		80	森五兵衛正統	文政４年	１８２１
25	高蔵神社	岡山市北区牟佐２８０３	90				昭和７年	１９３２
26	天満宮	岡山市北区牟佐２４３０	92	木村貫一友敬	100	木村貫一友敬	大正３年	１９１４
27	八幡宮	岡山市北区玉柏２６９１		木村杢介貞直		木村儀三郎貞幹		
28	大野原神社	岡山市北区玉柏２３２	59		62		明治３３年	１９００
29	松尾神社	岡山市北区下牧２６７２	84	備前興楽園友敬	86	備前興楽園友敬		
30	淀子神社	岡山市北区中牧３８３	56		55			
31	金山八幡宮	岡山市北区金山寺４９３			81			
32	三代天神社	赤磐市小原１１９９	100	森良明	102	森良明	明治２２年	１８８９
33	湯山神社	赤磐市山手６００			84	森良明		
34	八幡宮	赤磐市大屋４２８	92		97			
35	宗形神社	赤磐市北佐古田８７５	83	興楽園友敬	91	興楽園友敬		
36	天津神社	赤磐市南佐古田３５０	90	興楽園友敬	98	興楽園友敬	昭和１５年	１９４０
37	御崎神社	赤磐市多賀８７４	90		90		明治１２年	１８７９
38	神根歳彦神社	赤磐市大苅田１０６９	45		46			
39	神根歳彦神社	赤磐市大苅田１０６９	46	木村森治清近	43	木村森治清近	嘉永１年	１８４８
40	刈田八幡宮	赤磐市町苅田４１６	98	森数太	102	森数太	明治３９年	１９０６
41	天満天神宮	赤磐市西窪田６０	86		87			
42	片山神社	赤磐市由津里２２８８	76		80		明治１３年	１８８０
43	八幡神社	赤磐市周匝１６２２	82	木村興楽園木南陶峯	84	木村貫一友敬木南陶峯		
44	諏訪神社	赤磐市周匝１０３４	90		94		昭和１５年	１９４０
45	尾谷神社	美作市尾谷２２６８	63		65		天保１年	１８３０
46	金刀比羅宮（八幡宮）	備前市日生町寒河１０２２	92		92	木村貫一友敬	大正３年	１９１４
47	春日神社（拝殿横）	備前市日生町大多府３	86		85			
48	春日神社（拝殿前）	備前市日生町大多府３	94	木羅志満	95	木羅志満	大正４年	１９１５

49	高良八幡宮	備前市日生町日生８０４	85	大森正親	84	大森正親	昭和４７年	1972
50	頭島神社（本殿前）	備前市日生町日生２８３０	64		64			
51	頭島神社（拝殿前）	備前市日生町日生２８３０	87		86			
52	鴻島神社	備前市日生町日生２６６６	57	木村貫一友敬	61	木村貫一友敬	昭和１５年	1940
53	蛭子神社	備前市日生町日生２４５８	78	友敬	79	友敬	昭和１２年	1937
54	荒神社	備前市日生町日生２１３７	89		87		大正１０年	1921
55	春日神社	備前市日生町日生１１８０	76		76		昭和１１年	1936
56	眞徳八幡宮	瀬戸内市邑久町山手１６７９	87		87			
57	大垣八幡宮	瀬戸内市邑久町山手１０２６	60	森良康	62	森甚之介良康	昭和１２年	1937
58	王持八幡宮（拝殿前）	瀬戸内市邑久町上笠加２	93		93	森良明	明治２１年	1888
59	王持八幡宮（参道）	瀬戸内市邑久町上笠加２	85		86			
60	八幡神社（伊良高八幡宮）	瀬戸内市長船町飯井２７０３	85		87		明治３９年	1906
61	三和神社	瀬戸内市長船町東須恵１０６４	82		84		明治３１年	1898
62	片山日子神社	瀬戸内市長船町土師７９９	97		98			
63	妙興寺三十番神堂	瀬戸内市長船町福岡６８４	94		94			
64	妙見堂	瀬戸内市長船町福岡	103	岡村正義	108	岡村正義	明治２５年	1892
65	靫負（ゆきえ）神社	瀬戸内市長船町長船１１５１	90		92			
66	湯次神社	瀬戸内市長船町磯上３２７７	102	木村六郎平	102	木村六郎平		
67	多賀神社	瀬戸内市長船町磯上２８８９	85	森良明	85		明治１３年	1880
68	三和神社	瀬戸内市長船町福里３４１	85		85			
69	御崎神社（本殿前）	瀬戸内市牛窓町鹿忍５４２２	25		26			
70	御崎神社（門前）	瀬戸内市牛窓町鹿忍５４２２	85	木村儀三郎貞幹・木村杢介貞直	85	木村儀三郎貞幹・木村杢介貞直	嘉永６年	1853
71	鹿忍神社	瀬戸内市牛窓町鹿忍４８４	102		107		明治１１年	1878
72	郡総社宮	岡山市南区郡１４０６	58		59		天保９年	1838
73	岡南神社	岡山市南区あけぼの町１４―１６	104	木村興楽園	107	木村興楽園	昭和３１年	1956
74	大神神社（門前）	岡山市中区四御神３８１	104	木村友敬	104	木村友敬		
75	大神神社（境内）	岡山市中区四御神３８１	84		84			
76	大神神社（境内）	岡山市中区四御神３８１	87		86			
77	日吉神社	岡山市中区湯迫６９５	96		105		明治２５年	1892

78	日吉神社	岡山市中区賞田３４２	94		104			
79	竜の口八幡宮	岡山市中区祇園９９６	100	森良明	100	森良明	明治２４年	１８９１
80	岡屋八幡宮	岡山市東区藤井５５３	82		92		平成１０年	１９９８
81	深田神社	岡山市中区今谷５３３	97	木村六郎平	97	木村六郎平	明治９年	１８７６
82	備前最上稲荷	岡山市中区沢田６１３	83		86		明治４年	１８７１
83	小嶋神社	岡山市中区原尾島１－７－３９	66		67			
84	護国神社	岡山市中区奥市３－２１	160	木村栄太郎・岡村正義・常楽・菅原良明	160	木村栄太郎 岡村正義 常楽 菅原良明	明治２４年	１８９１
85	喩伽神社	岡山市中区門田本町４－２－２９	108	木村長十郎友直その他２	108	木村長十郎友直その他２	天保１０年	１８３９
86	三勲神社	岡山市中区東山１－３－８１	84		88		明治８年	１８７５
87	豊原南島神社	岡山市東区長沼１４７４	92	木村六郎平	90	木村六郎平	明治１９年	１８８６
88	幸地山神社	岡山市東区邑久郷１３２８	20					
89	安仁神社	岡山市東区西大寺一宮８９５	100	木村宗太郎	100	木村宗太郎	明治４５年	１９１２
90	宇賀神社	岡山市東区正儀４１７８	60	森良明	61	森良明	昭和２年	１９２７
91	妹岡八幡宮	岡山市東区東片岡９８０	84	森良明	89	森良明	大正１４年	１９２５
92	天神宮	岡山市東区犬島６７－１	68		71			
93	祇園神社	岡山市東区金岡東町１－５－２７	84		87		明治３２年	１８９９
94	荒神社	備前市伊部８４６	102		108			
95	忌部稲荷神社	備前市伊部６２９	37	日幡光顕	33	日幡光顕	平成５年	１９９３
96	天津神社（階段前）	備前市伊部６２９	23	知加選	22	日幡光顕		
97	天津神社（鳥居前）	備前市伊部６２９	85	木村儀三郎貞幹	86	木村儀三郎貞幹	万延２年	１８６１
98	木々須神社	備前市伊部４５０	35		36		平成１０年	１９９８
99	備前焼ミュージアム	備前市伊部１６５９－６	33	木村重房	33		貞享３年	１６８６
100	履掛天神宮（車入口）	備前市伊部１５５９	22		21			
101	履掛天神宮（鳥居前）	備前市伊部１５５９	87	木村平兵衛貞幹	87	木村儀三郎貞宗・木村杢介貞直	安政２年	１８５５
102	妙国寺（天神宮）	備前市浦伊部２２	15		16			
103	若宮八幡神社	備前市浦伊部１５	84		86			
104	天神社	備前市大内９４９	93		92		明治３１年	１８９８
105	熊山油瀧神社上之宮（境内）	備前市大内	90	吉形香秀	99	吉形香秀	昭和１１年	１９３６
106	熊山油瀧神社上之宮（入口）	備前市大内	82	木村興楽園	83	木村興楽園		

107	ギャラリーしょうざん	備前市香登本５９９	92		97	森良明		
108	八幡宮	備前市新庄１６１４	90		89			
109	八幡宮	備前市坂根５６	76		81	木南知加選	昭和４６年	１９７１
110	恵美須神社	備前市西片上１８９１－１	133	森良明	132	森良明	明治２５年	１８９２
111	伏見稲荷講社	備前市西片上１１６２－５	91		98			
112	宇佐八幡宮（本殿前）	備前市西片上１	84		82		明治１３年	１８８０
113	宇佐八幡宮（鳥居前）	備前市西片上１	138	森五兵衛尉正統	145	森五兵衛正統、服部章兵尚芳	文政９年	１８２６
114	天神宮	備前市東片上１７４８	87		91		明治１２年	１８７９
115	荒神社	備前市東片上１５２５	68		68			
116	山神社	備前市伊里中５３７	87	木村興楽園友敬	90	森良明	昭和６年	１９３１
117	八幡宮（拝殿前）	備前市鶴海３７１２	105	木村新七郎貞清	104	木村新七郎貞清	明治４年	１８７１
118	八幡宮（随神門前）	備前市鶴海３７１２	80		83			
119	殿上西神社	備前市佐山２１９	76	木村盛治清近	75	木村盛治清近	安政２年	１８５５
120	天神社	備前市蕃山７１０	71	興楽園友敬	73	興楽園友敬		
121	石立神社	備前市麻宇那１２６０	101	森良明	93	森良明	大正１３年	１９２４
122	井田神社	備前市穂浪８３９		大破	なし			
123	荒神社	備前市穂浪２３６５	90		93			
124	天神社	備前市友延２	104	寺見優長	104		明治１５年	１８８２
125	天神社	備前市木谷８	102		107			
126	福神社	備前市閑谷２０９	108		108			
127	荒神社	備前市三石２２１１	73		73			
128	田井八幡宮	玉野市田井５－１２－３０	102		107			
129	八幡宮	玉野市宇野２－３０－１	85	木村貫一友敬	85	木村貫一友敬	昭和６年	１９３１
130	八幡宮	玉野市小島地１１３２			90		大正１４年	１９２５
131	早滝比咩神社　素戔嗚神社	玉野市滝７７３	68	木村直左衛門貞直	73	木村直左衛門貞直		１８５０
132	八浜八幡宮	玉野市八浜町八浜１０９２	83		88		明治３２年	１８９９
133	胸上八幡宮	玉野市胸上１５０３	60		63		明治１３年	１８８０
134	水守神社	玉野市山田８５６	86	木村長十郎友直	88	木村直左衛門貞直	元治１年	１８６４
135	八幡神社	美作市明見２０６	90	木村貫一友敬	90			

136	星八幡宮	美作市入田３７	71	小山寅平	77	小山寅平	明治４年	１８７１
137	田殿神社	美作市田殿７０６	66		71	芳六		
138	豊国神社	美作市北山６２１	89	木村貫一友敬	89		大正３年	１９１４
139	林野神社	美作市朽木５２	89		100		昭和７年	１９３２
140	海田神社	美作市海田７２９	87		95		大正１５年	１９２６
141	杉神社	美作市安蘇大畑口６８６	93		101		大正１５年	１９２６
142	青野神社	美作市青野３８５	90		94		昭和１０年	１９３５
143	山本新作（個人）	津山市大田９６９－５	64	森良明	なし	特殊な形状	大正１４年	１９２５
144	山本新作（個人）	津山市大田９６９－５	88	森良明	なし		昭和２年	１９２７
145	高此野神社	久米郡美咲町安井２８５	81		81	木村桃蹊堂宗得	昭和８年	１９３３
146	飯岡神社	久米郡美咲町飯岡４６９	87	大森正親	86	大森正親	大正８年	１９２０
147	山神社奥社	久米郡美咲町久木１７０	79	木村友敬	86	木村友敬		
148	山神社	久米郡美咲町久木１７０	96	木村友敬	97	木村友敬	昭和１５年	１９４０
149	金彦神社	備前市吉永町金谷３７０	91		94	貞直		
150	田倉牛神社（境内）	備前市吉永町福満９９４－１	75					
151	田倉牛神社（門前）	備前市吉永町福満９９４－１	72	野吹康	74	兼光享納・西山英明	昭和５８	１９８３
152	八幡宮	和気郡和気町保曽１０２４	90	森良明	89	森良明	昭和５年	１９３０
153	和気神社	和気郡和気町藤野１３８５	77	大日本製陶				
154	荒神社（火産霊神社）	和気郡和気町清水	69		72			
155	水行谷神社	和気郡和気町大中山１９９４	102	木村松三郎敏董	104		明治１６年	１８８３
156	松村神社	和気郡和気町田原下１３６３	112		112		明治１４年	１８８１
157	春日神社	和気郡和気町田原下１３４８	85		81		明治２０年	１８８７
158	矢田八幡宮	和気郡和気町矢田１１８０	83	木村貫一友敬			昭和５年	１９３０
159	天石門別神社	和気郡和気町岩戸６５５	100	木村桃蹊堂宗得	106	木村貫一友敬	大正１３年	１９２４
160	宇佐八幡宮	和気郡和気町米沢３６６	125	原田和平治・大饗順吉正近	125	原田和平治・大饗順吉	明治２４年	１８９１
161	速玉男神社	和気郡和気町父井原８７２	125		124	判読不明		
162	王子権現	和気郡和気町小坂２２０	94	判読不明	92	判読不明		
163	天神宮	和気郡和気町田賀田尻３００	104		106		昭和１６年	１９４１
164	二宮神社	和気郡和気町田賀１１９０	96		96	木村桃蹊堂		

165	津宮八幡宮	岡山市東区内ヶ原１	測不		測不			
166	岩熊八幡宮	岡山市東区百枝月１４６６	97	森良明	92	森良明	明治３９年	１９０６
167	北居都神社（祇園宮）	岡山市東区東平島１４６８			92			
168	武部神社	岡山市東区谷尻３９	66	木村儀三郎貞幹	66	木村儀三郎貞幹	嘉永４年	１８５１
169	水分神社	赤磐市酌田６５１	100		103		明治４０年	１９０７
170	福山神社	赤磐市松木１９	90	興楽園友敬	102	興楽園友敬	昭和５年	１９３０
171	八幡和気神社	赤磐市佐古６８５	81	木村新七郎貞清	82	木村新七郎貞清		
172	正八幡宮	赤磐市奥吉原４７９	88		90			
173	熊山神社	赤磐市奥吉原１５２６	120	木村松三郎	120	木村松三郎	明治１３年	１８８０
174	武内神社	赤磐市千躰５１０	86	宗得	93	宗得	昭和１８年	１９４３
175	春日神社	赤磐市小瀬木３４７	91	備前伊部金重製	92	備前伊部金重製	昭和１７年	１９４２
176	日吉神社	赤磐市石蓮寺７２９	82	木村六郎平吉朝	88		明治３２年	１８９９
177	御尊神社	赤磐市可真下５２３	104		102		昭和１１年	１９３６
178	駿田神社	赤磐市可真上７８４	95	興楽園木村友敬	101	興楽園木村友敬	昭和４２年	１９６７
179	見上神社	赤磐市弥上４５０	94	木村一陽	100	木村一陽	昭和３４年	１９５９
180	素盞鳴神社	赤磐市高屋１５４６	64		64	木村六郎平	明治２２年	１８８９
181	鴨長尾神社	赤磐市長尾９７１	64		70			
182	熊野神社	赤磐市穂崎２１５２	83	木村新七良貞清	87	木村新七良貞清		
183	八幡宮	赤磐市穂崎２０９９	78		77			
184	天神宮	赤磐市穂崎２０６９	93		95	森良明		
185	松尾神社	赤磐市穂崎１７３０	94	木村真平貞直・木村寿太郎貞固	96		明治１５年	１８８２
186	和田神社	赤磐市和田４５３	86		100		昭和７年	１９３２
187	八幡宮	赤磐市下仁保８２３	93		95	木村六郎平吉朝	明治３１年	１８９８
188	六坐神社	赤磐市上仁保６９９	94	森良明	95	森良明	大正７年	１９１８
189	阿保田神社	岡山市東区瀬戸町万富１９８９	84		94	木村友敬	昭和１５年	１９４０
190	八幡宮	岡山市東区瀬戸町弓削９１５	100		100			
191	雨垂布施神社	岡山市東区瀬戸町肩背２２０３	85		85			
192	日吉神社	岡山市東区瀬戸町江尻４９１	65		69		明治３９年	１９０６
193	正八幡宮	岡山市東区瀬戸町江尻１６８	75	木村新七良貞清	78	木村新七良貞清	明治３年	１８７０

194	築領八幡宮	岡山市東区瀬戸町下７４１	67	２代　一草	65	２代　一草	昭和５９年	１９８４
195	素盞嗚神社	岡山市東区瀬戸町宗堂１０１０	84		90	興楽園友敬		
196	御崎神社	岡山市南区灘崎町迫川８７１	102		107		明治３２年	１８９９
197	素盞嗚神社	岡山市南区灘崎町片岡１６７７	96	彦十郎	96	彦十郎	明治３３年	１９００
198	御津天神宮	岡山市北区御津芳谷９０９	92	大饗	87	大饗	明治４１年	１９０８
199	八幡宮	岡山市北区御津宇垣６７６	44		44			
200	七曲神社	岡山市北区御津金川６０２	62		64		明治３年	１８７０
201	日吉神社	加賀郡吉備中央町下加茂１４７９	63		65		天保１年	１８３０
202	化気神社	加賀郡吉備中央町案田５	97		99			
203	諏訪神社	勝田郡勝央町河原１２０１	89	木村貫一友敬	101		大正１５年	１９２６
204	八幡神社	勝田郡勝央町豊久田３３９	90		91			
205	八幡神社	勝田郡勝央町黒土２７５	80	興楽園友敬	85	興楽園友敬		
206	八幡神社	倉敷市三田６１５	95	森良明	94		明治１５年	１８８２
207	生坂大神社	倉敷市生坂１０８１	62		64			
208	素盞嗚神社	倉敷市帯高無番地	67	木村六郎平	70	木村六郎平	明治１８年	１８８５
209	三宝荒神社	倉敷市帯高６７７	86	木村貫一友敬	88	木村貫一友敬	昭和８年	１９３３
210	廣峯神社	倉敷市帯高６０４	58		59		大正５年	１９１６
211	龍王神社	倉敷市帯高３２０	77		76		明治４１年	１９０８
212	田槌神社	倉敷市粒江４００	73	貞幹	73	貞幹	安政６年	１８５９
213	西明院金比羅宮	倉敷市粒江１２１４	140	木村松三郎一敏・森榮太郎良明	144	木村松三郎一敏・森榮太郎良明	明治２２年	１８９１
214	妙見宮	倉敷市粒江１５５０	42		45		明治４年	１８７１
215	熊野神社	倉敷市林６８４	115		115		明治４０年	１９０７
216	清田八幡神社	倉敷市曽原１１２４	92		93			
217	足高神社	倉敷市笹沖１０３３	86		92			
218	金比羅宮	倉敷市茶屋町１８４４	94		105		明治２５年	１８９２
219	由加神社本宮	倉敷市児島由加山２８５２	130		135		文政１２年	１８２９
220	田の口道路脇	倉敷市田の口５丁目	130		130		明治７年	１８７４
221	鎮守荒神社	倉敷市下津井５－４	83	木村興楽園	93	木村興楽園	昭和１９年	１９４４
222	木里神社	倉敷市下津井４－６－２１	60	好本泰人	68	好本泰人	平成１８年	２００６

223	円福寺	倉敷市下津井２－３－１５	26		28			
224	下津井祇園神社（本殿前）	倉敷市下津井１－１３－１６	78		80			
225	下津井祇園神社（拝殿前）	倉敷市下津井１－１３－１６	100	木村新七良・貞清	100	木村新七良・貞清	慶応４年	１８６８
226	八幡神社	倉敷市連島町矢柄６１２９	86	森良明	86	森良明	昭和３年	１９２８
227	金刀比羅宮	倉敷市松江３－１６－１５	43	興楽園友敬	60	木村長十郎		
228	金刀比羅宮	倉敷市松江３－１６－１５	94		95		大正１２年	１９２３
229	稲荷神社	倉敷市玉島２－１１－８	51				明治３１年	１８９８
230	天神社	笠岡市東大戸１９６４	89	興楽園	91	興楽園	昭和３年	１９２８
231	笠神社	笠岡市笠岡６７９	92		100			
232	稲富稲荷神社	笠岡市笠岡２３６３	117	森五兵衛正綱	111	長谷川茂助正吉	天保９年	１８３８
233	諏訪神社	笠岡市北木島３３１９	91	興楽園友敬	93	興楽園友敬	昭和３年	１９２８
234	天満神社	高梁市成羽町小泉２８８	39	日幡光顕			平成１３年	２００１
235	東豊野神社	加賀郡吉備中央町豊野１４０８	77		78		大正１０年	１９２１
236	大八幡神社	加賀郡吉備中央町黒土７８３			73		大正１２年	１９２３
237	八幡神社（門前）	加賀郡吉備中央町上竹３２６８	95	興楽園木村友敬	98		昭和２６年	１９５１
238	鈴岳神社	高梁市有漢町有漢２９５９	88	備前陶峰	90			
239	廣峰神社	高梁市有漢町有漢２１８７	88		90		昭和１１年	１９３６
240	金刀比羅神社	真庭市上中津井２６	85		89			
241	高田神社	真庭市勝山７７５	99		105		昭和６年	１９３１
242	日吉神社	浅口市鴨方町地頭上３１９			88		昭和１４年	１９３９
243	御崎神社	総社市地頭片上１１５	102					
244	御崎神社	総社市地頭片上１１５	88		87		明治２５年	１８９２
245	厳島神社	総社市中原４４２	77		78		大正６年	１９１７
246	厳島神社	総社市真壁９３５	34					
247	住吉神社	備前市鶴海住吉島	89	森良明	89	森良明	昭和７年	１９３２
248	尾上八幡宮	岡山市北区尾上１５５０	65		69	木村新七郎貞清		
249	石妻稲荷	岡山市北区石妻１２４０	98		98			
250	岸本清美（個人）	津山市上野田８９	77		81			
251	岸本清美（個人）	津山市上野田８９	40					

252	貴布禰神社	小田郡矢掛町江良１８１０	26		26			
253	岩倉山神社	井原市岩倉町４６３	89		93			
254	霧見神社	笠岡市相生１０７０	98	木村貫一友敬	109	木村貫一友敬	昭和９年	1934
255	四御神社	玉野市山田３７４０	50		51	木村長十郎		
256	日佐神社	瀬戸内市邑久町豊原１２６４	78		79			
257	天神社	備前市畠田９３６	72	木南知加選	80	木南知加選	昭和５９年	1984
258	交通安全神社	岡山市中区円山６４６	44		46		昭和１４年	1939
259	天石門別神社	美作市滝宮８９			103	森良明		
260	熊野神社	岡山市北区建部町大田３６９０			98			
261	妙林寺	岡山市北区三門東町７－１	67	木村森治清近	66	木村森治清近	安政３年	1856
262	正八幡宮	岡山市東区瀬戸町沖３２	90	興楽園友敬	97	興楽園友敬	昭和１５年	1940
263	素盞鳴神社	岡山市東区瀬戸町観音寺１４２	89	興楽園友敬	97	興楽園友敬	昭和１６年	1941
264	稲荷神社	岡山市東区水門町７１５	12		12			
265	豪渓寺	総社市槇谷２７６３	100		106			
266	八幡宮	岡山市北区高野尻	76		78			

一・甚九郎稲荷

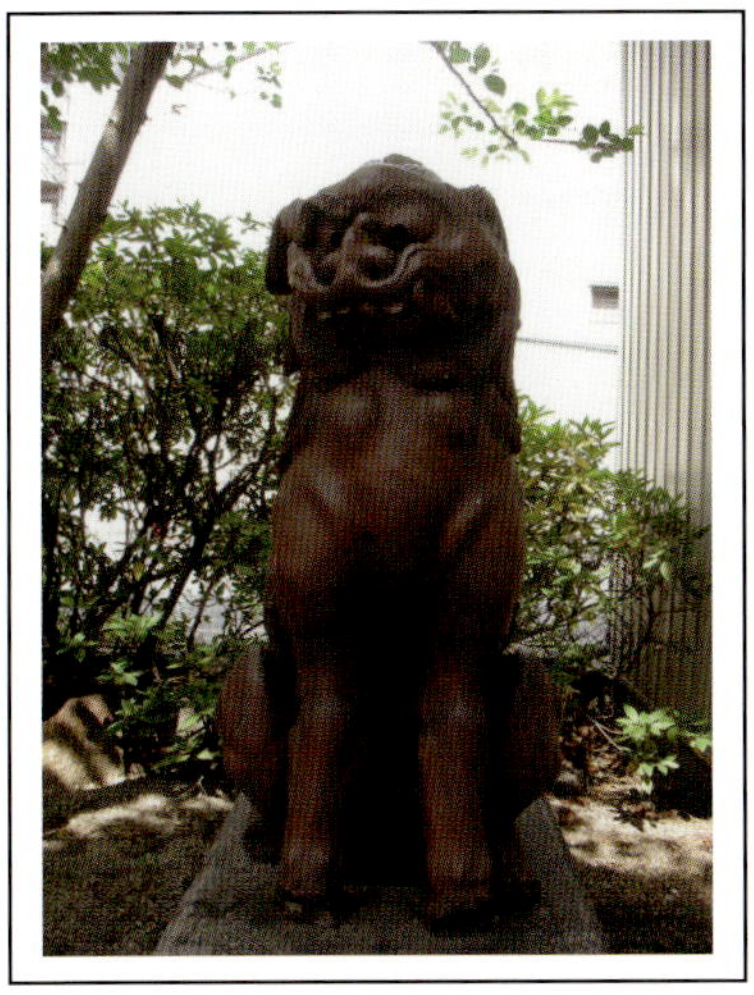

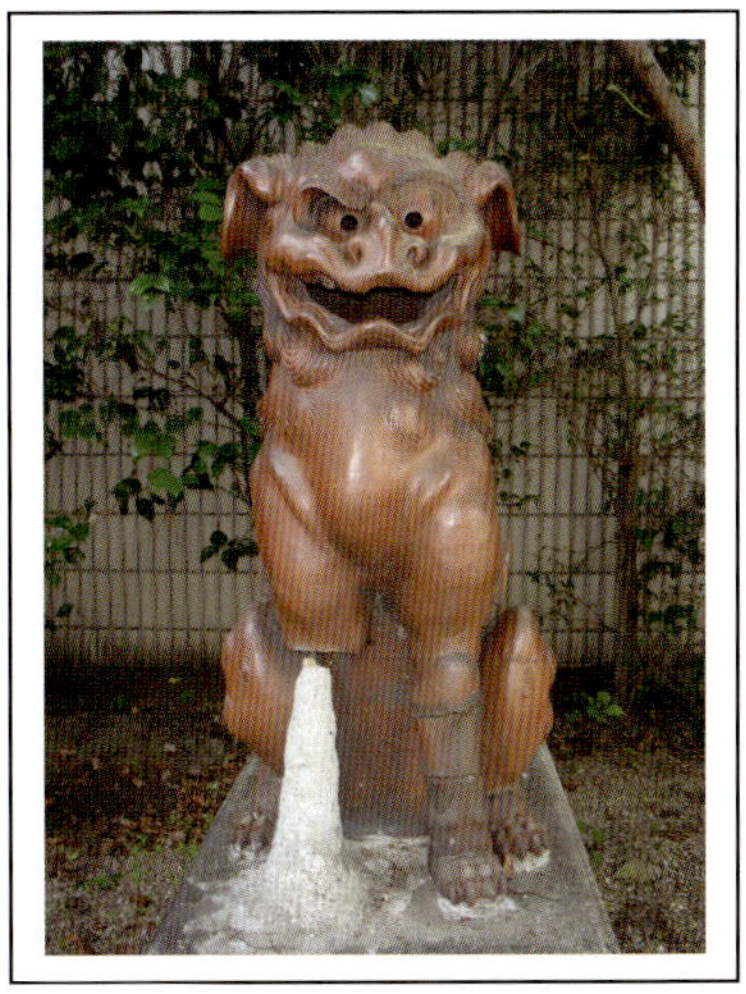

二・一丸神社

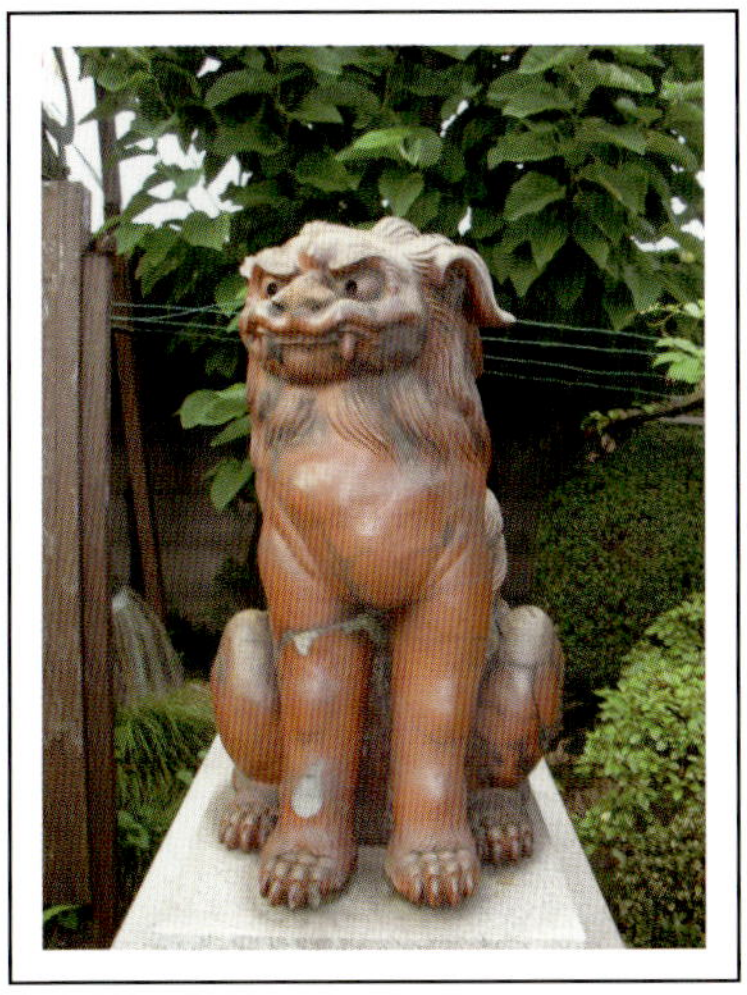

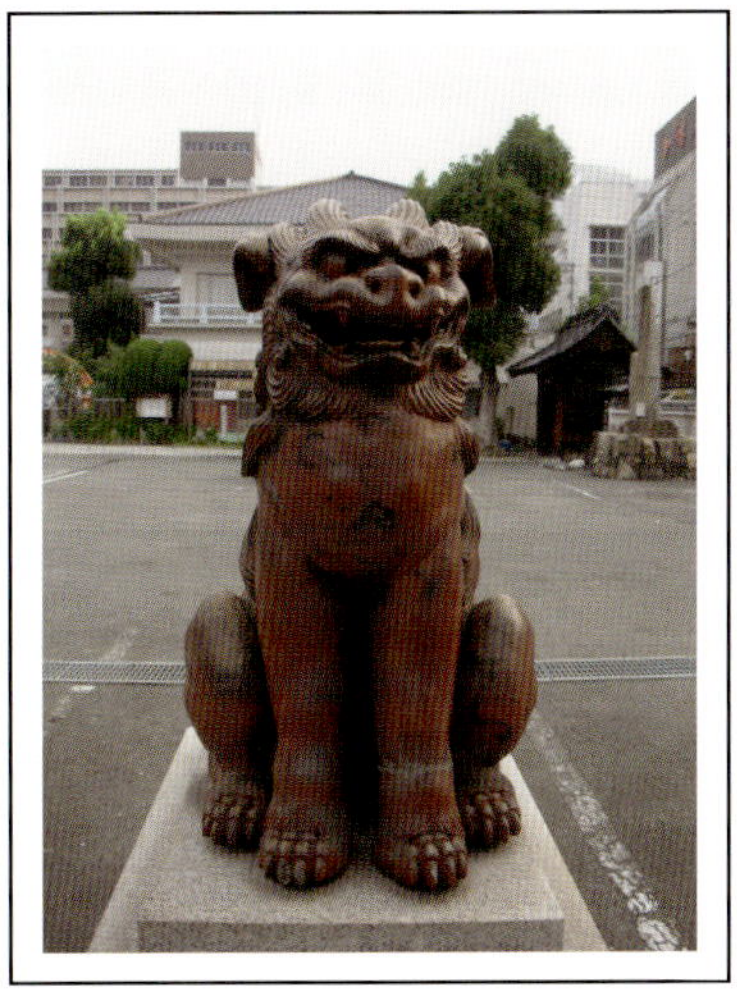

三．宗忠神社

四．毘沙門天

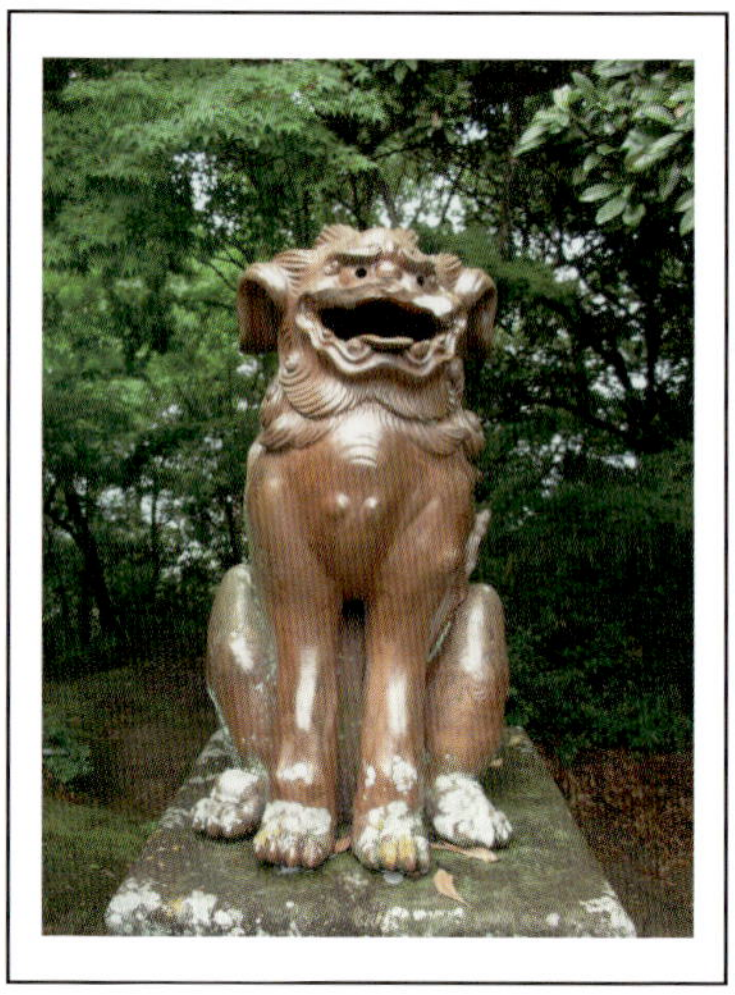

五．鯉喰神社

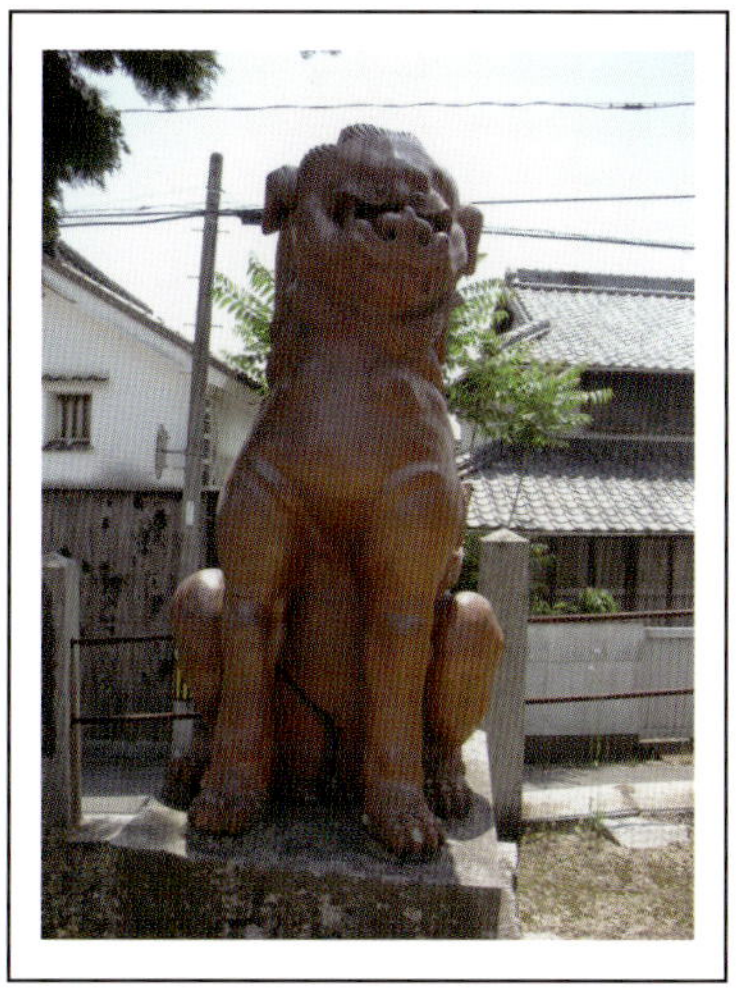

六．荒神社

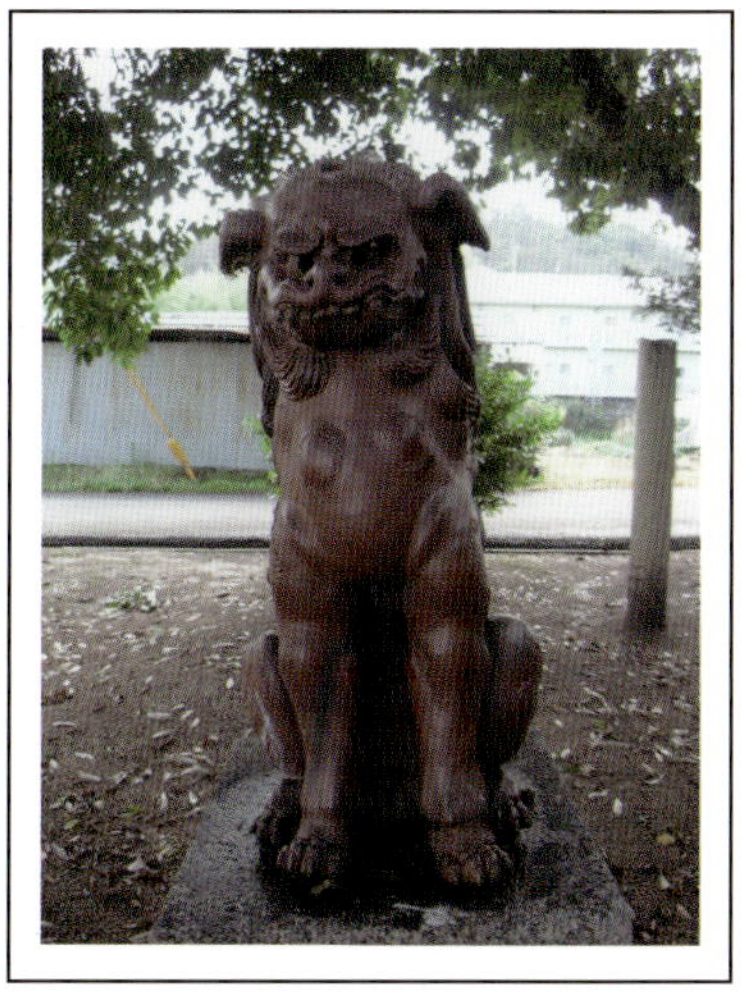

七．三社宮

八．外野八幡宮

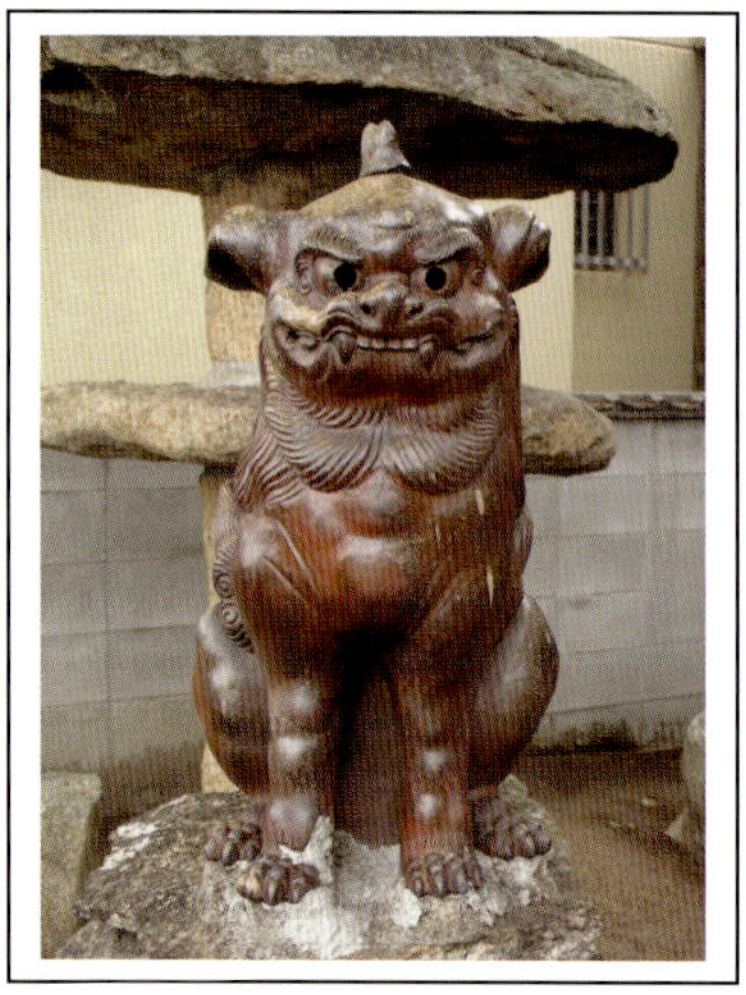

九・興除神社

一〇・妙法寺稲荷堂

一一・八幡宮

一二・松尾神社

一三．松尾神社

一四．若宮八幡宮

一五．天津神社

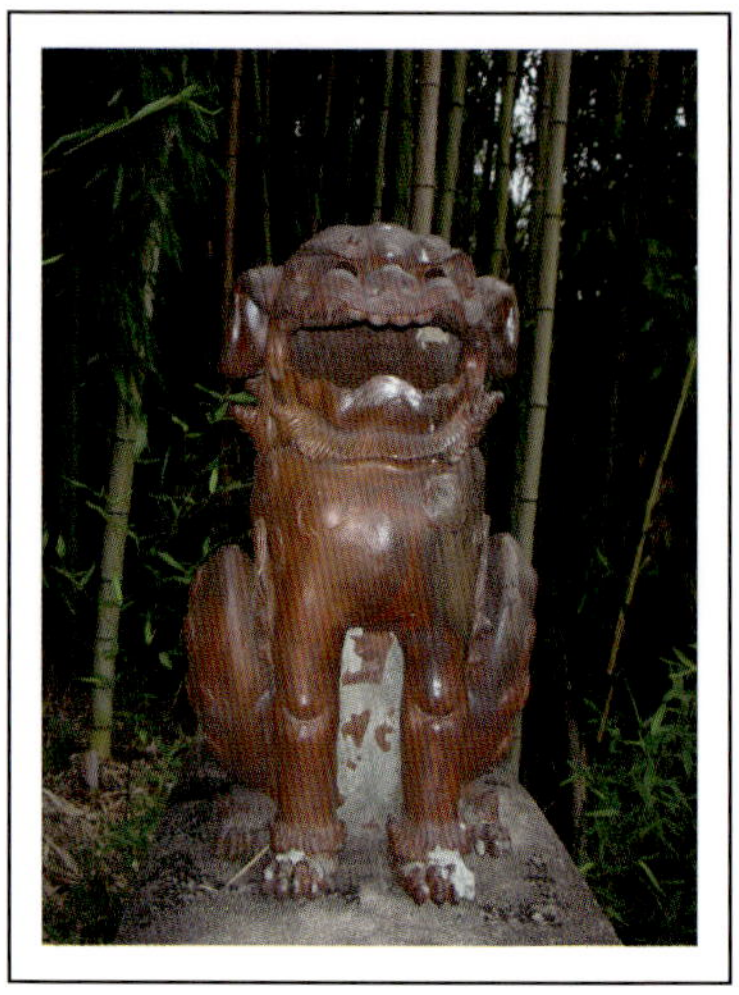

一六．日吉神社

一七．吉備津彦神社

一八．靭負神社

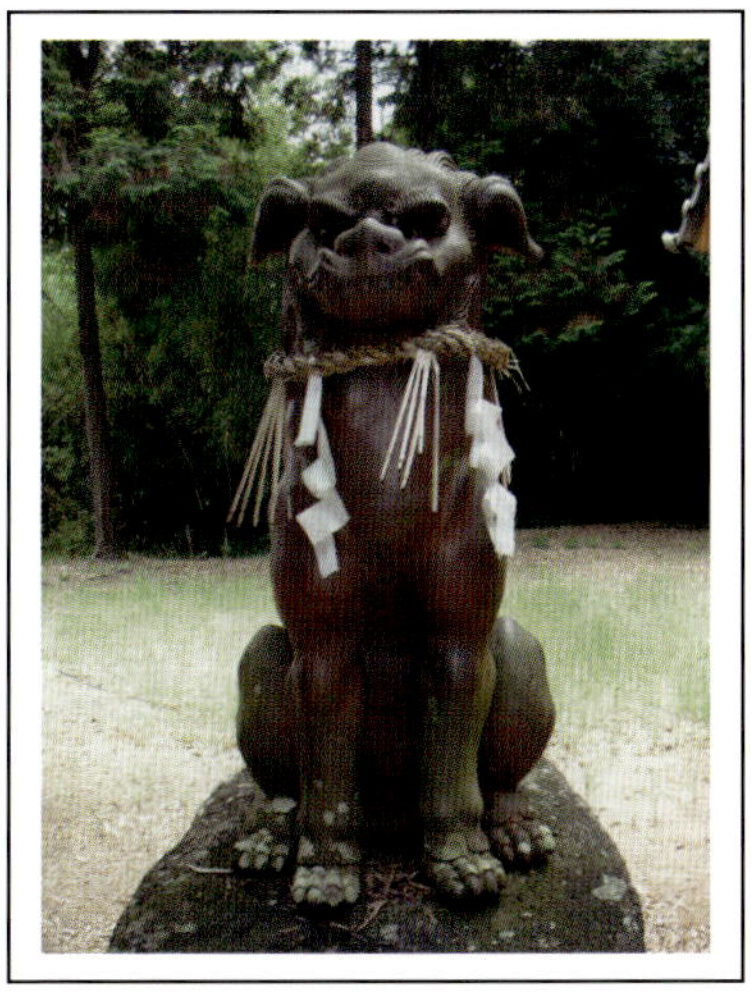

一九・八幡宮

二〇・妙教寺

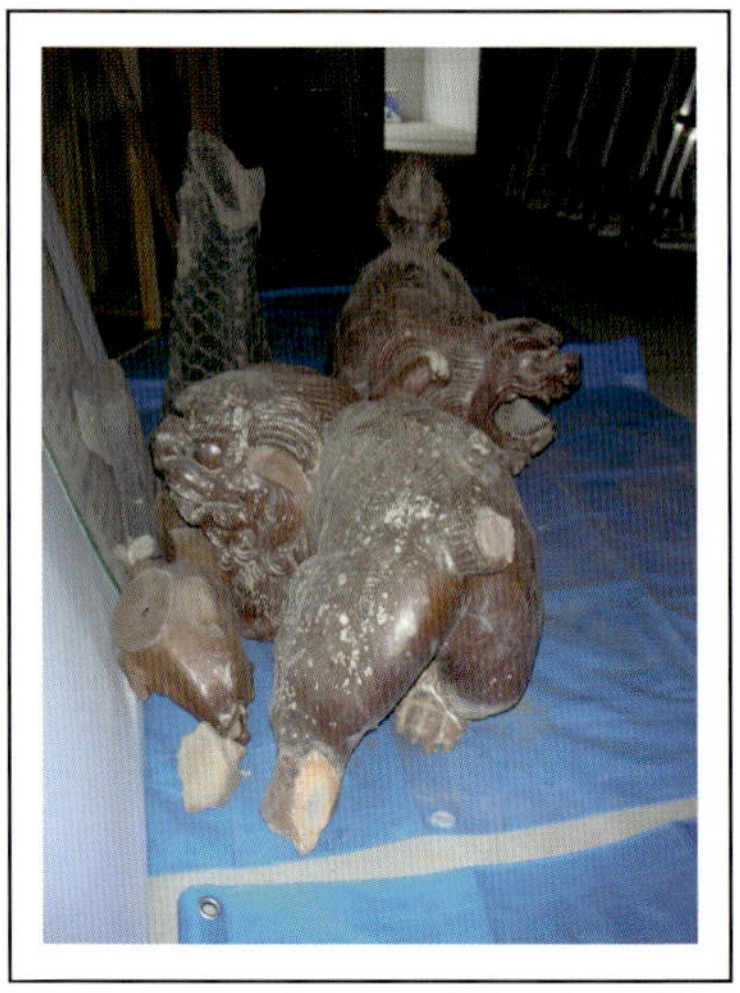

二一・高松稲荷

二二・高松稲荷

二三・上加茂神社

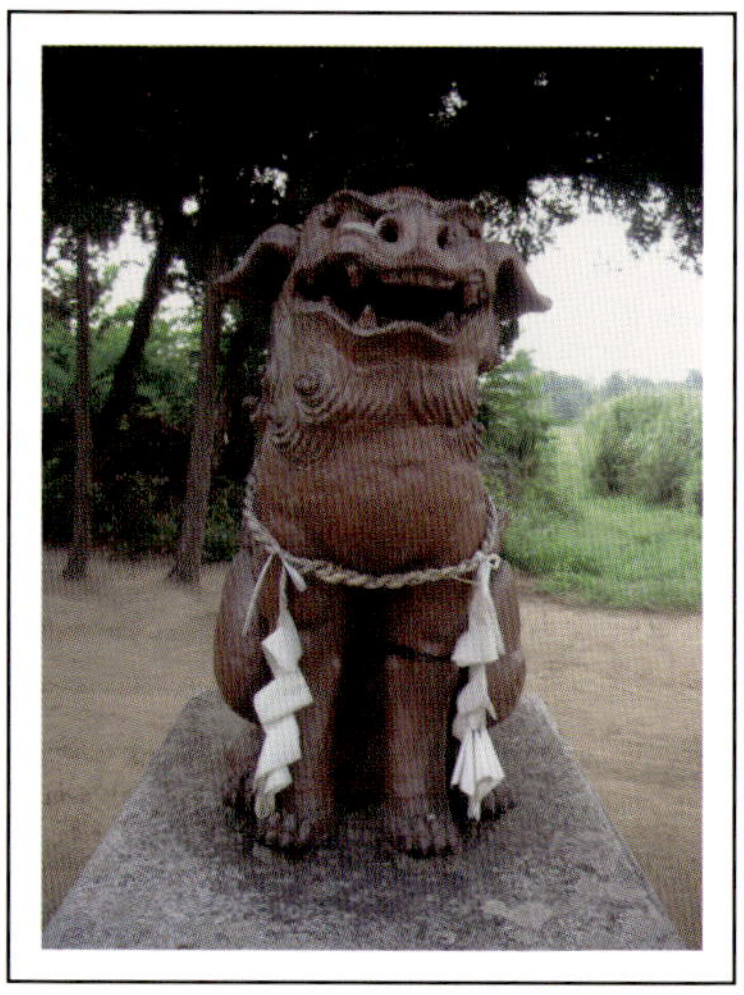

二四・鼓神社

二五・高蔵神社

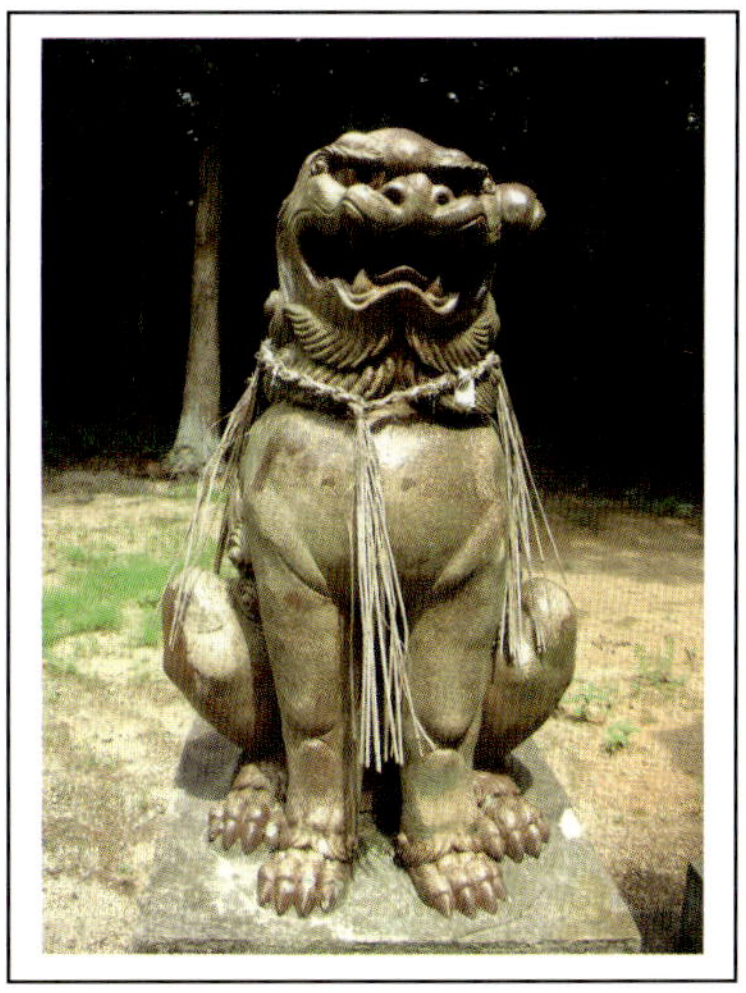

二六・天満宮

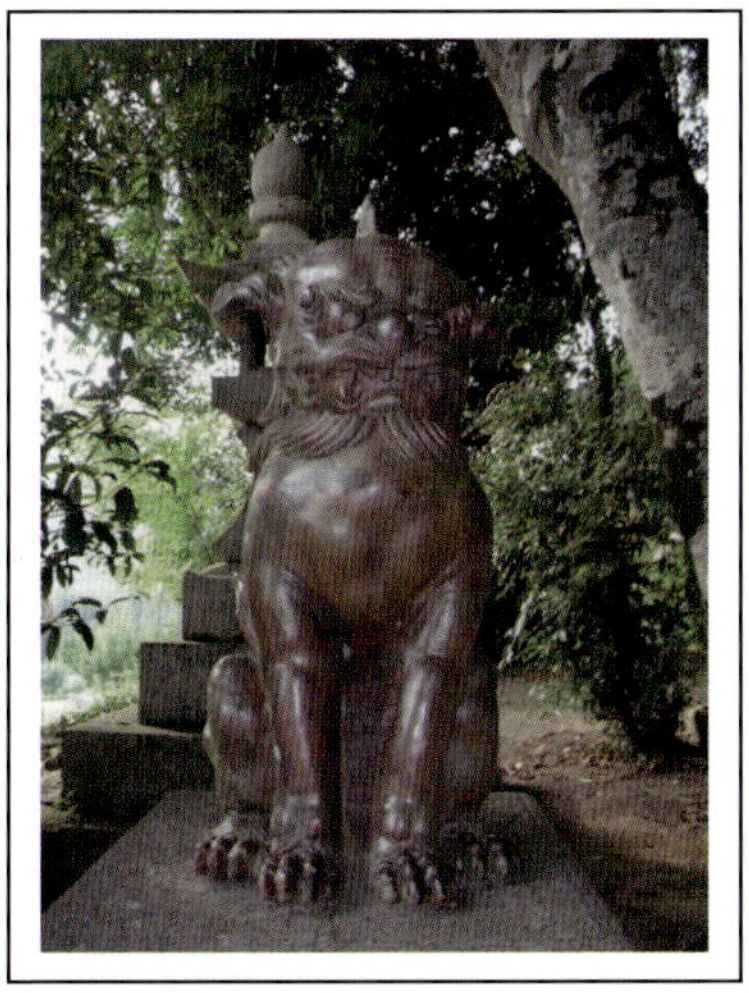

二七．八幡宮

二八．大野原神社

二九・松尾神社

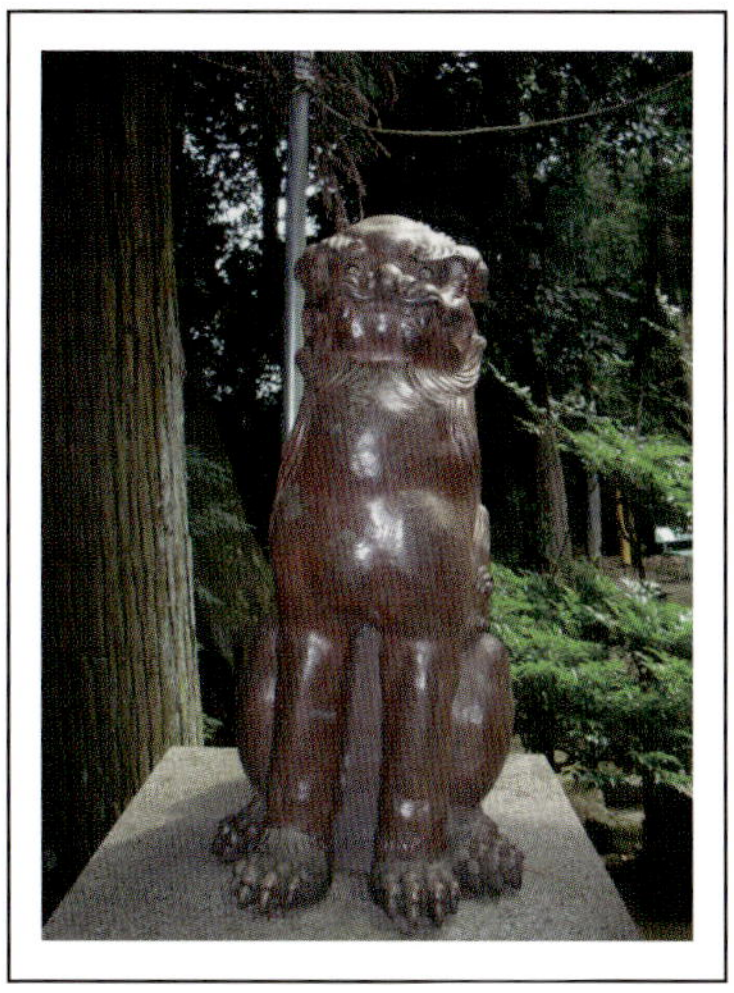

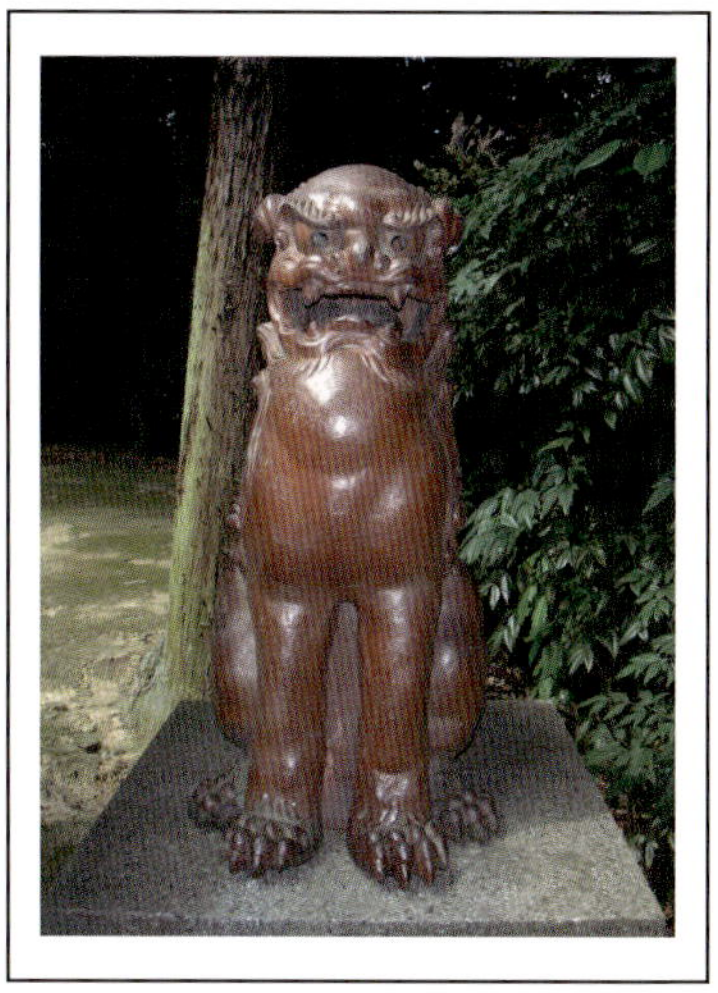

三〇・淀子神社

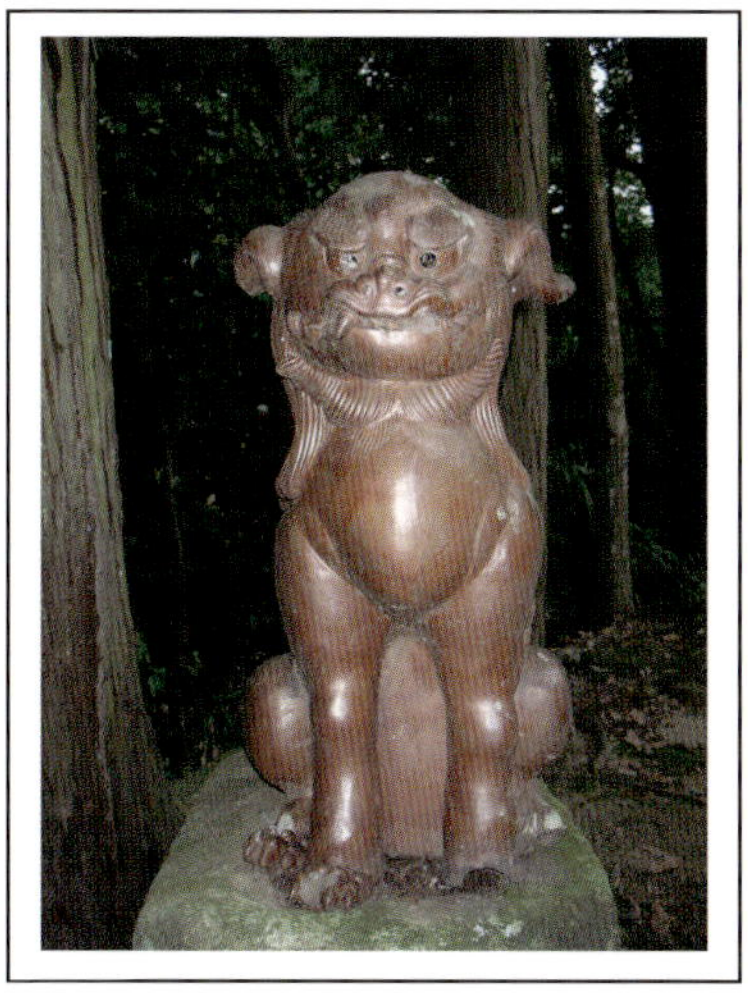

三一・金山八幡宮

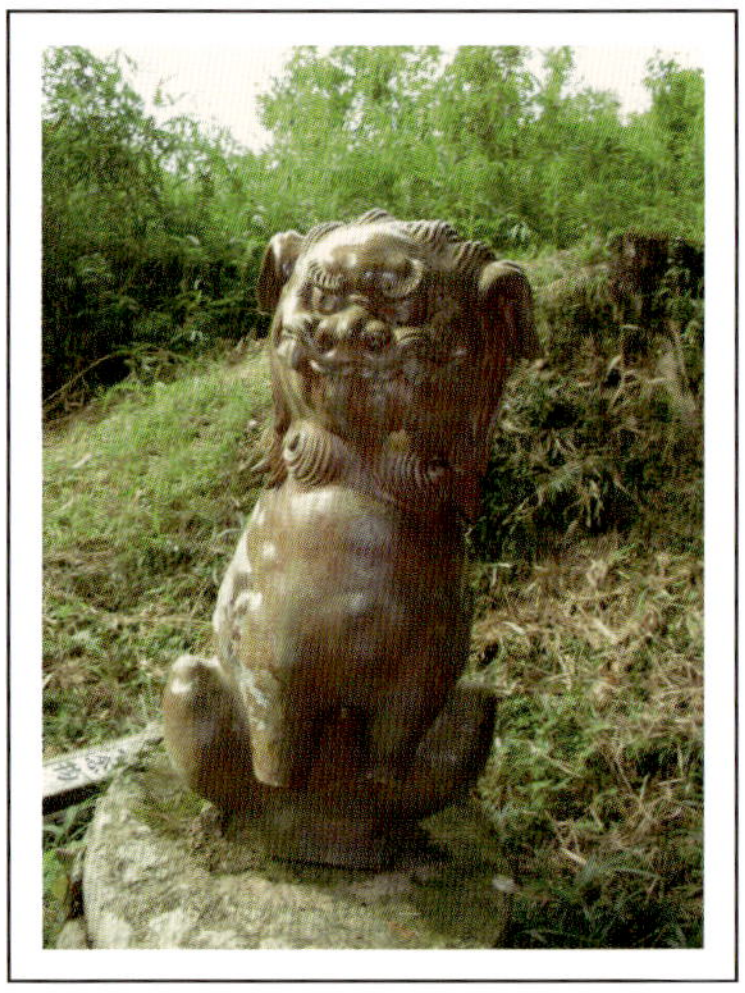

三二・三代天神社

三三．湯山神社

三四．八幡宮

三五．宗形神社

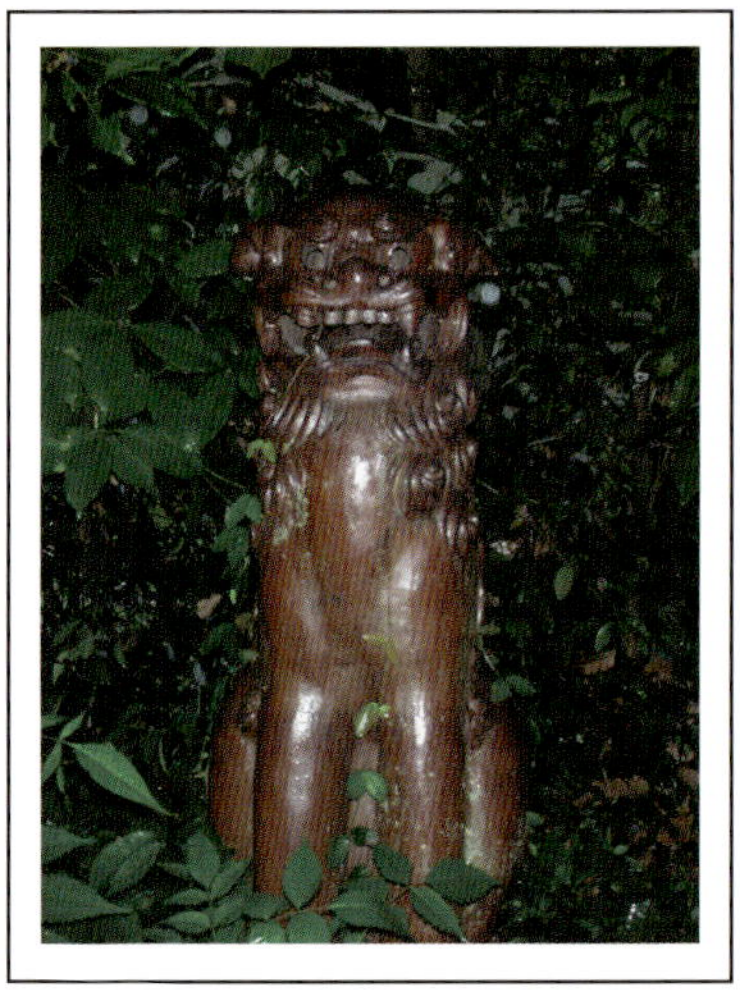

三六．天津神社

三七・御崎神社

三八・神根歳彦神社

三九・神根歳彦神社

四〇・刈田八幡宮

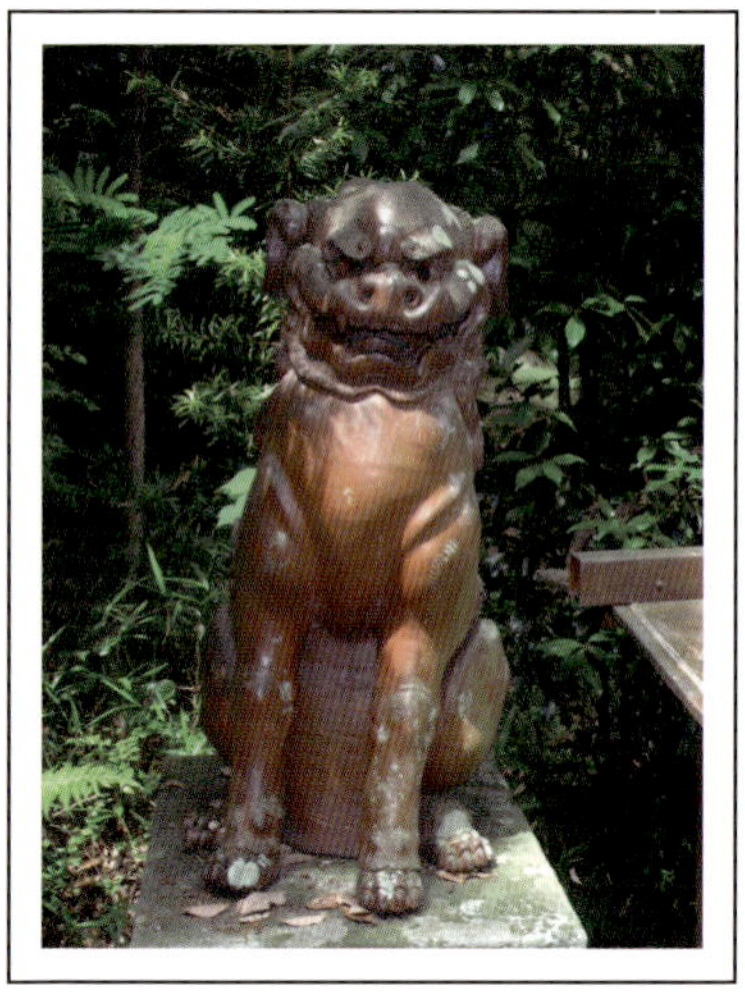

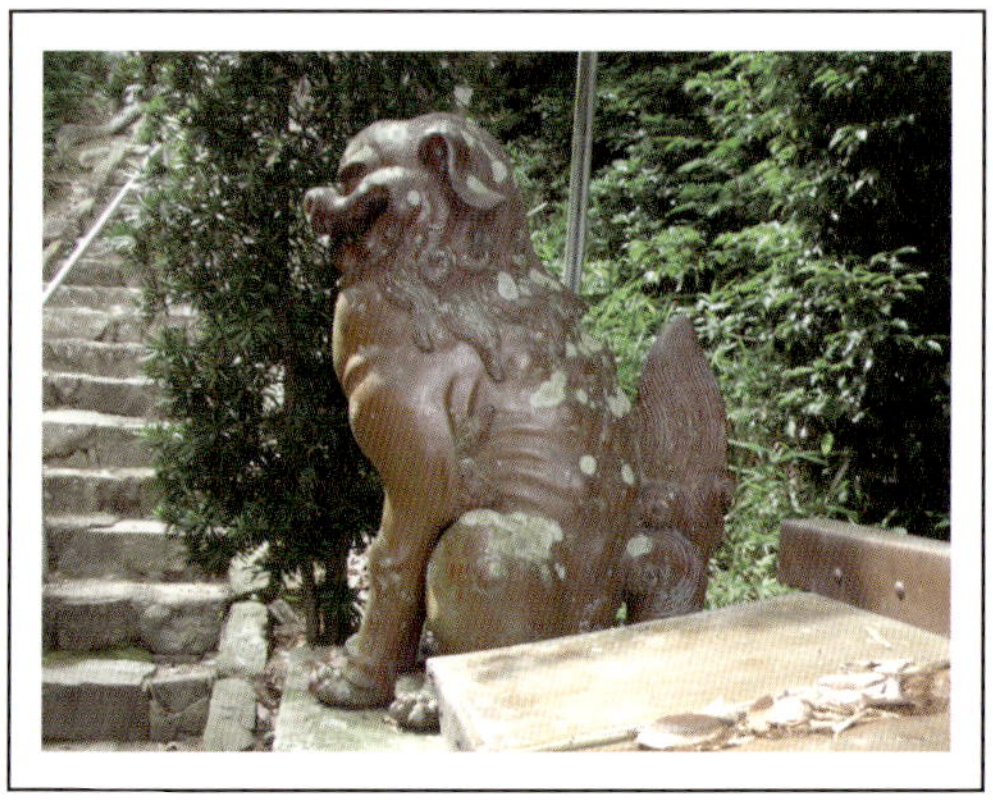

四一・天満天神社

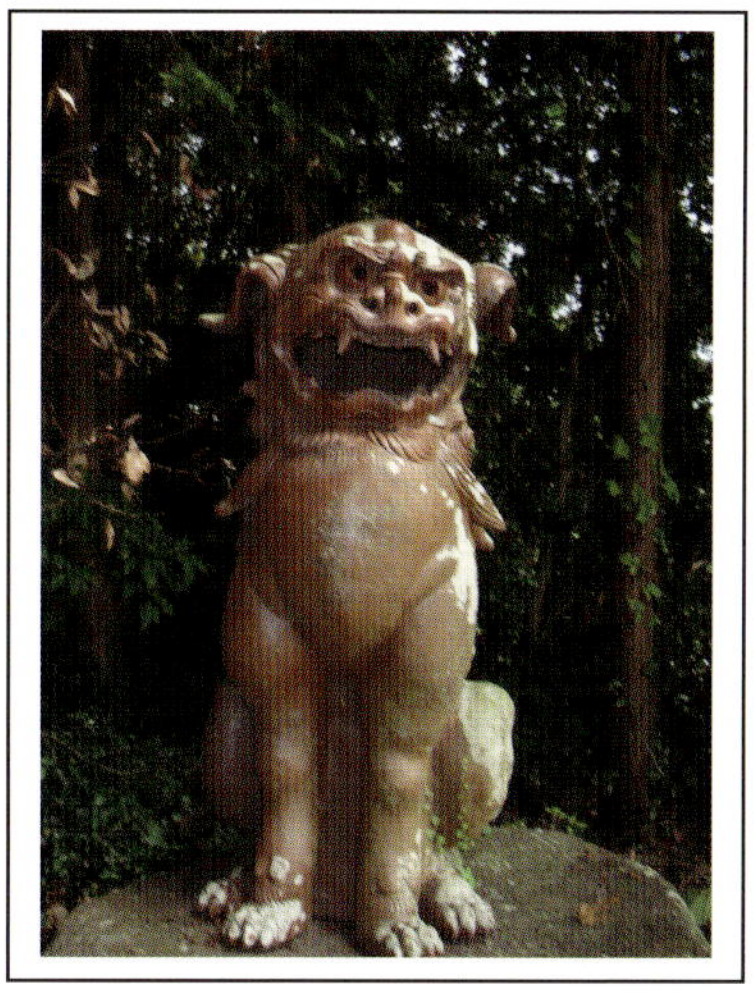

四二・片山神社

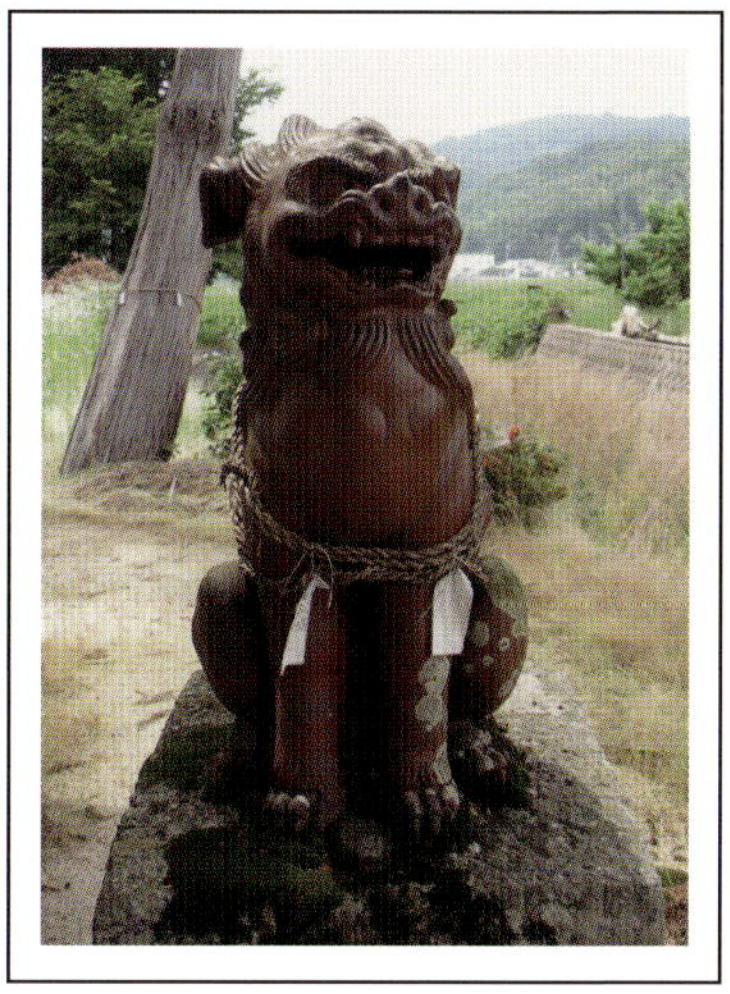

四三．八幡神社

四四．諏訪神社

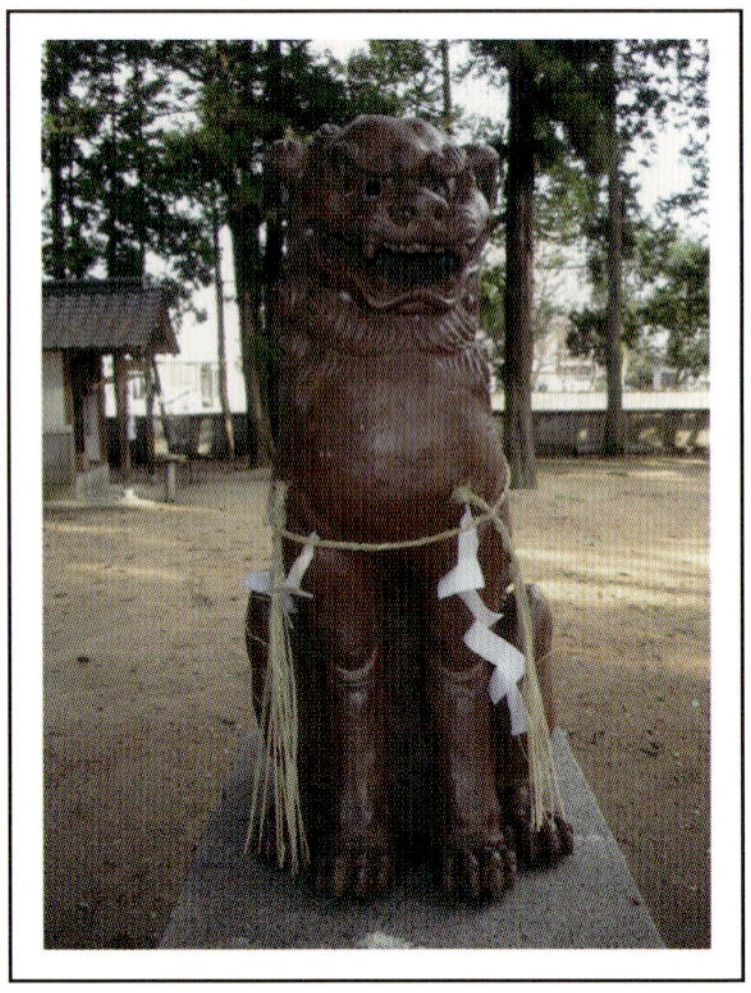

四五．尾谷神社

四六．金刀比羅宮

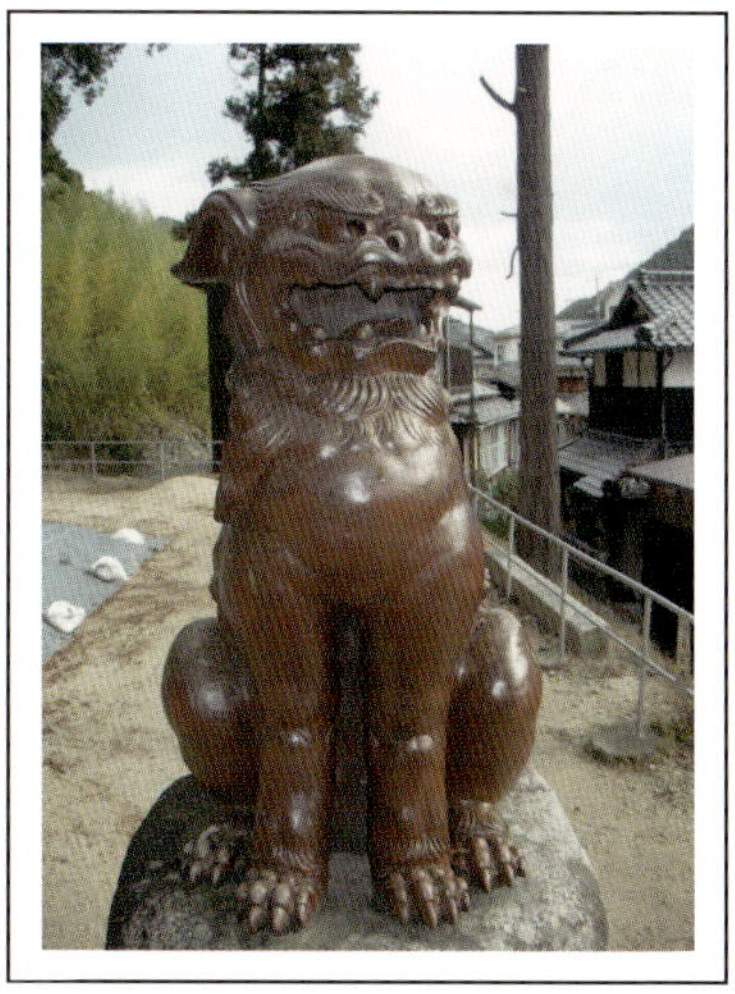

四七・春日神社

四八・春日神社

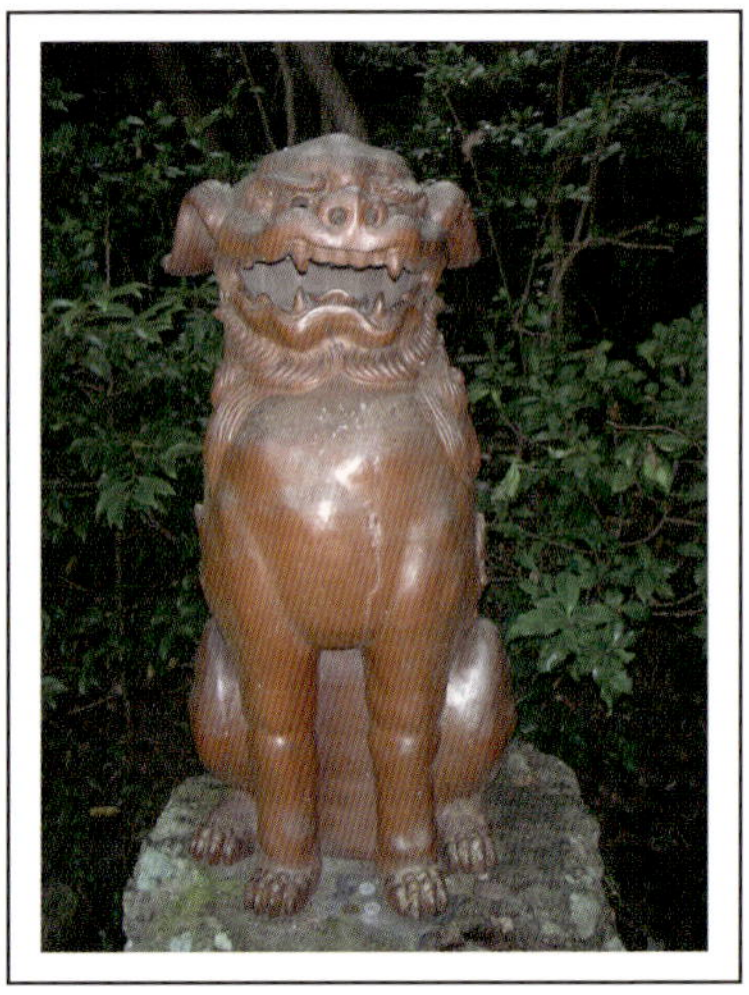

四九・高良八幡宮

五〇・頭島神社

五一・頭島神社

五二・鴻島神社

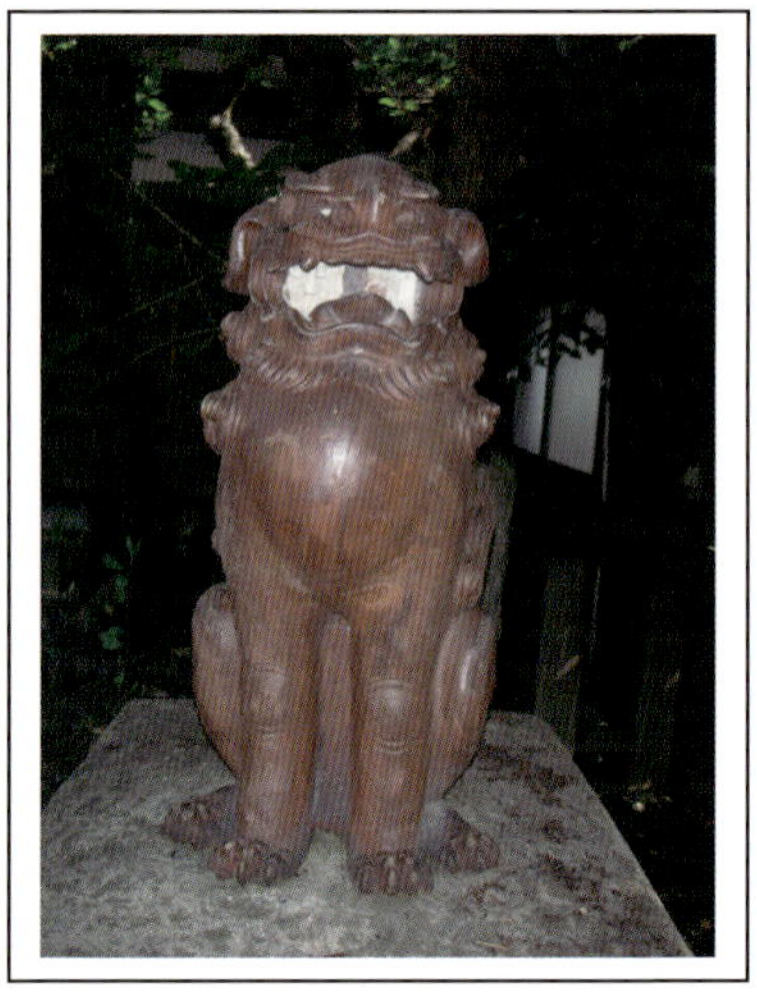

五三・蛭子神社

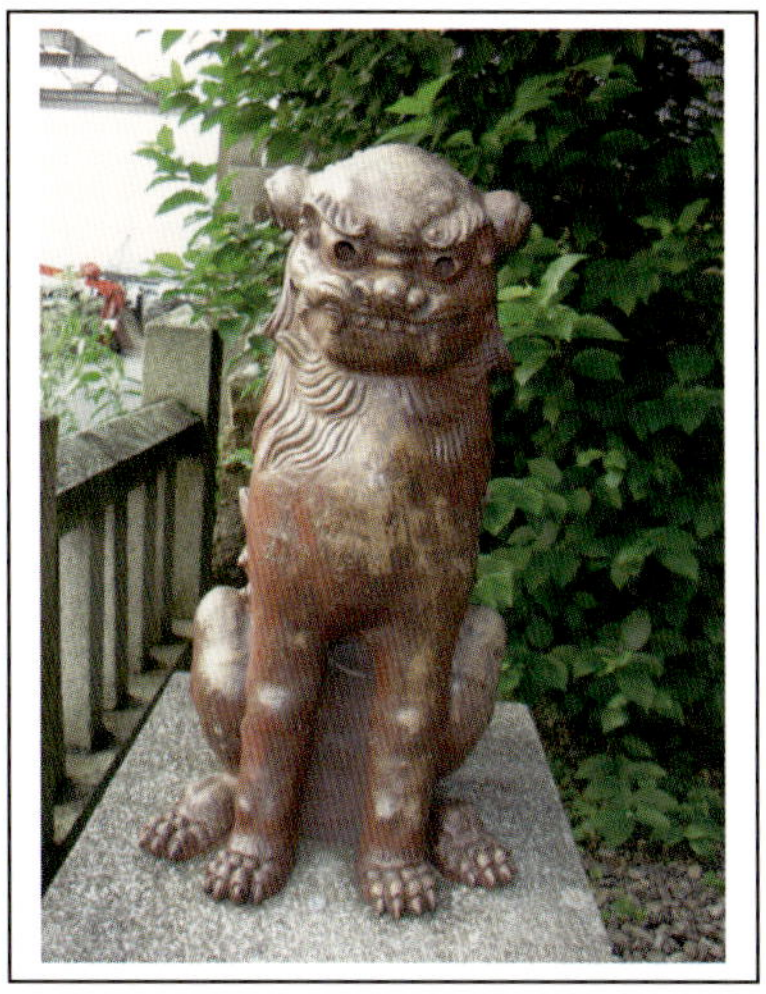

五四・荒神社

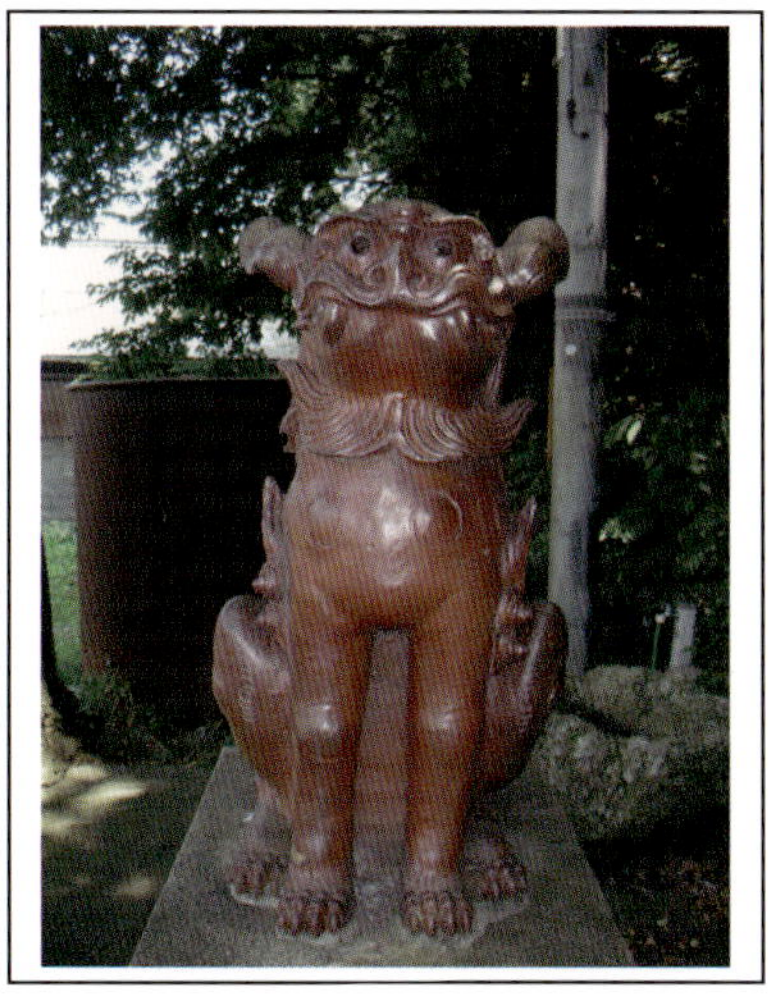

五五．春日神社

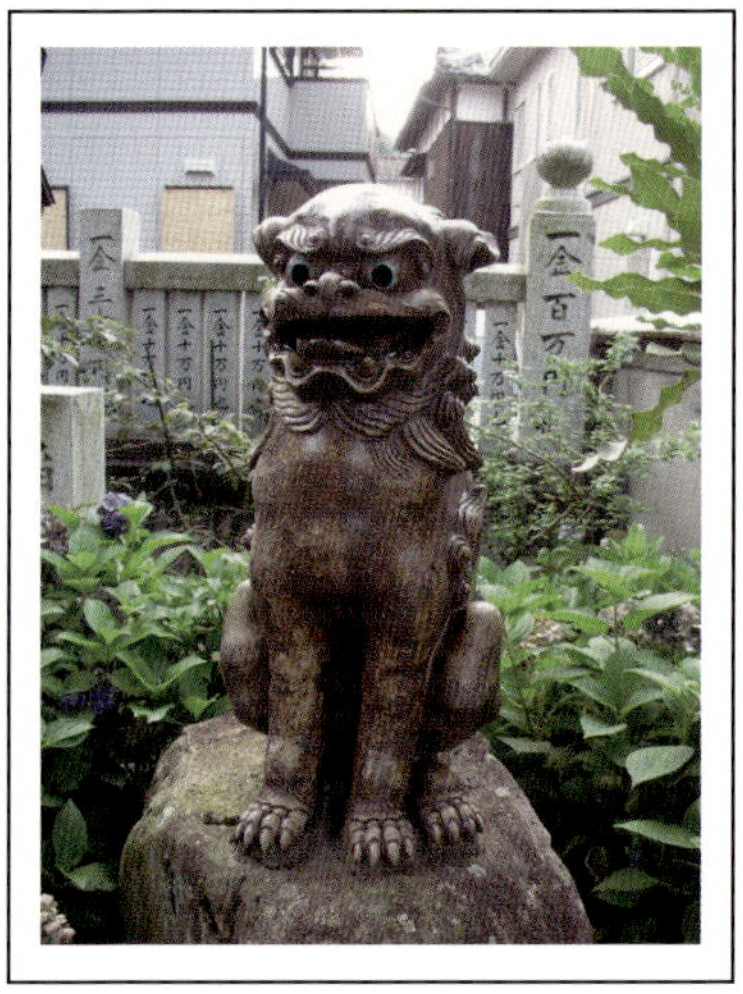

五六．眞徳神社

五七．大垣八幡宮

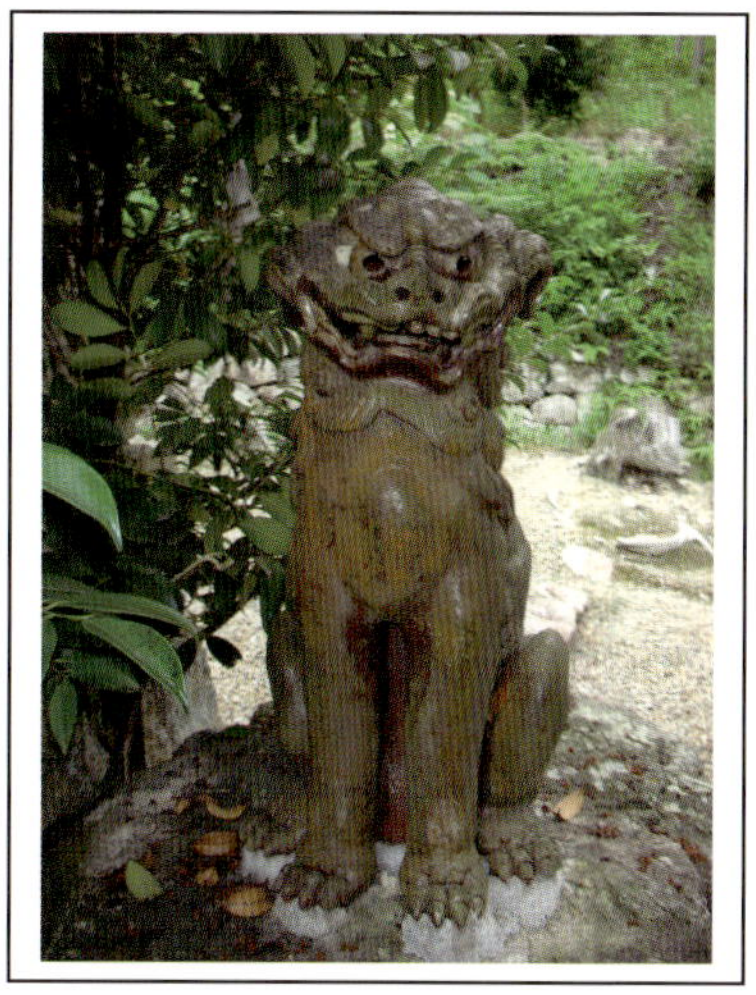

五八．王持八幡宮

五九・王持八幡宮

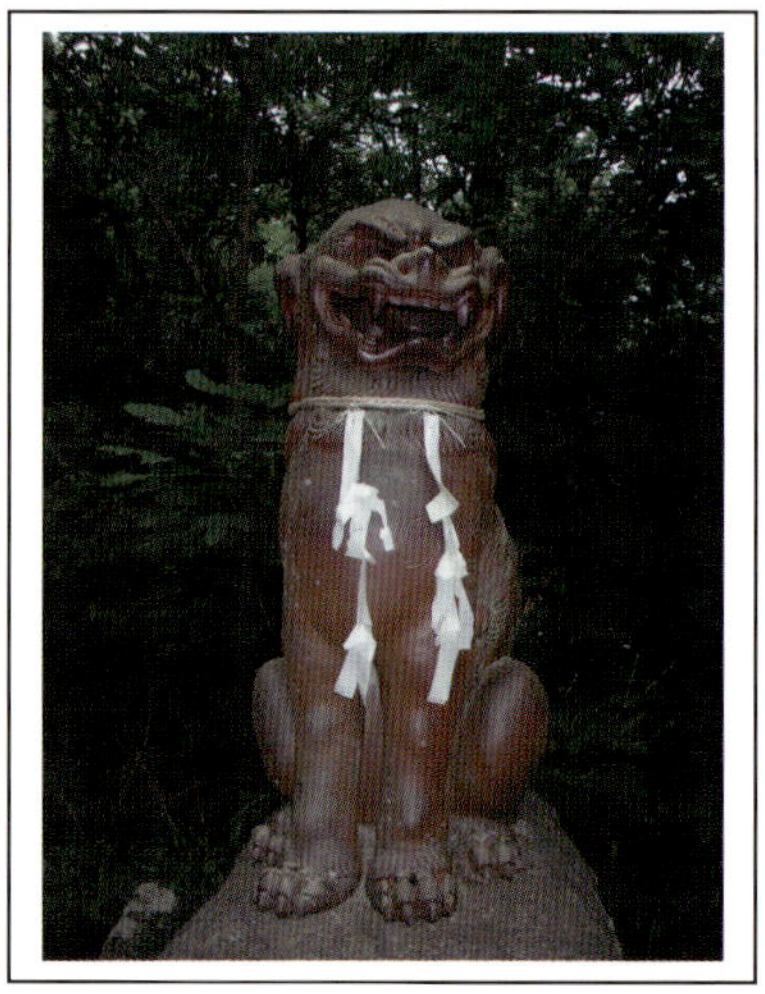

六〇・八幡神社

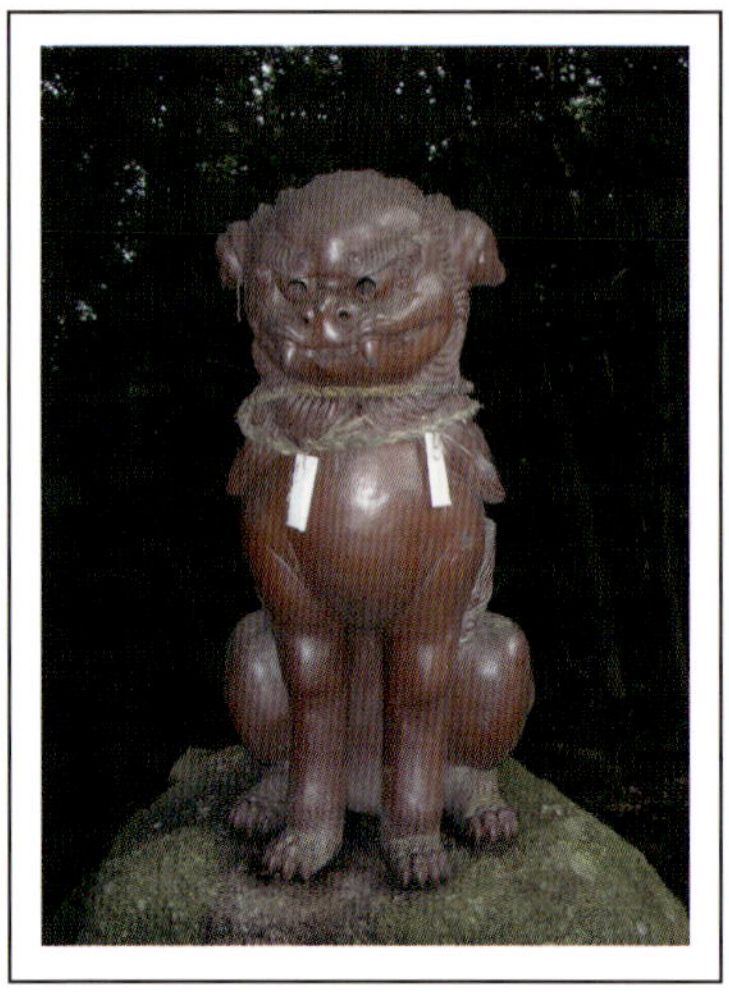

六一・三和神社

六二・片山日子神社

六三・妙興寺三十番神堂

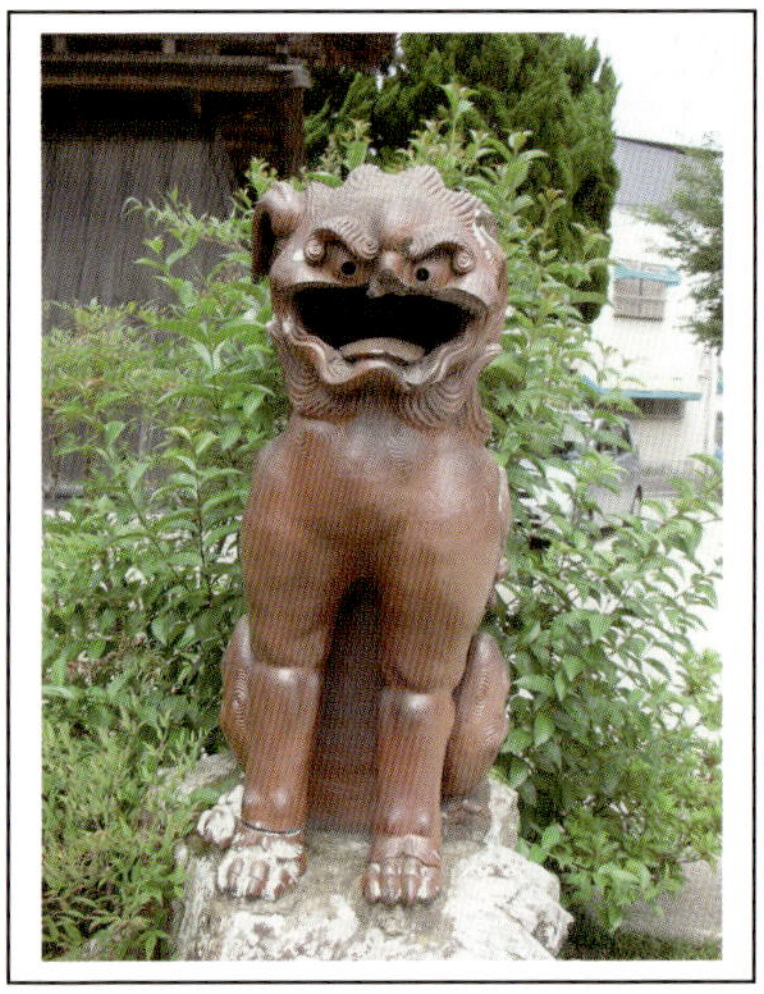

六四・妙見堂

六五・靱負神社

六六・湯次神社

六七・多賀神社

六八・三和神社

六九・御崎神社

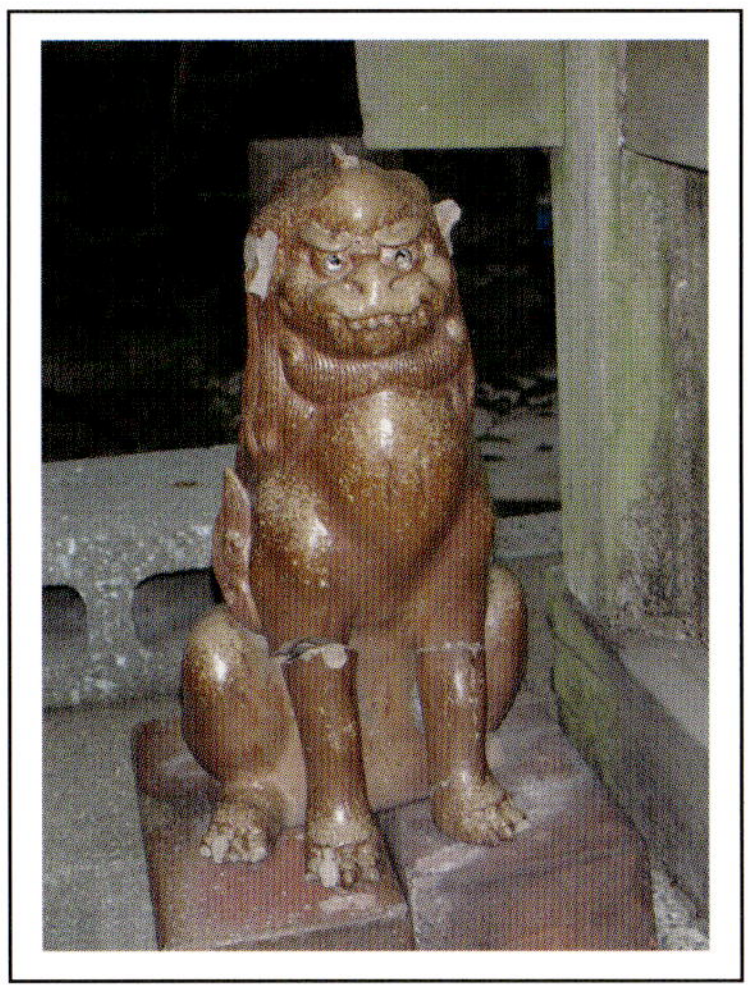

七〇・御崎神社

七一・鹿忍神社

七二・郡総社宮

七三・岡南神社

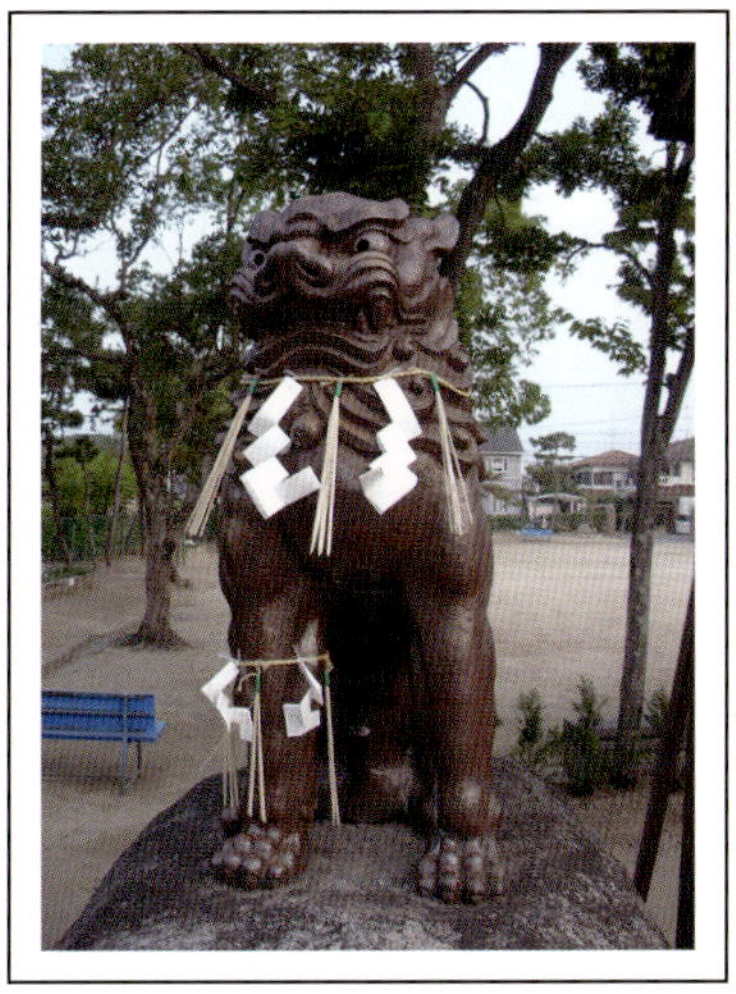

七四・大神神社

七五・大神神社

七六・大神神社

七七・日吉神社

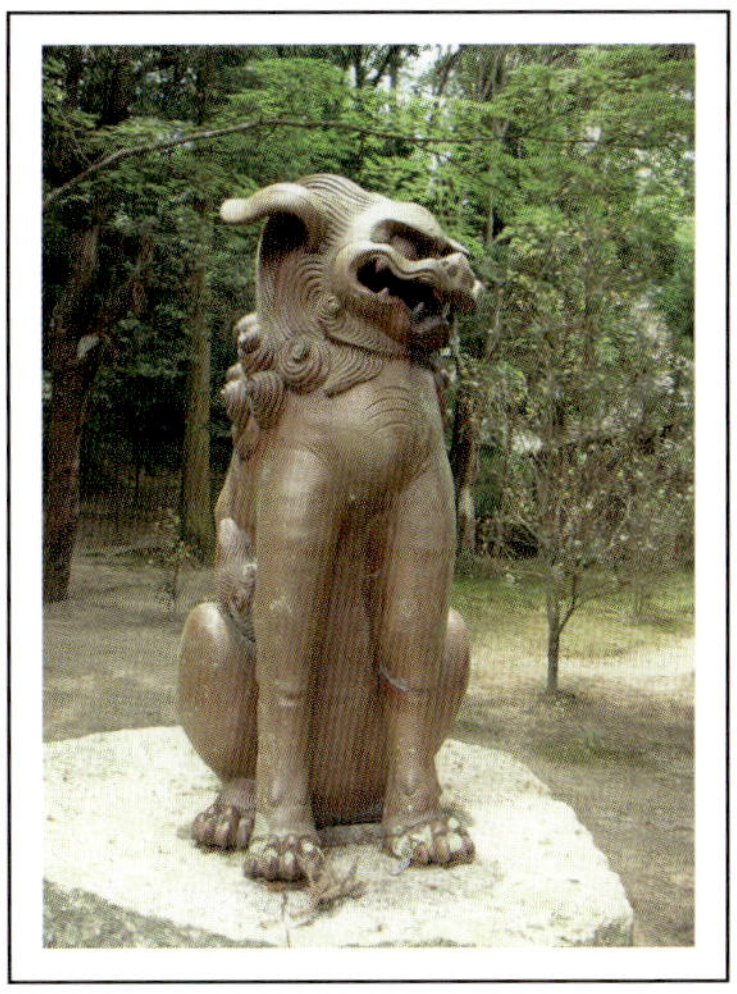

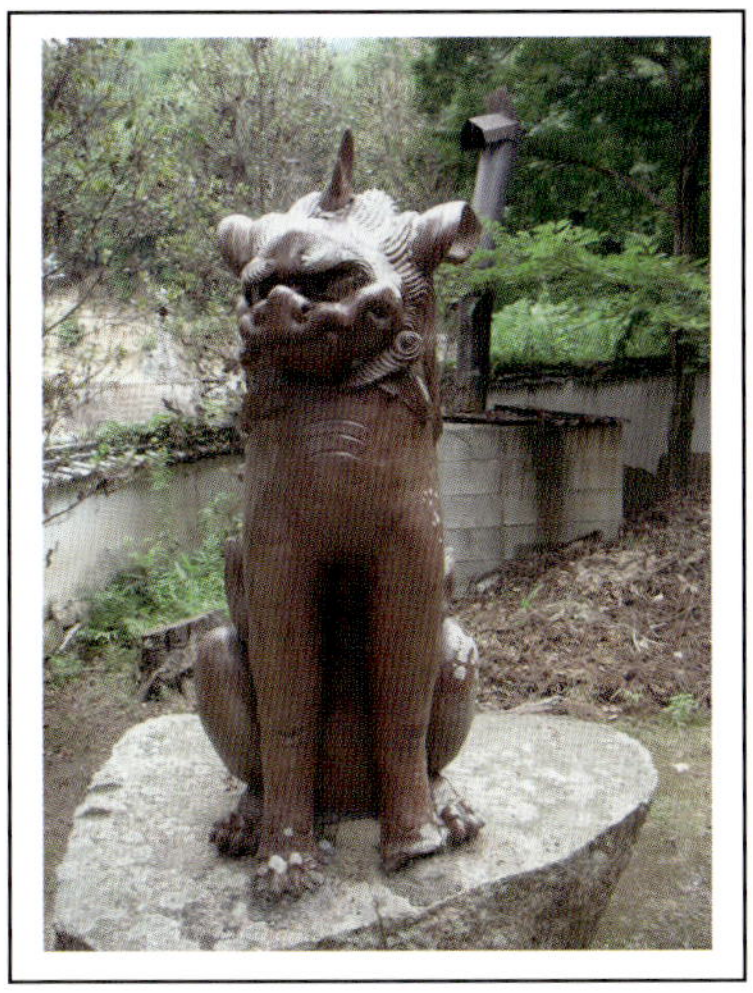

七八・日吉神社

七九・竜の口八幡宮

八〇・岡屋八幡宮

八一・深田神社

八二・備前最上稲荷

八三・小嶋神社

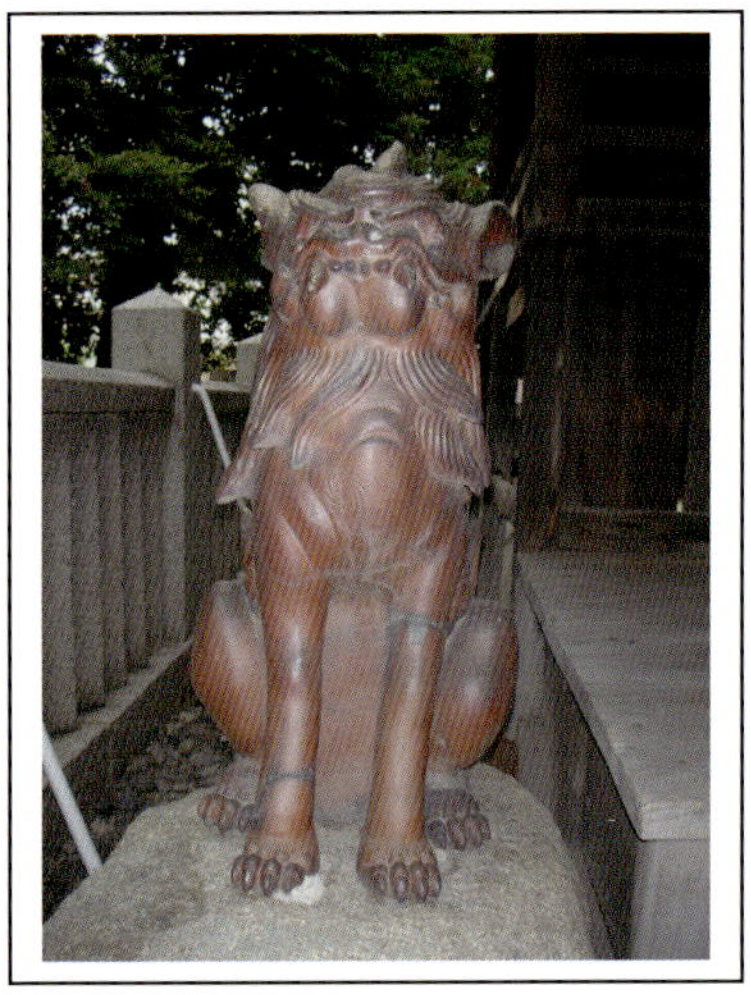

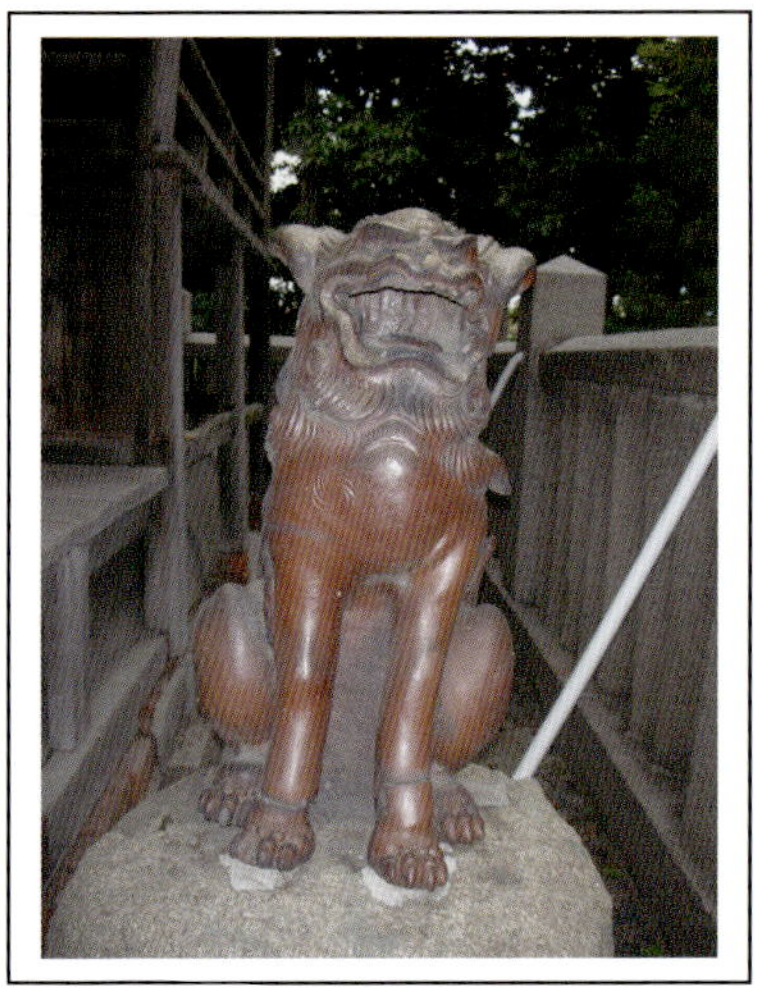

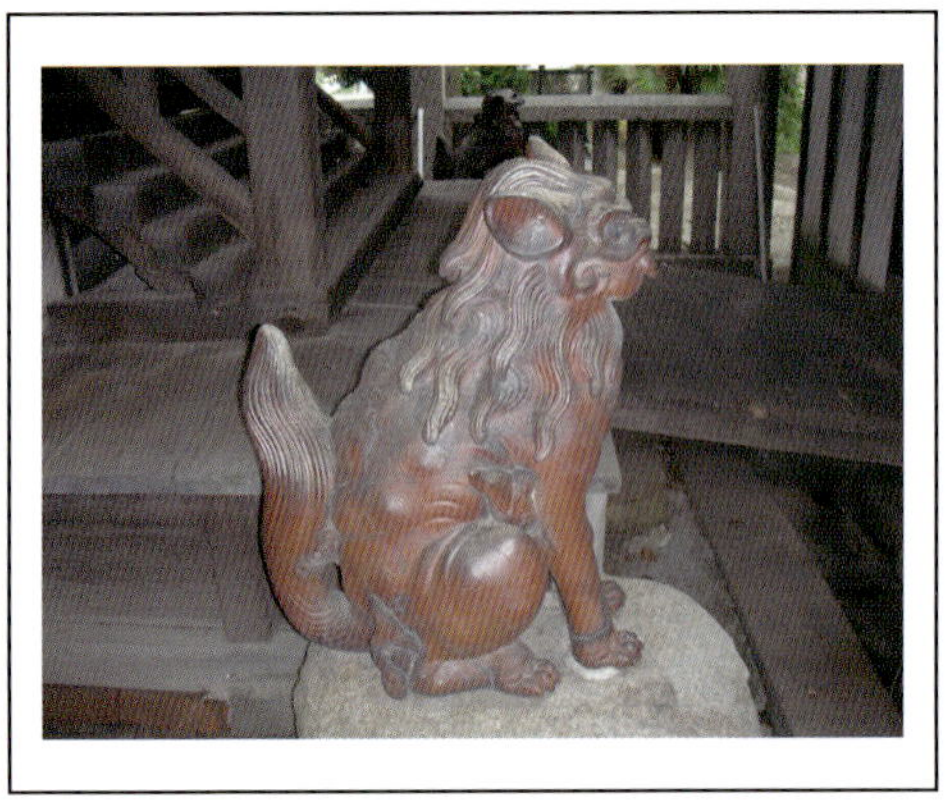

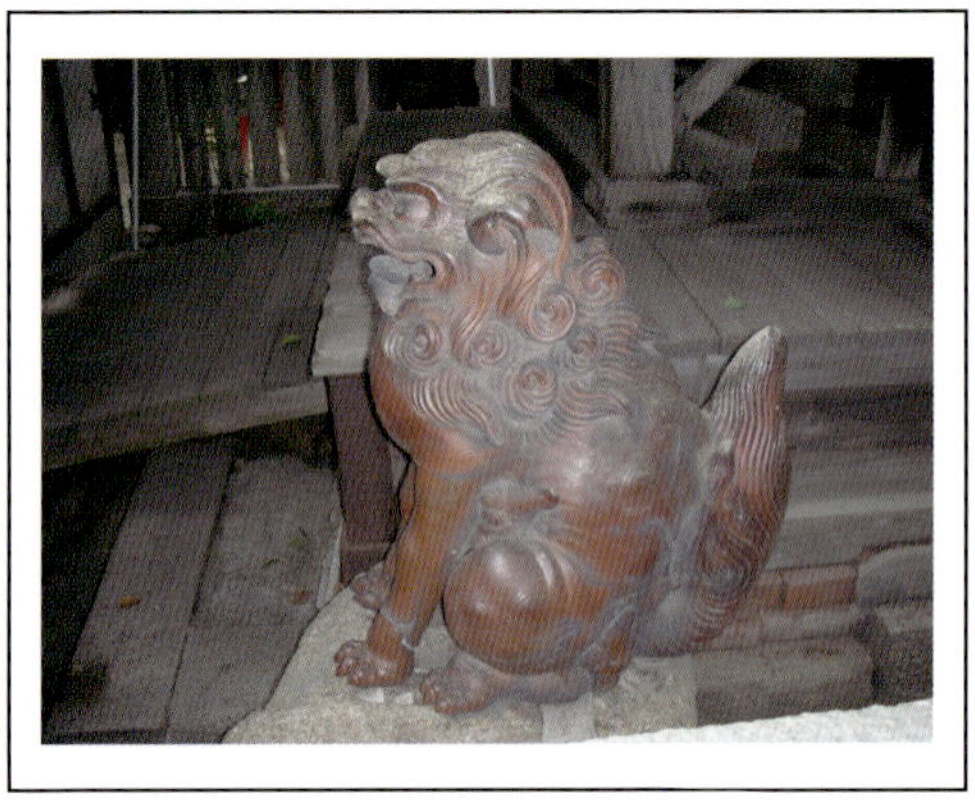

八四・護国神社

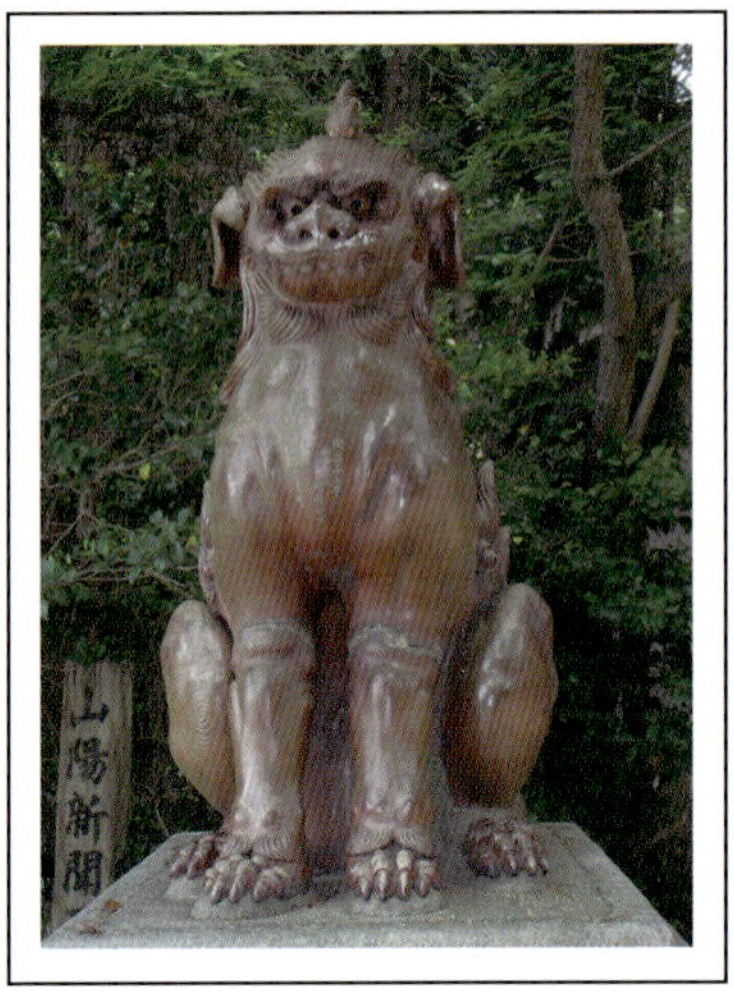

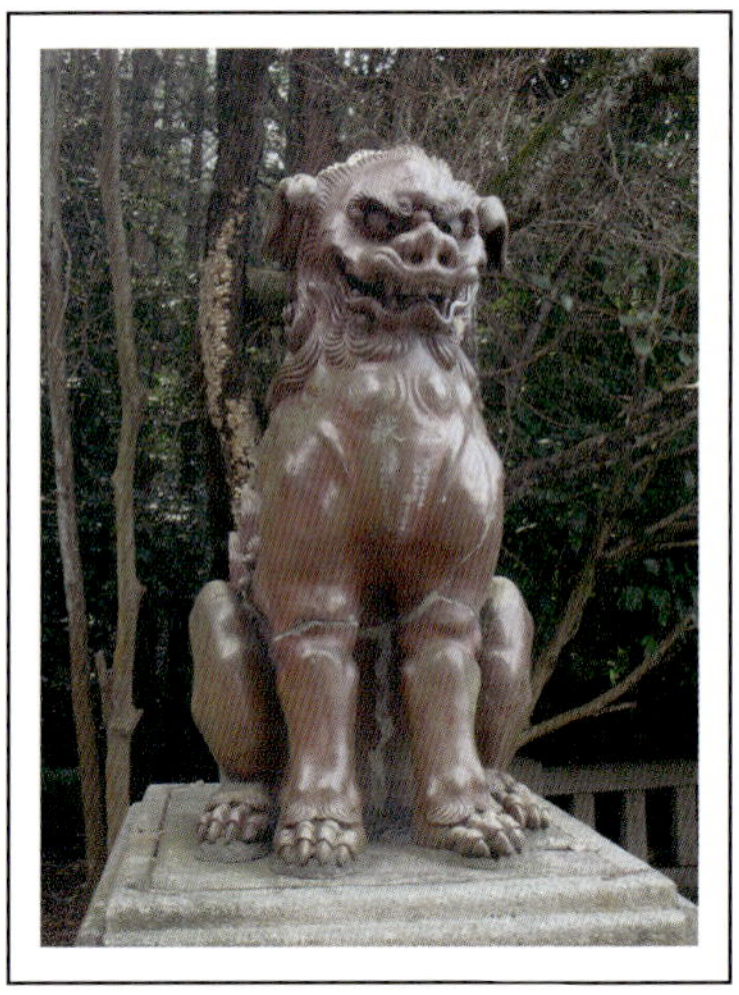

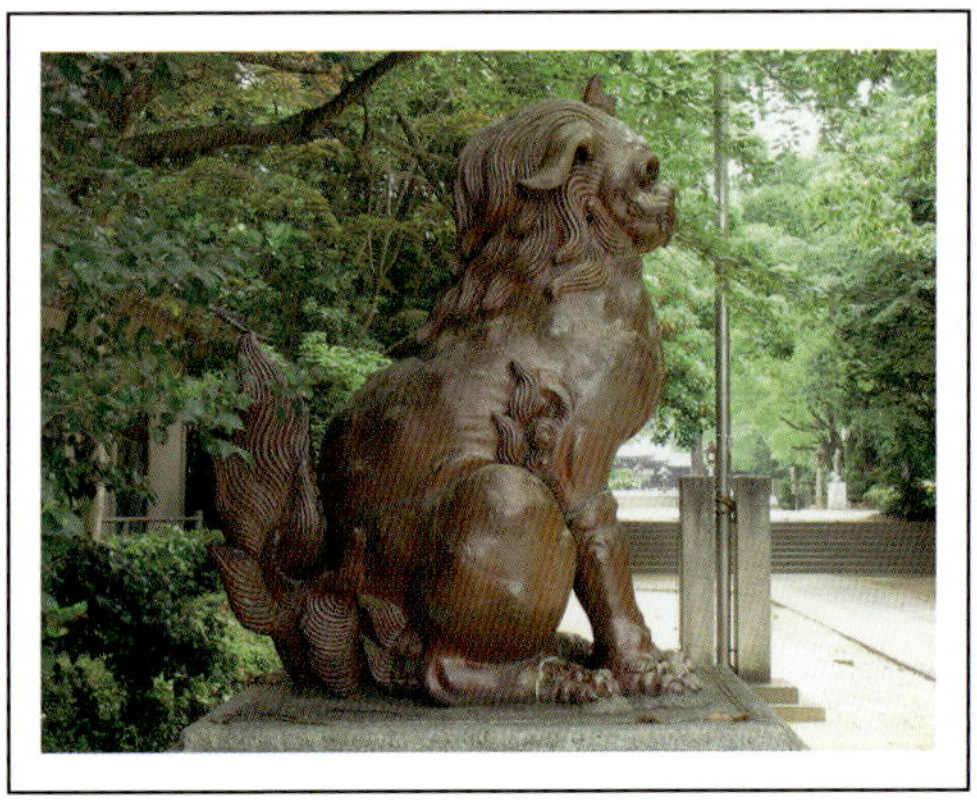

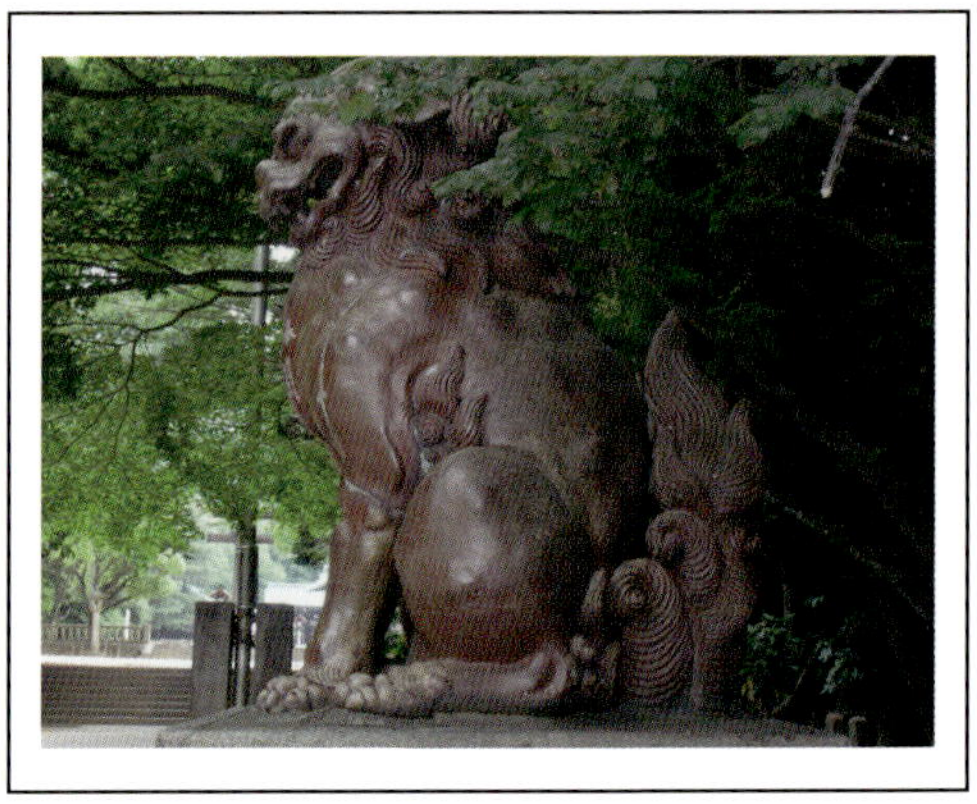

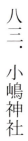

八五・喩伽神社

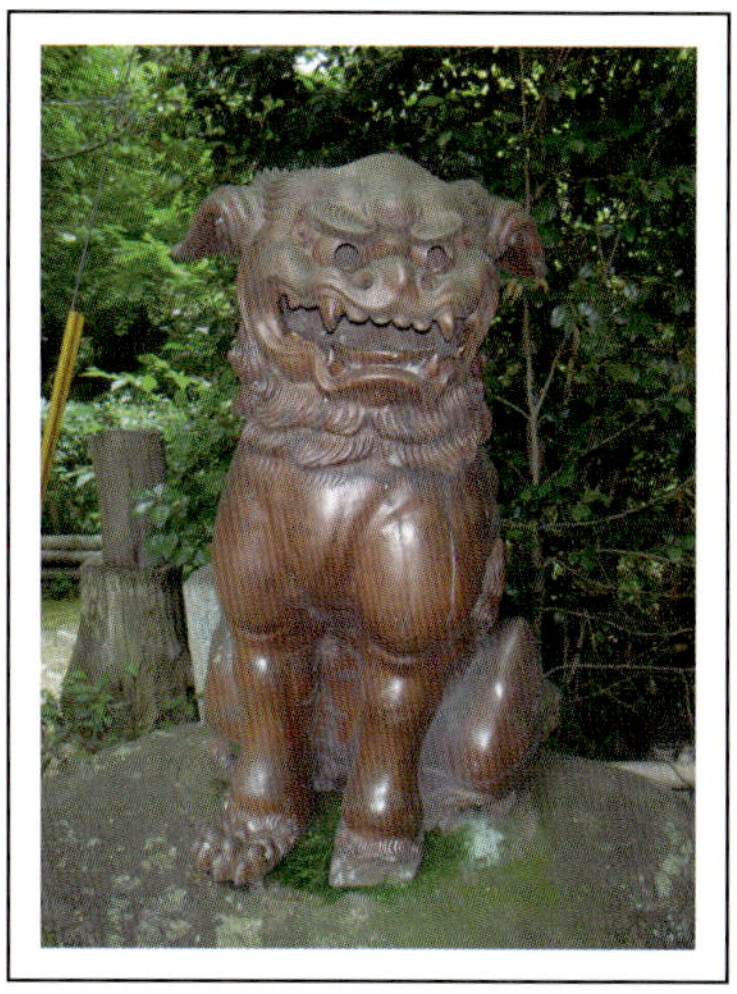

八六・三勲神社

八七・豊原南島神社

八八・幸地山神社

八九・安仁神社

九〇・宇賀神社

九一・妹岡八幡宮

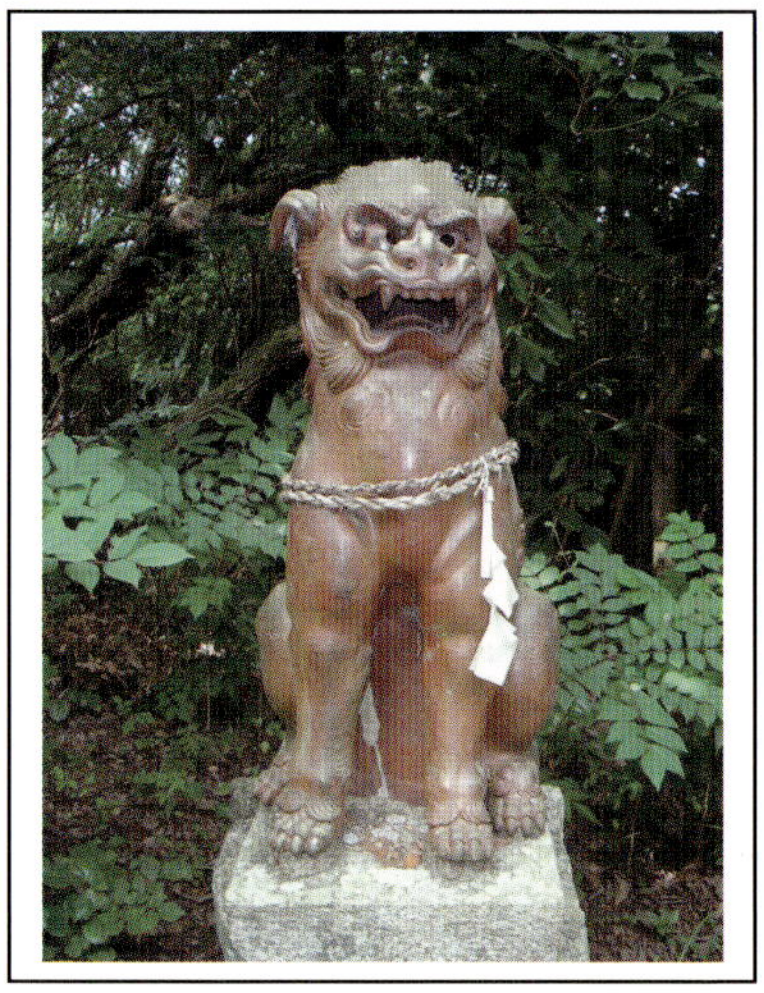

九二・天神宮

九三・祇園神社

九四・荒神社

九五・忌部稲荷神社

九六・天津神社

九七．天津神社

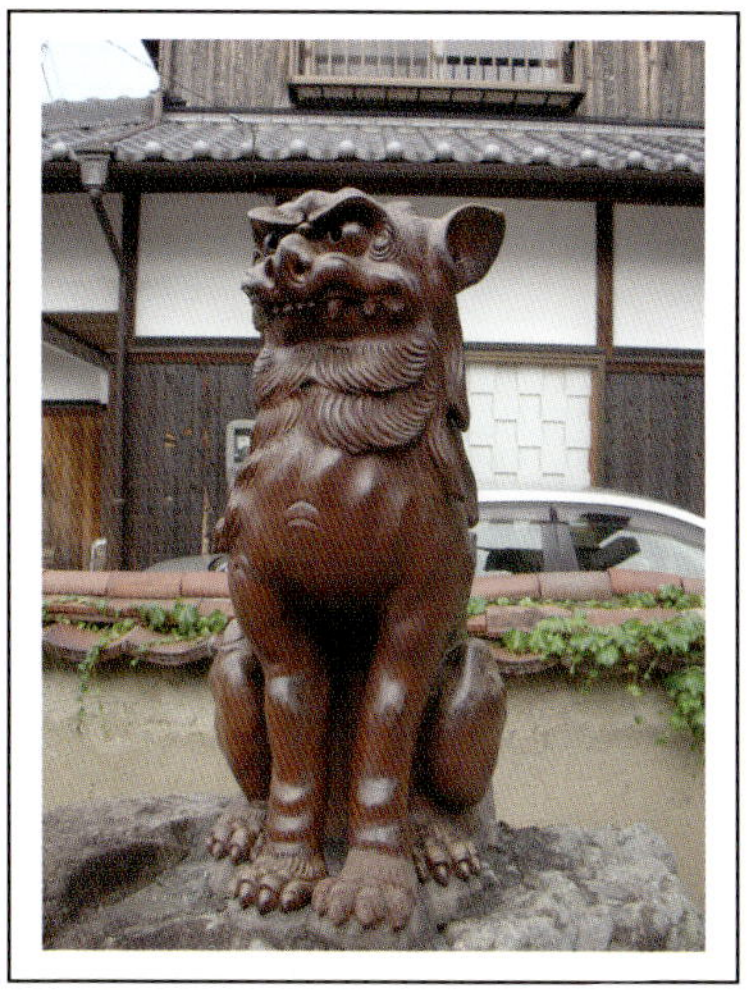

九八．木々須神社

九九・備前市立備前焼ミュージアム

一〇〇・履掛天神宮

一〇一・履掛天神宮

一〇二・妙国寺

一〇三・若宮八幡宮

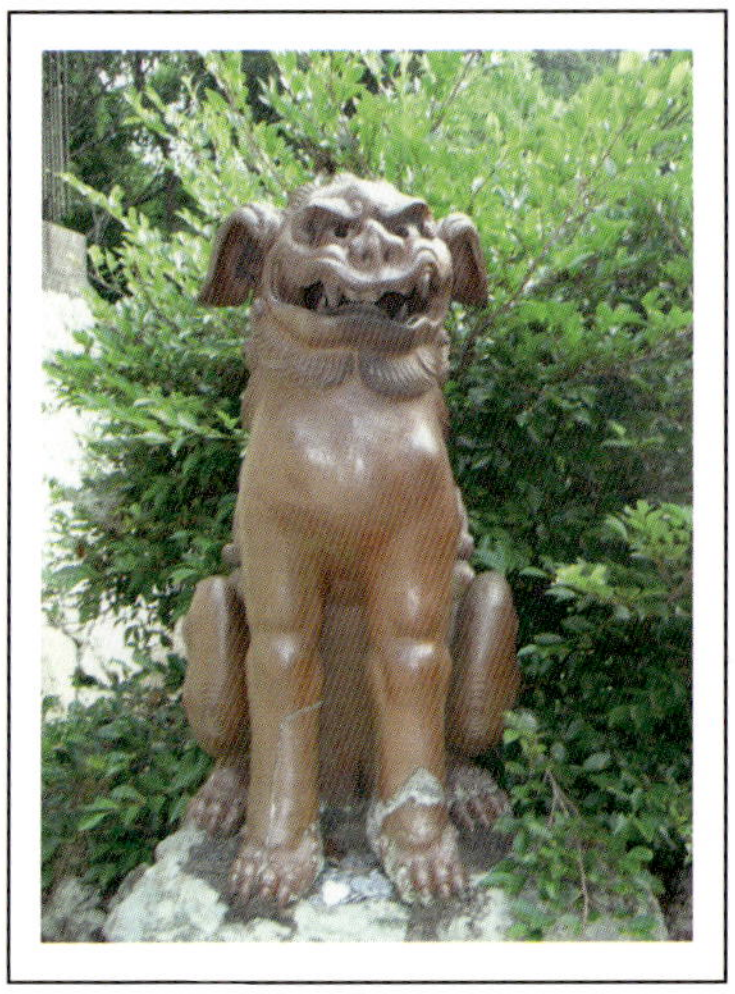

一〇四・天神社

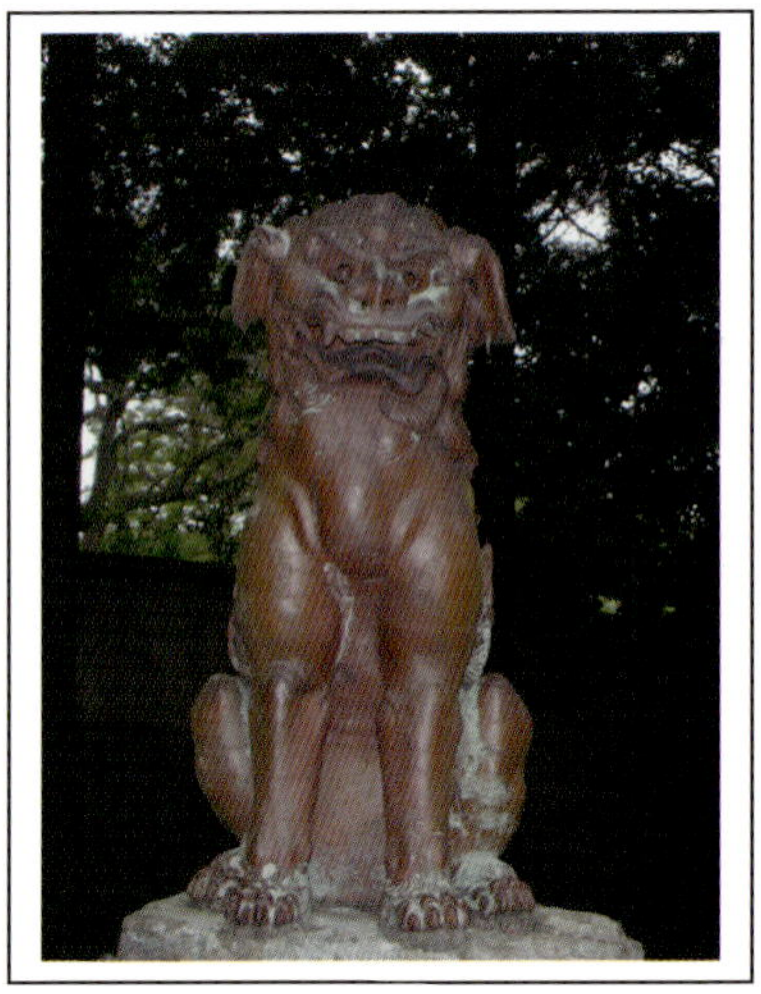

一〇五．熊山油瀧神社上之宮

一〇六．熊山油瀧神社上之宮

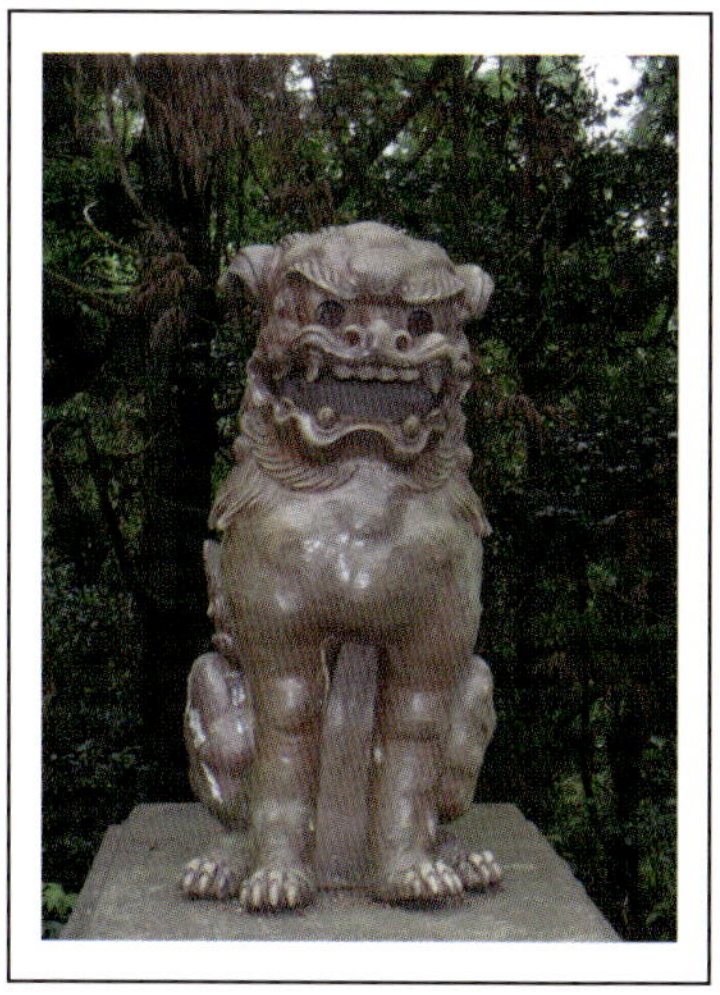

一〇七．ギャラリーしょうざん

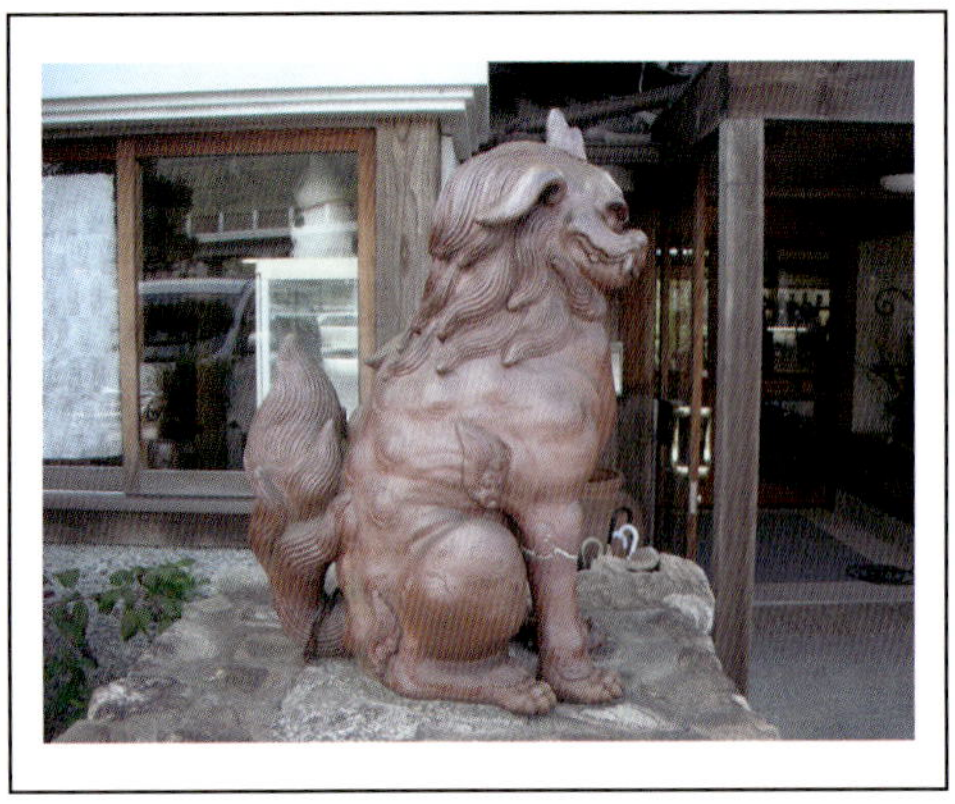

一〇八．八幡宮

一〇九・八幡宮

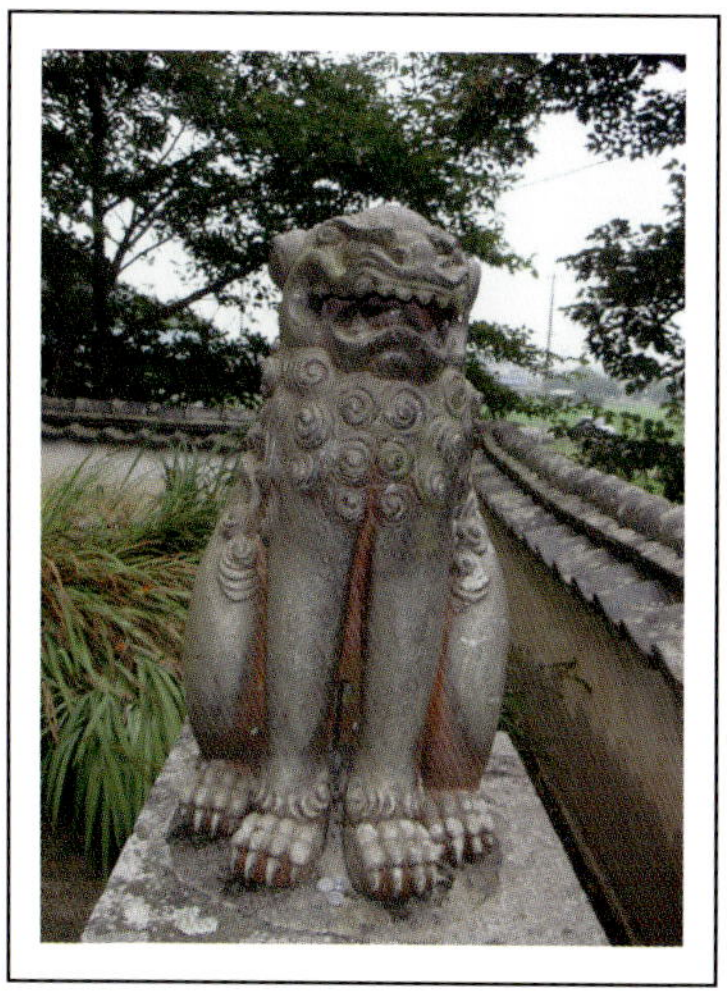

一一〇・恵美須神社

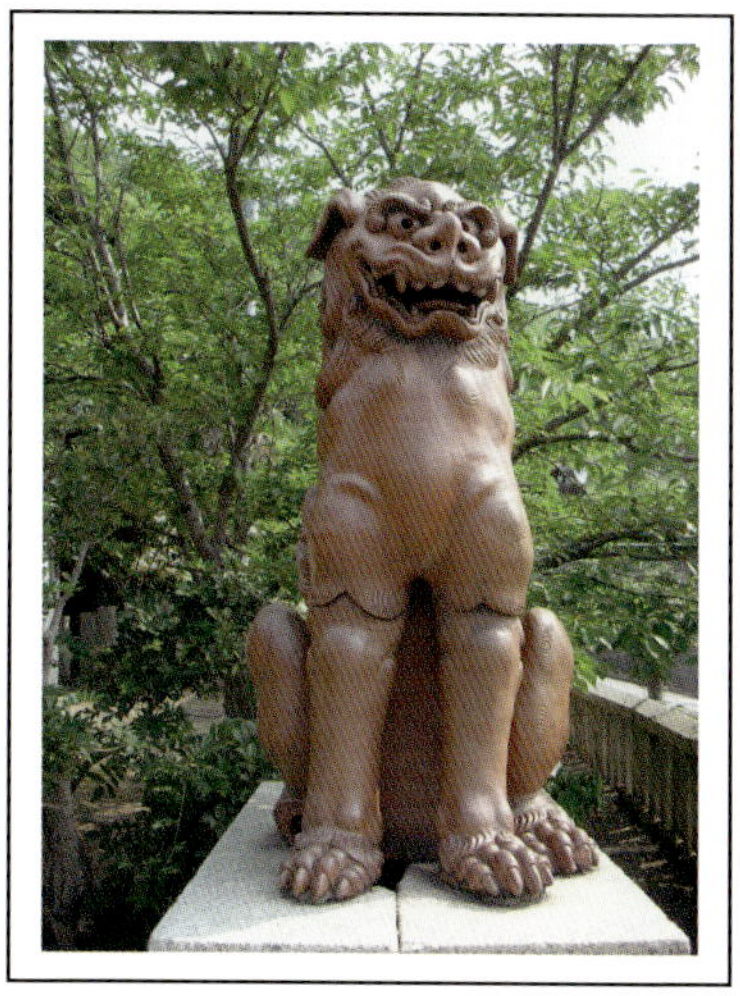

一一一・伏見稲荷講社

一一二・宇佐八幡宮

一一三．宇佐八幡宮

一一四．天神宮

一一五．荒神社

一一六．山神社

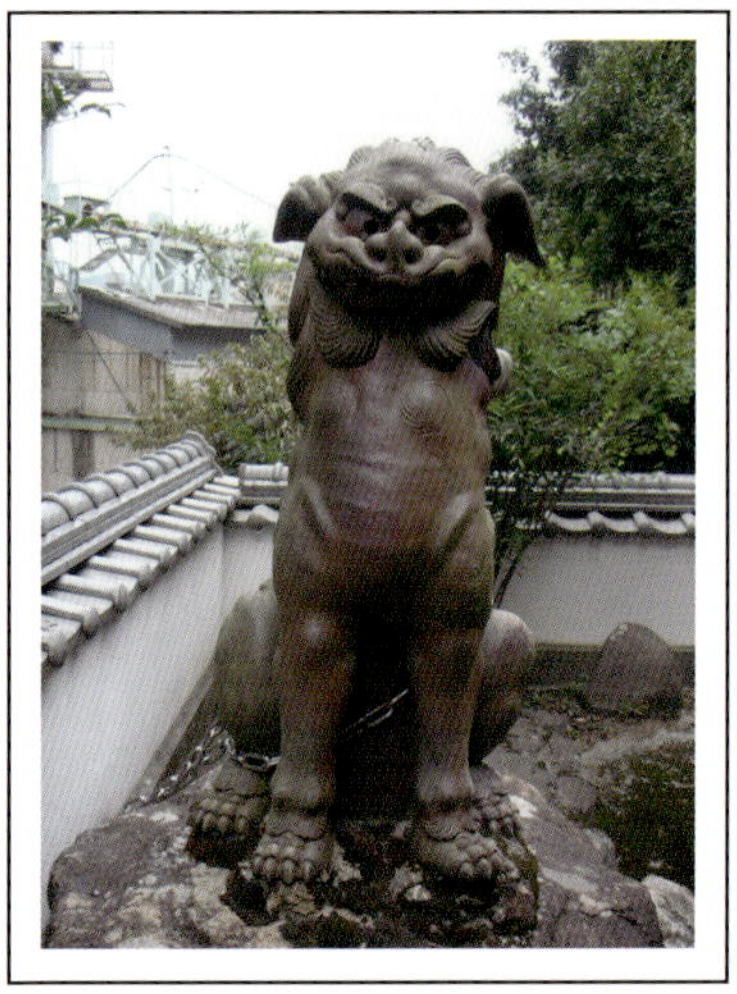

一一七．八幡宮

一一八．八幡宮

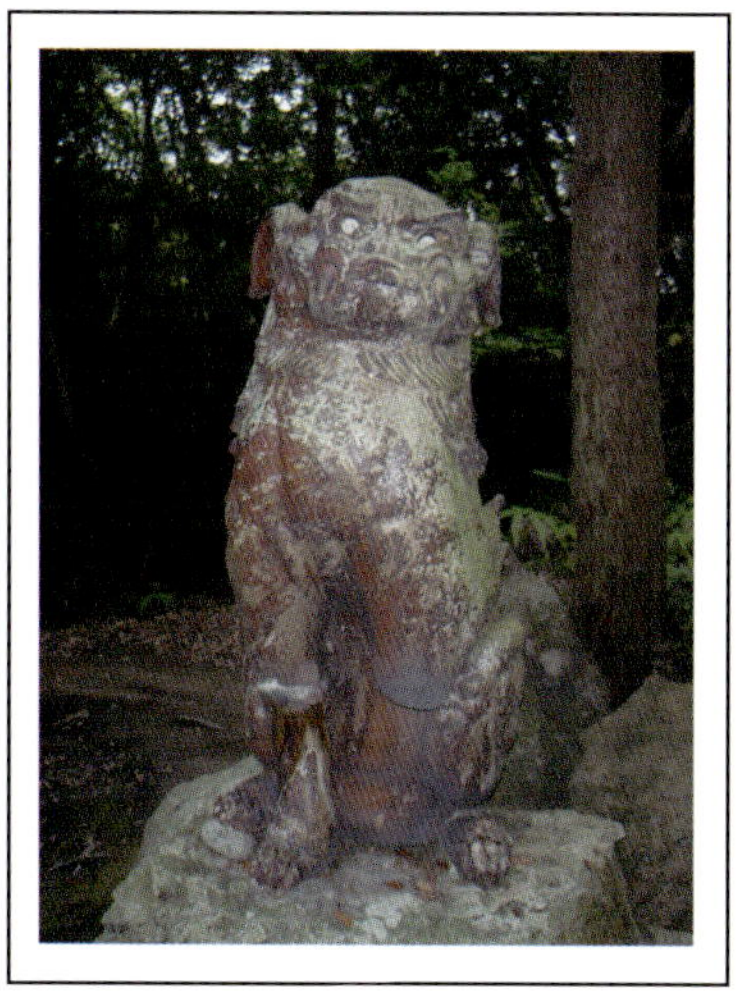

一一九・殿上西神社

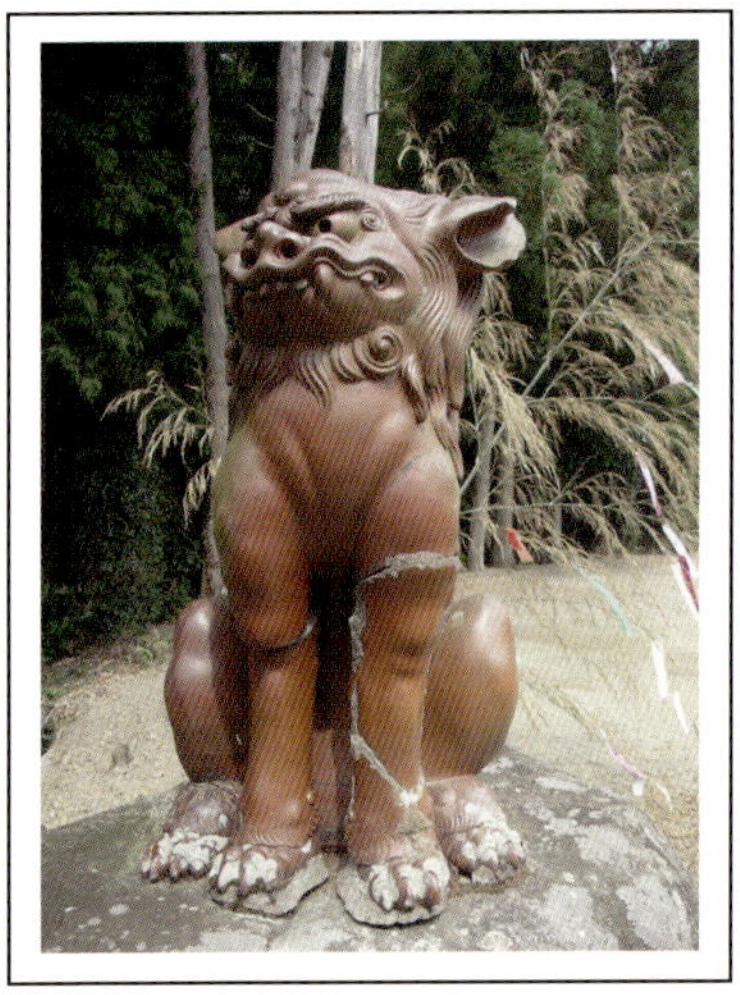

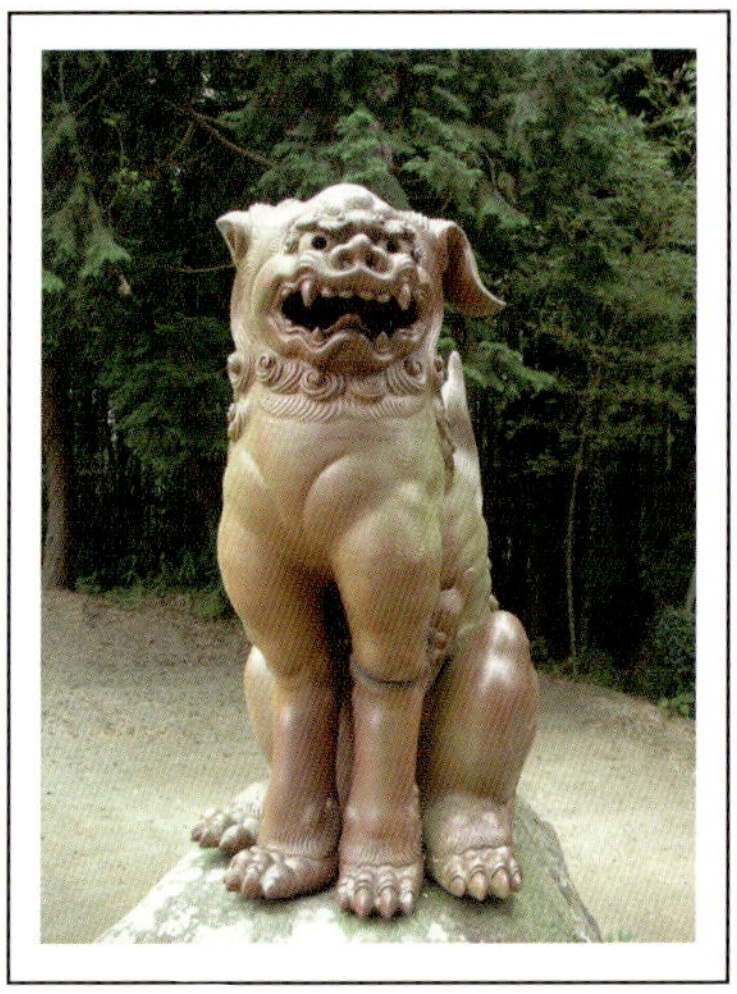

一二〇・天神社

一二二・石立神社

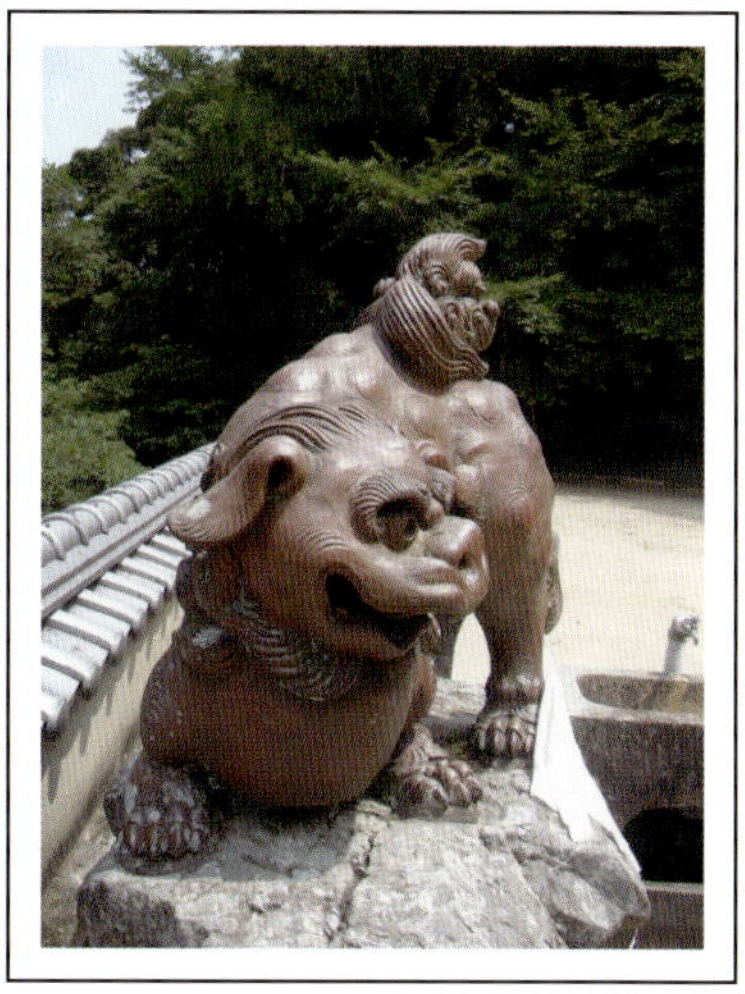

一二三・井田神社

一二三. 荒神社

一二四. 天神社

一二五．天神社

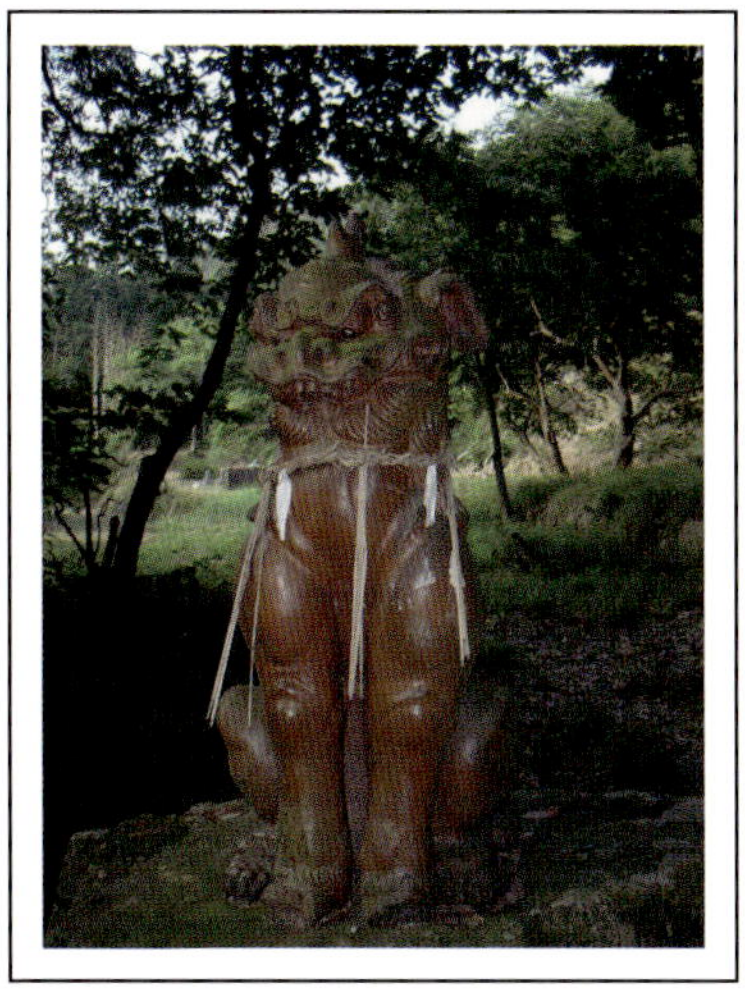

一二六．福神社

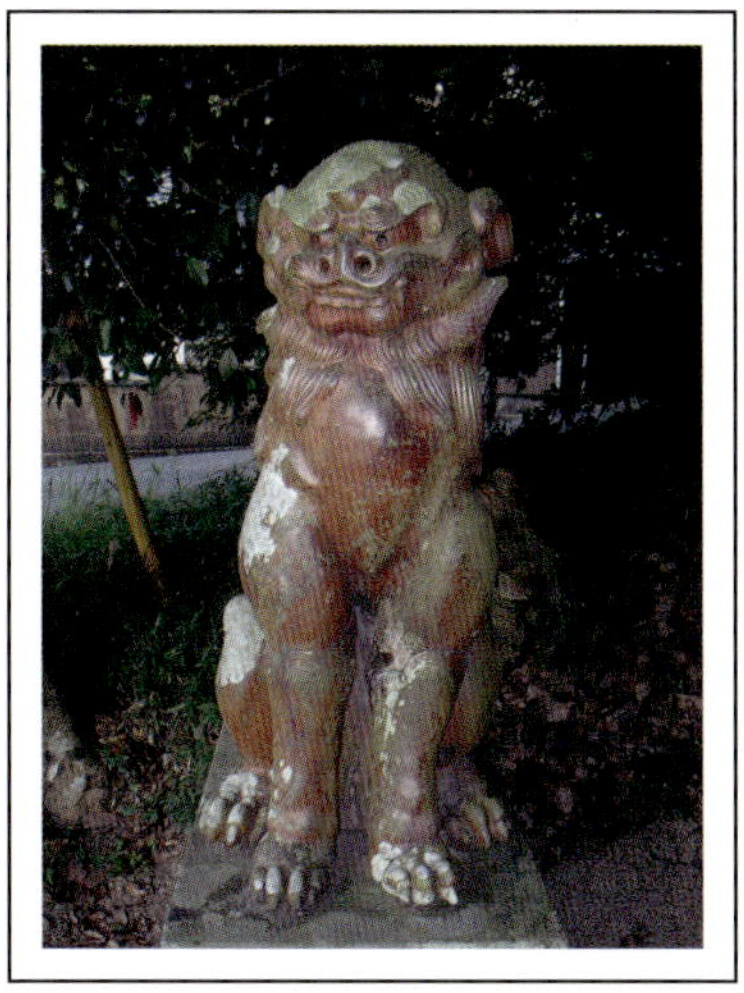

一二七．荒神社

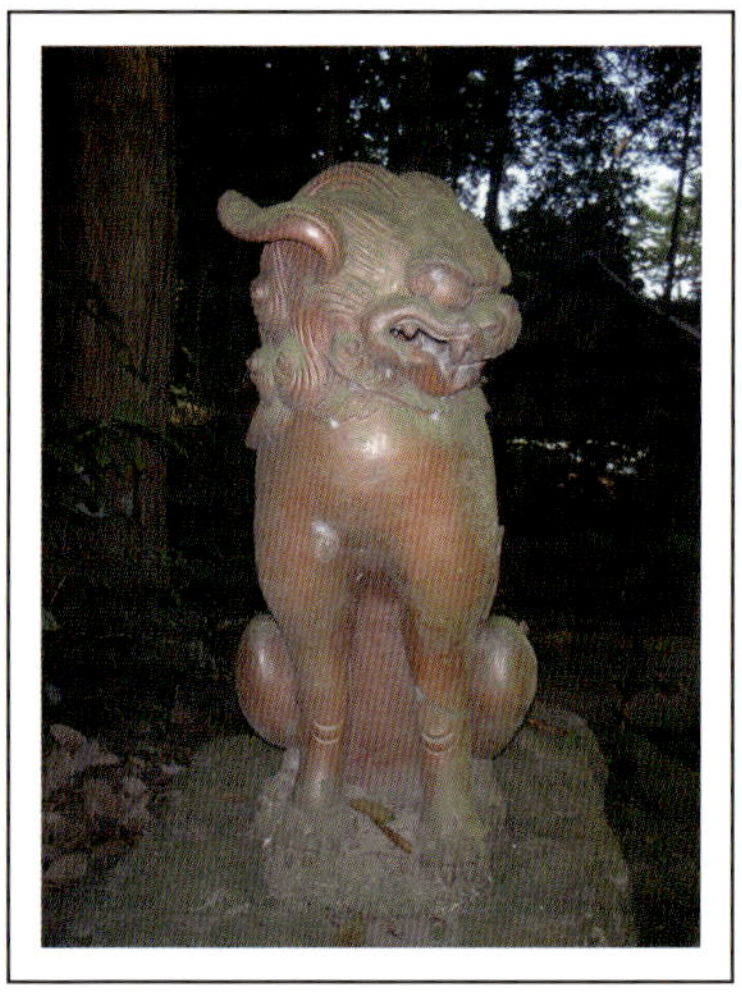

一二八．田井八幡宮

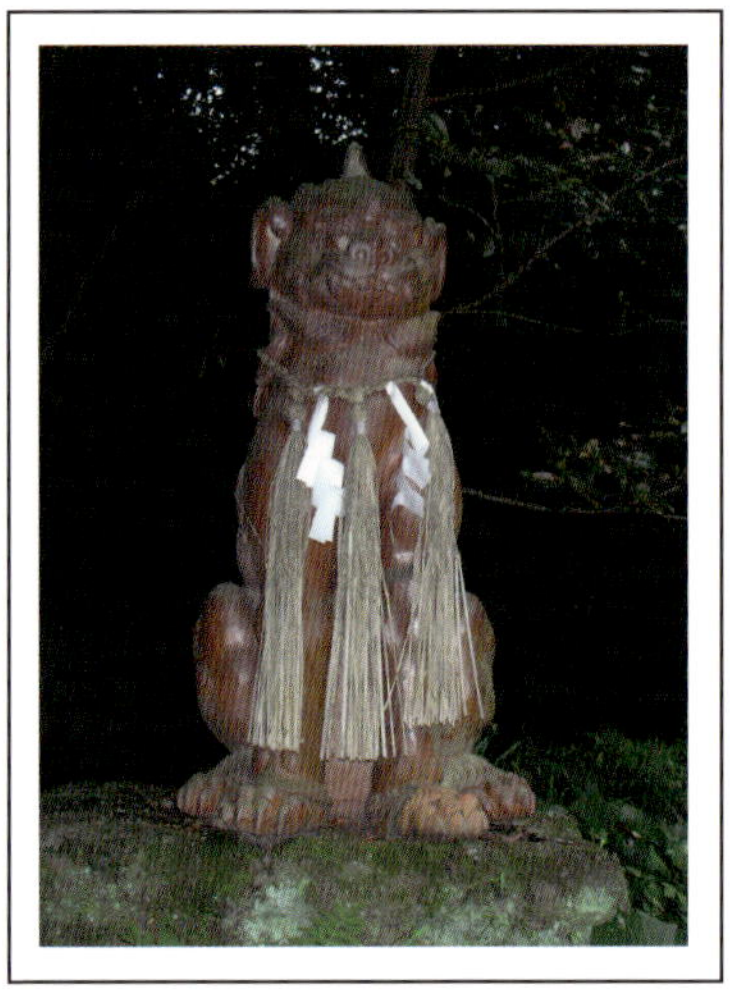

一二九・八幡宮

一三〇・八幡宮

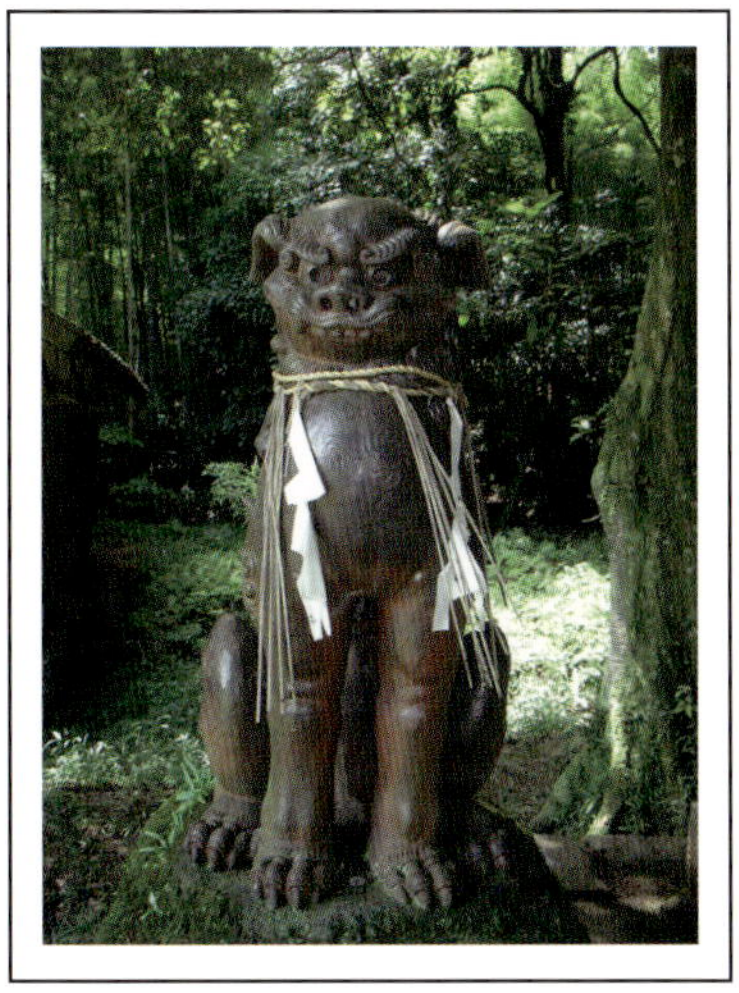

一三一・素戔嗚神社

一三二・八浜八幡宮

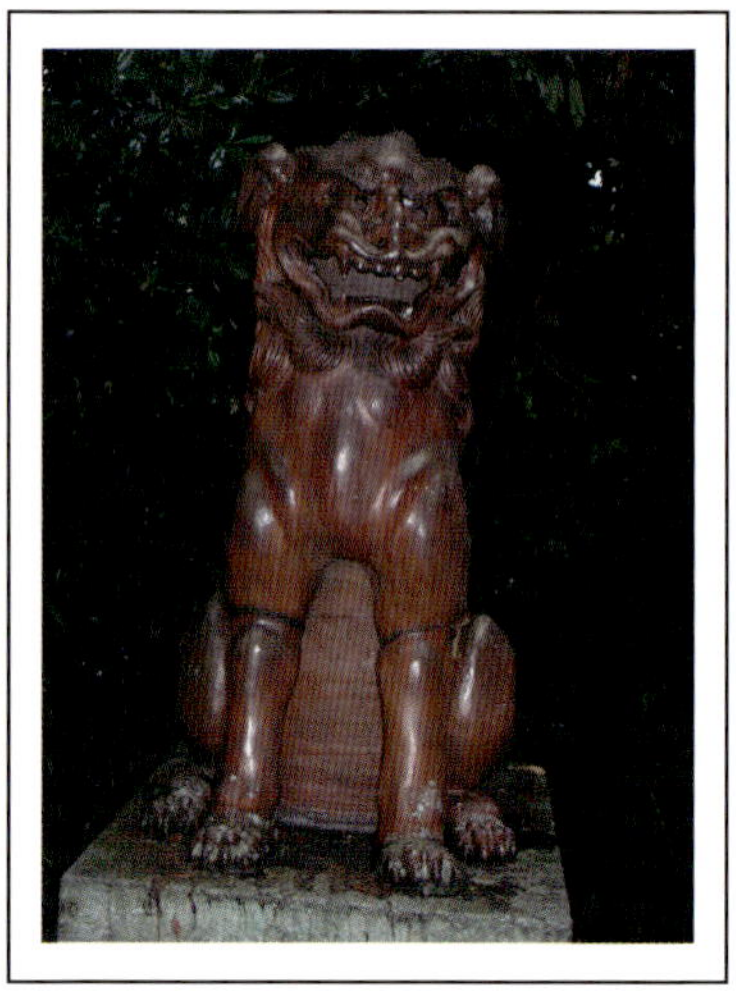

一三三．胸上八幡宮

一三四．水守神社

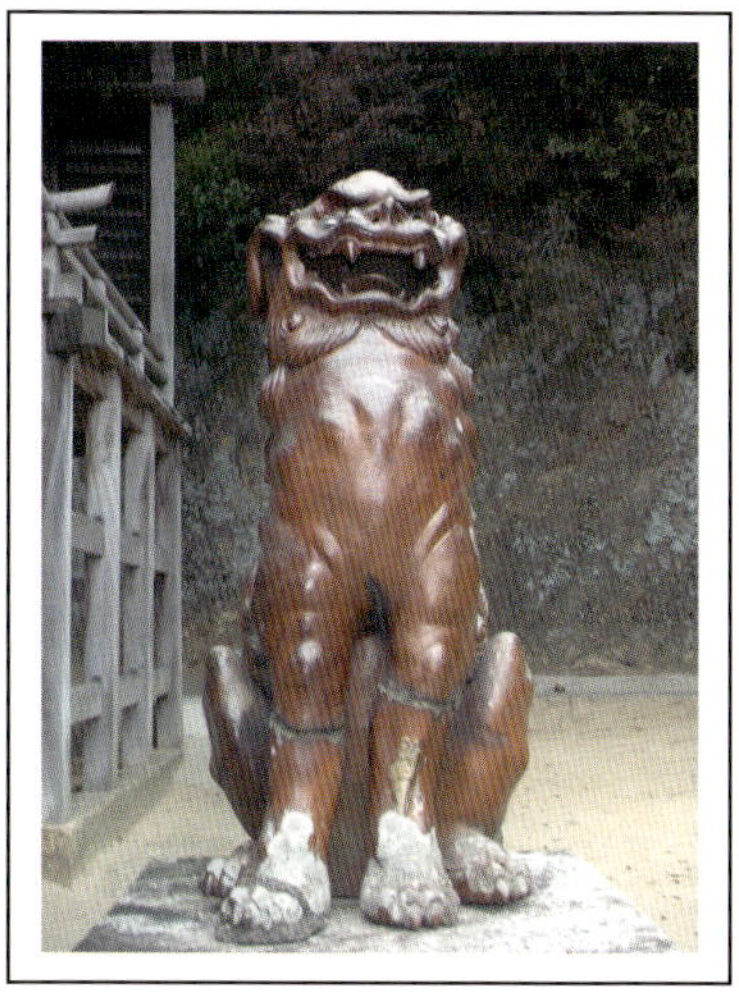

一三五．八幡神社

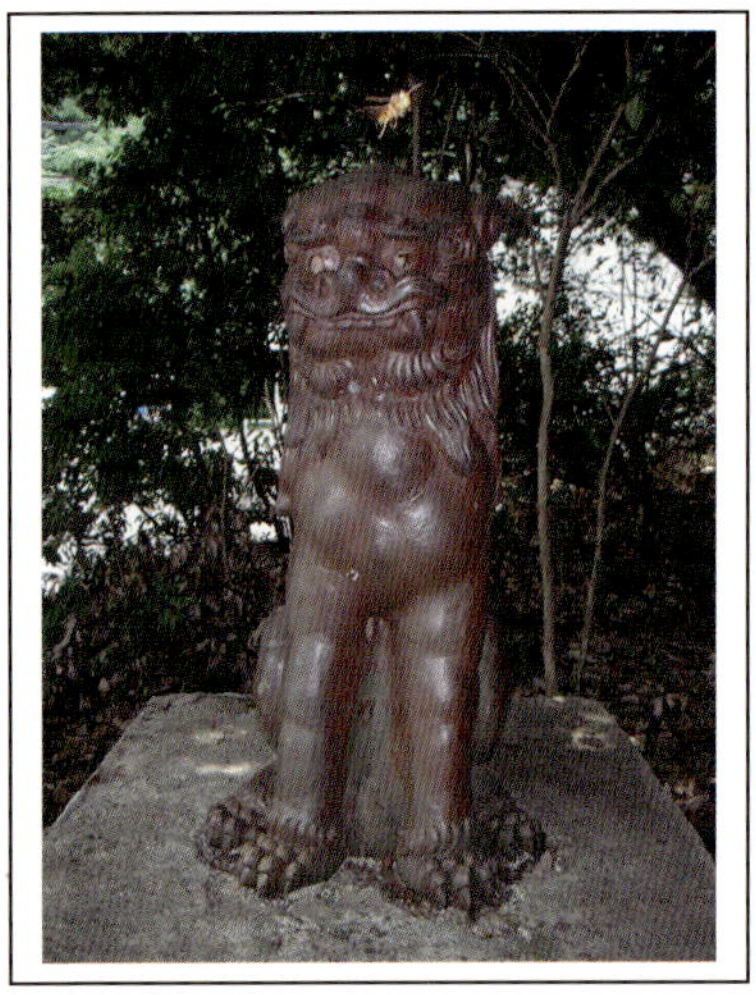

一三六．星八幡宮

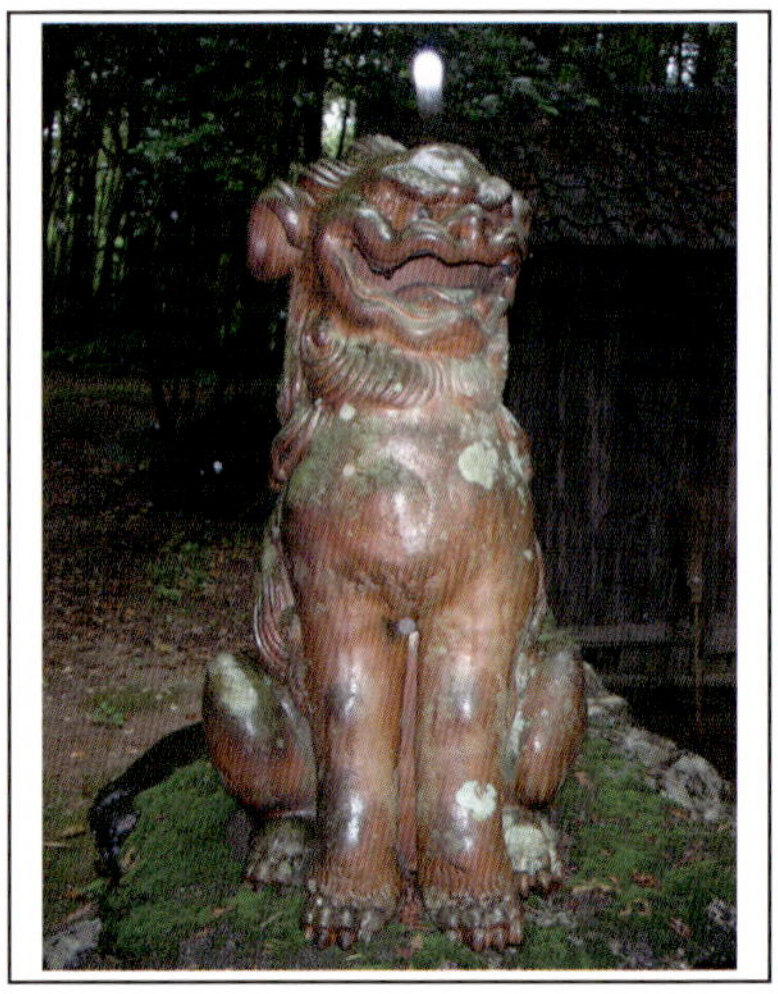

一三七・田殿神社

一三八・豊国神社

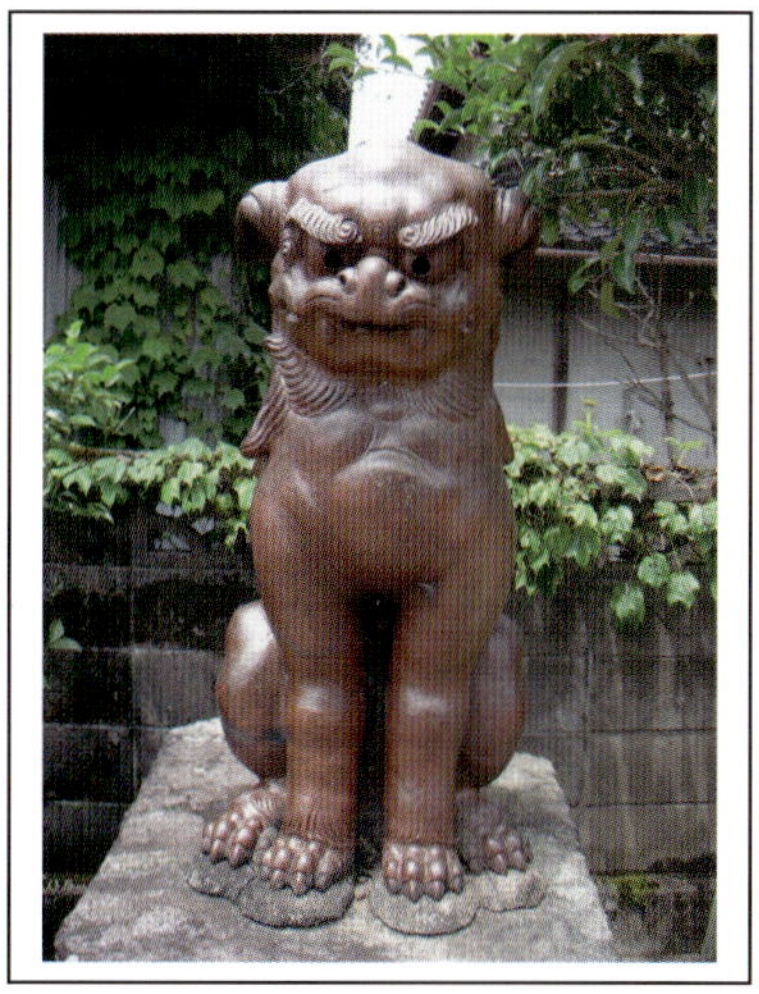

一三九・林野神社

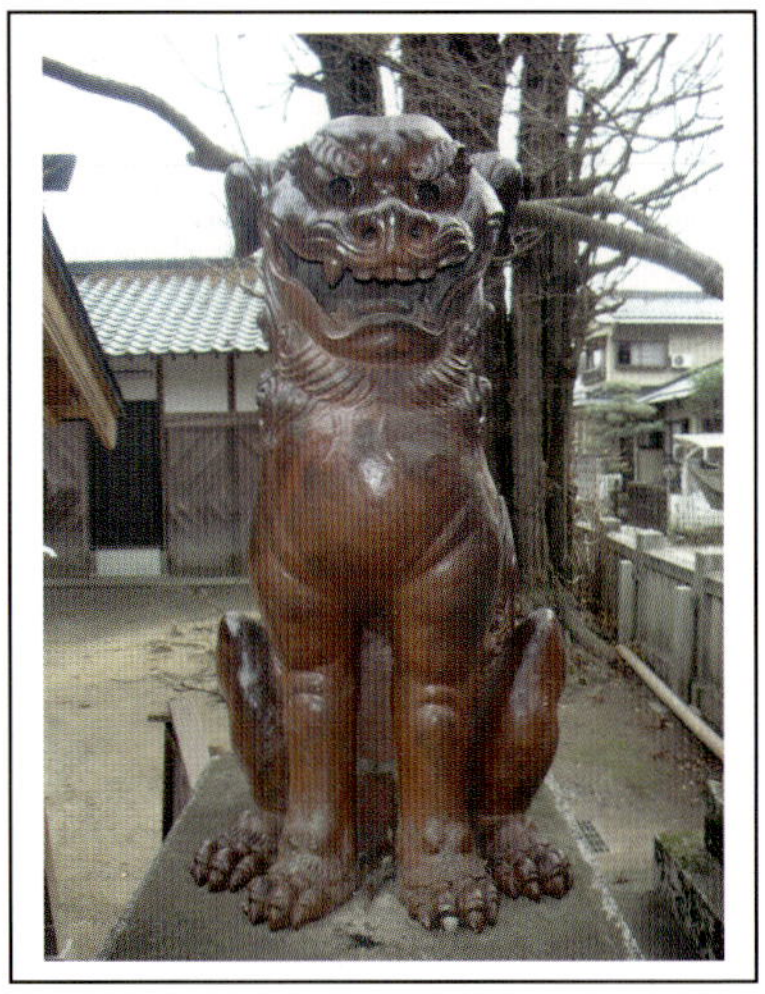

一四〇・海田神社

一四一・杉神社

一四二・青野神社

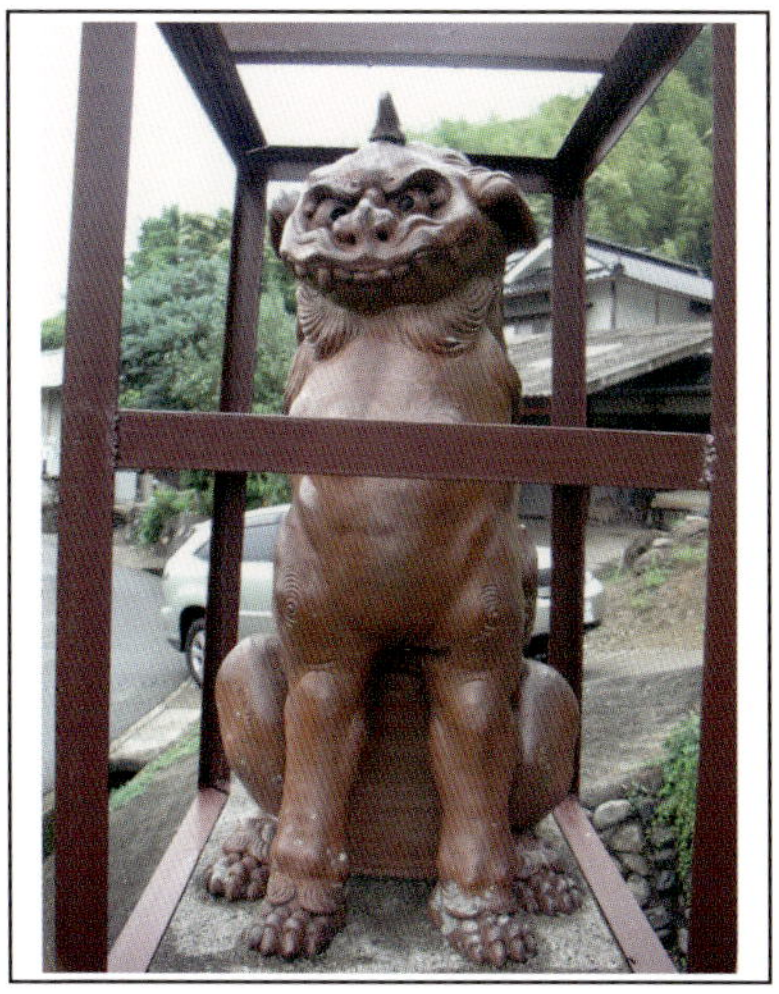

一四三・（個人）

一四四・（個人）

一四五・高此野神社

一四六・飯岡神社

一四七・山神社奥社

一四八・山神社

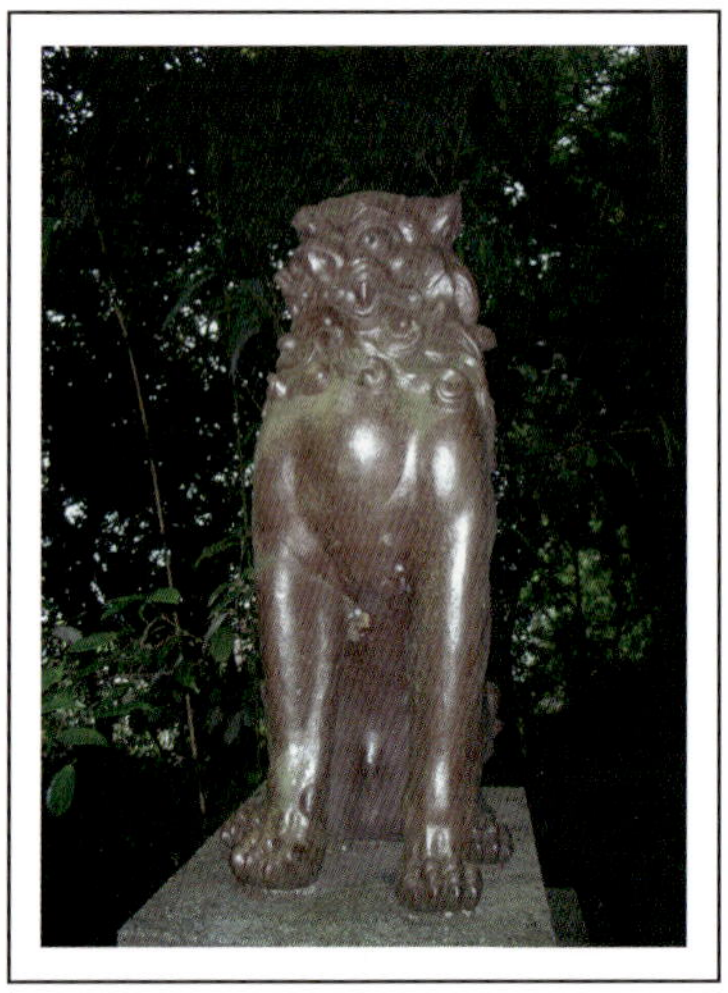

一四九・金彦神社

一五〇・田倉牛神社

一五一・田倉牛神社

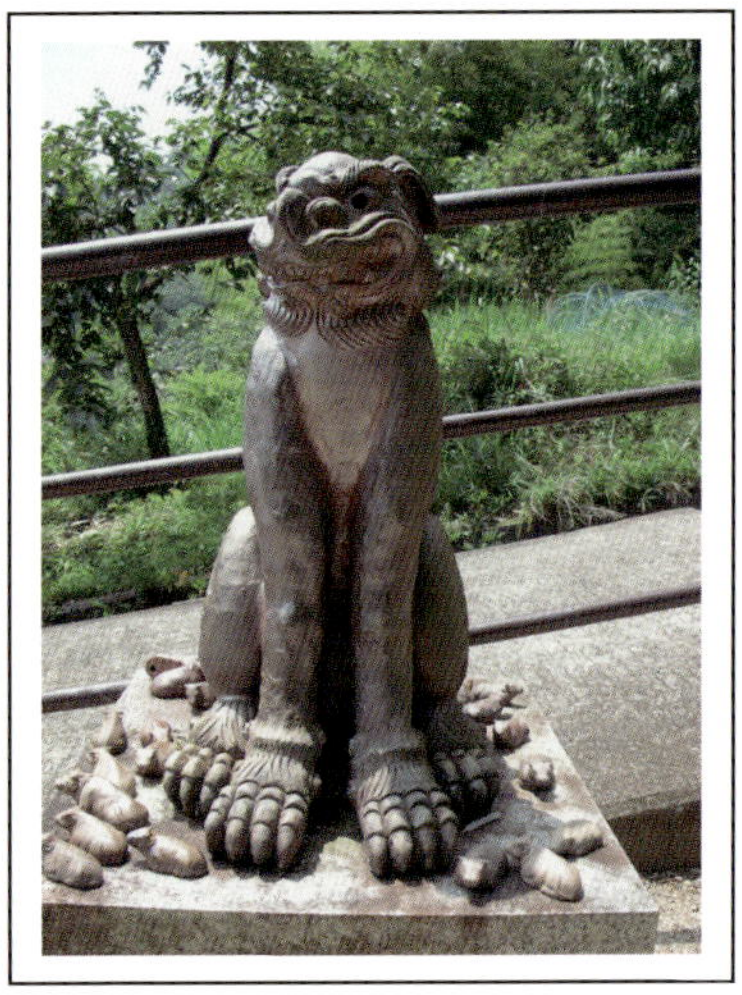

一五二・八幡宮

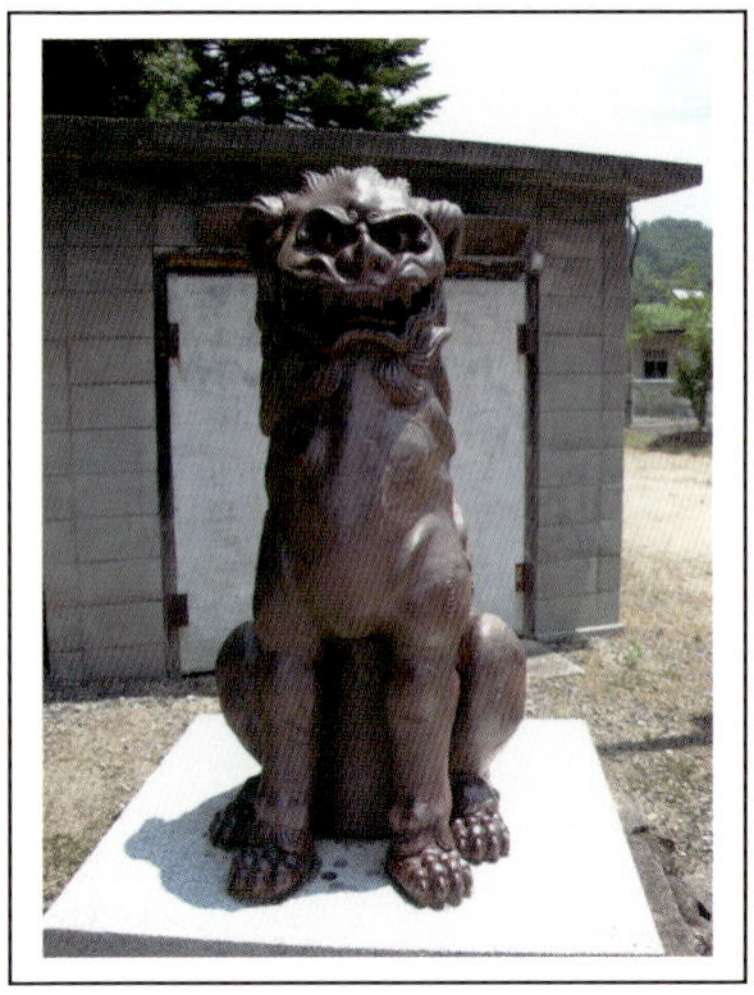

一五三・和気神社

一五四・荒神社

一五五．水行谷神社

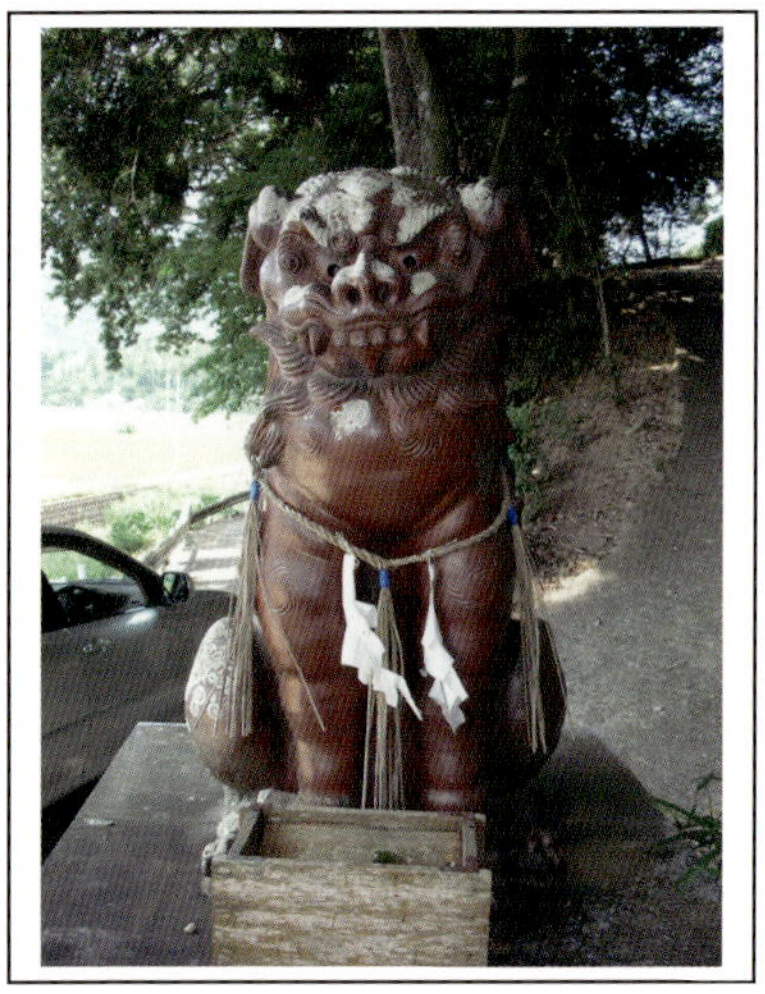

一五六．松村神社

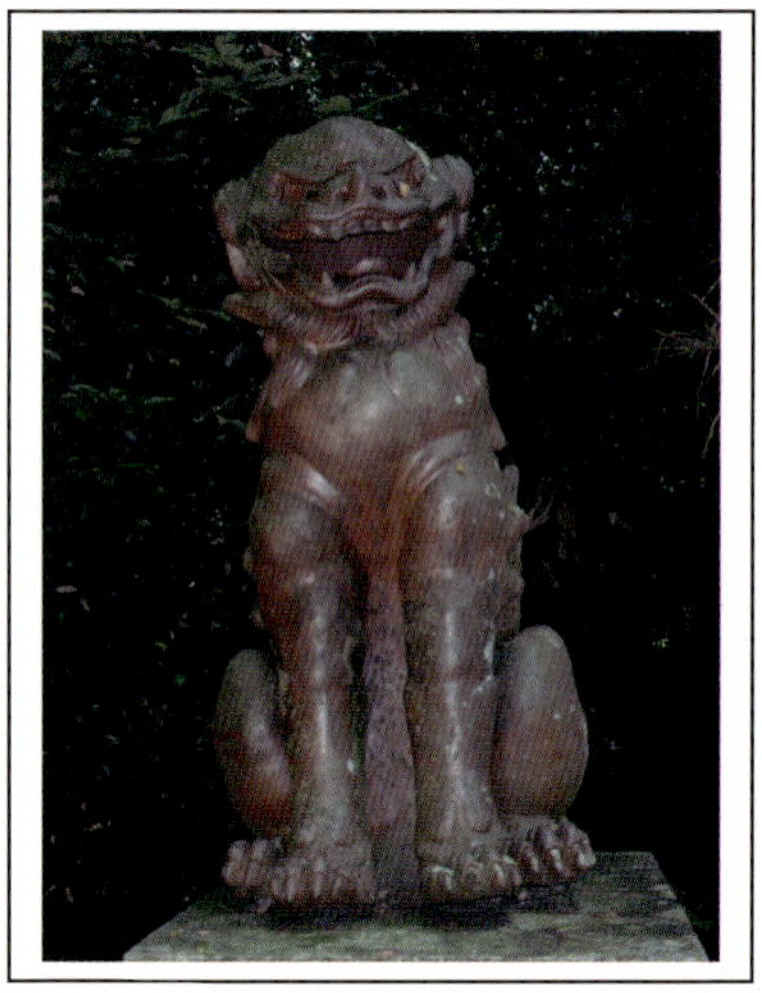

一五七．春日神社

一五八．矢田八幡宮

一五九．天石門別神社

一六〇．宇佐八幡宮

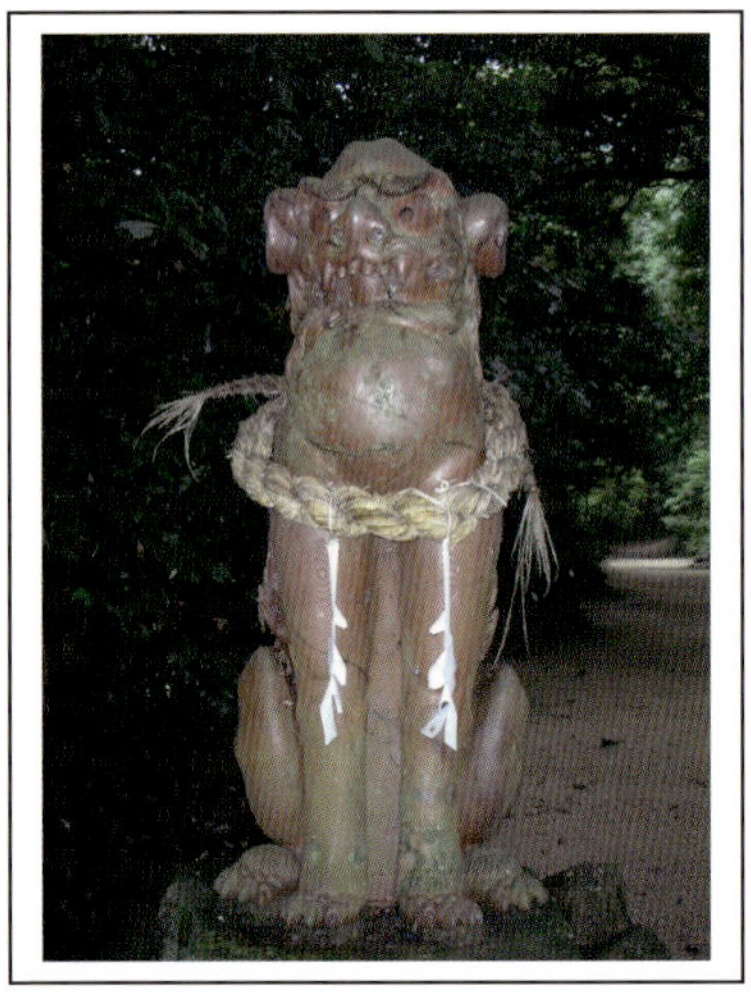

一六一．速玉男神社

一六二．王子権現

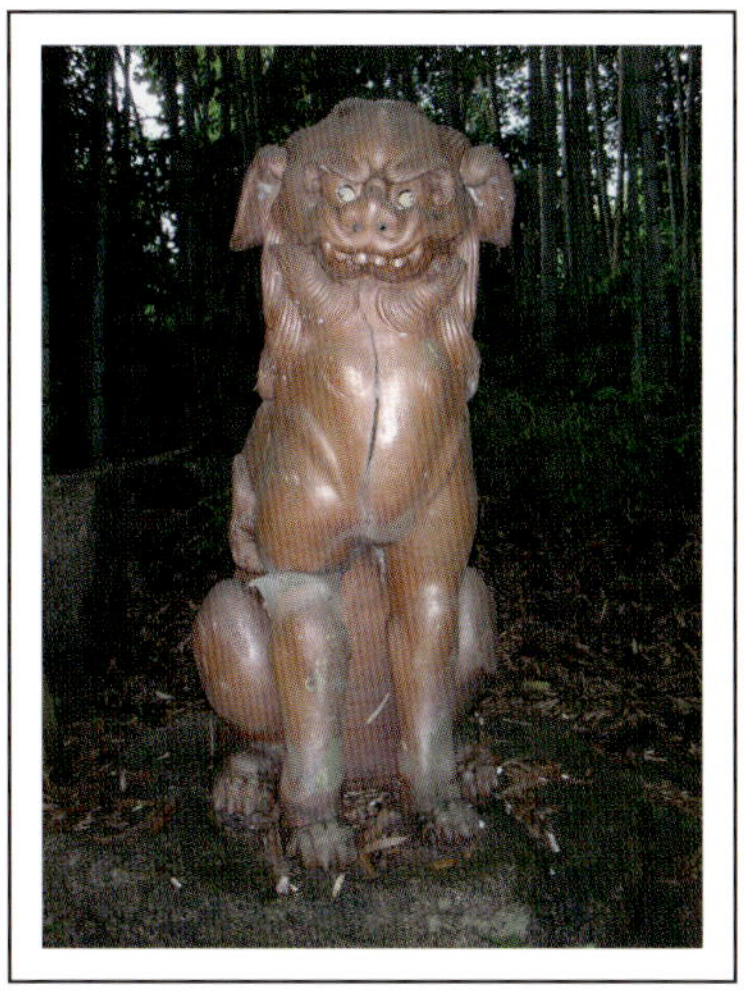

一六三・天神宮

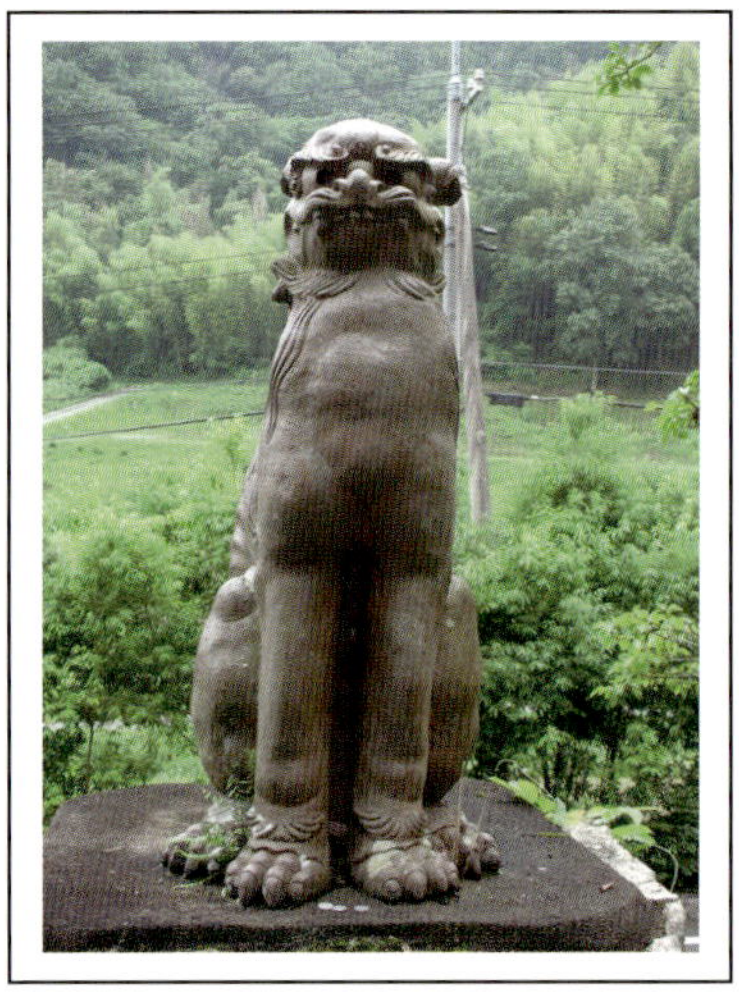

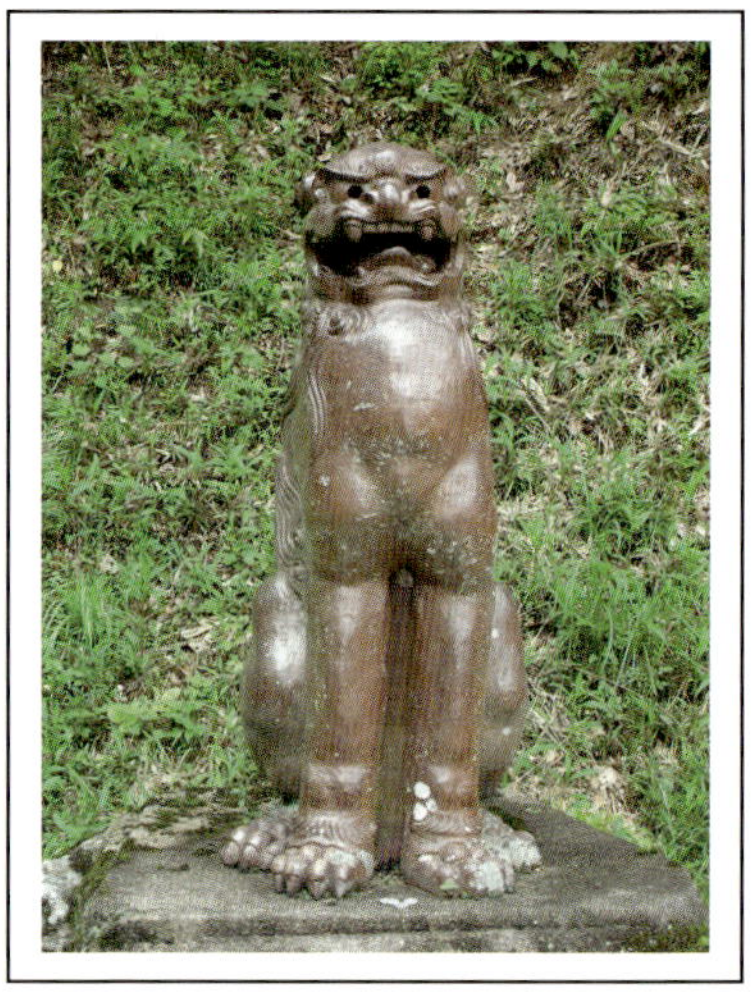

一六四・二宮神社

一六五・津宮八幡宮

一六六・岩熊八幡宮

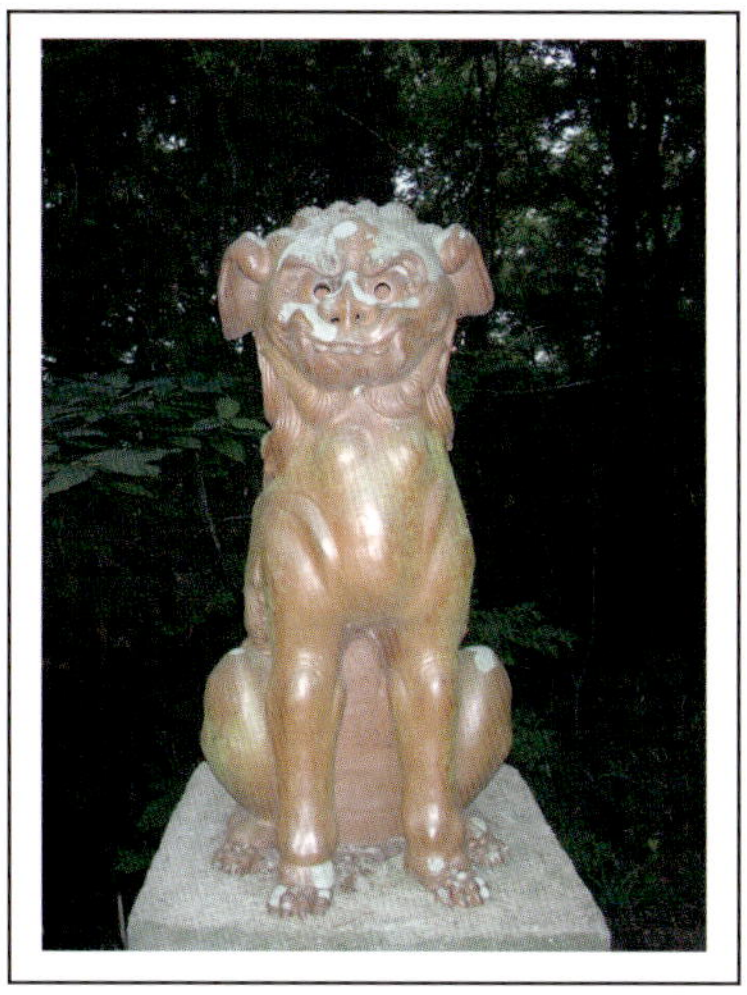

一六七．北居都神社

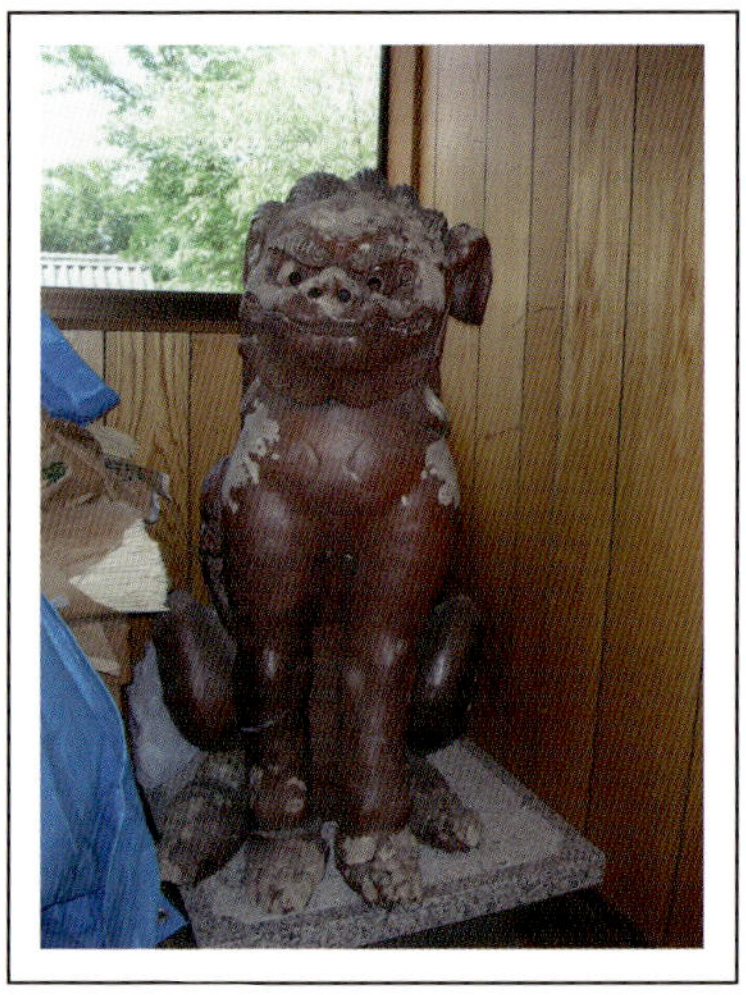

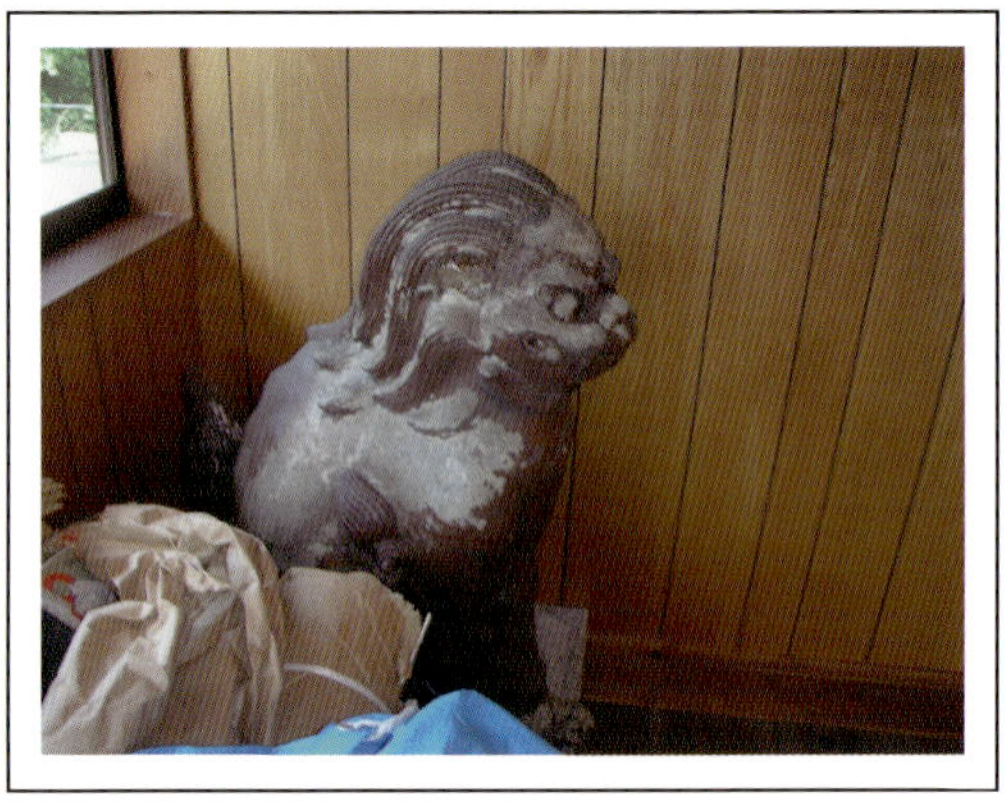

一六八．武部神社

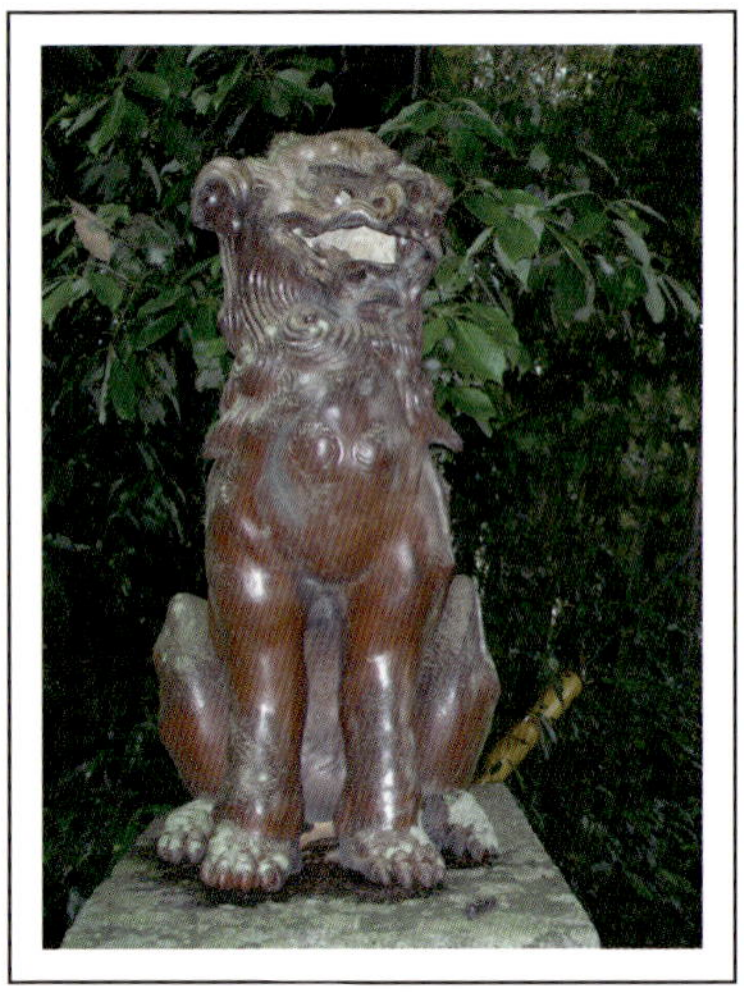

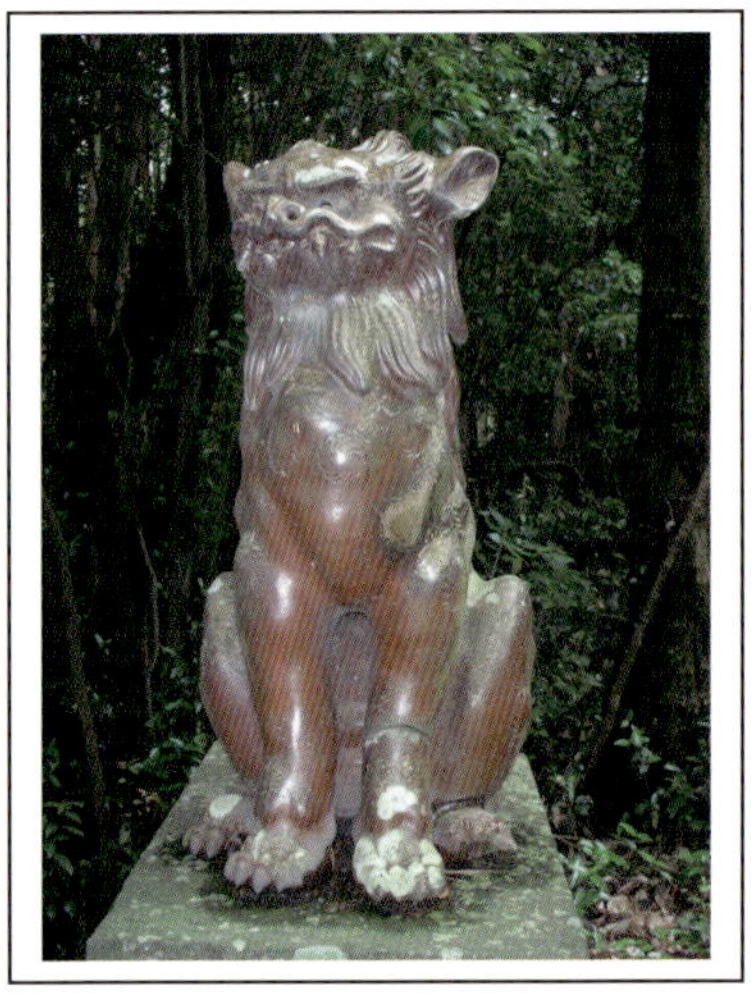

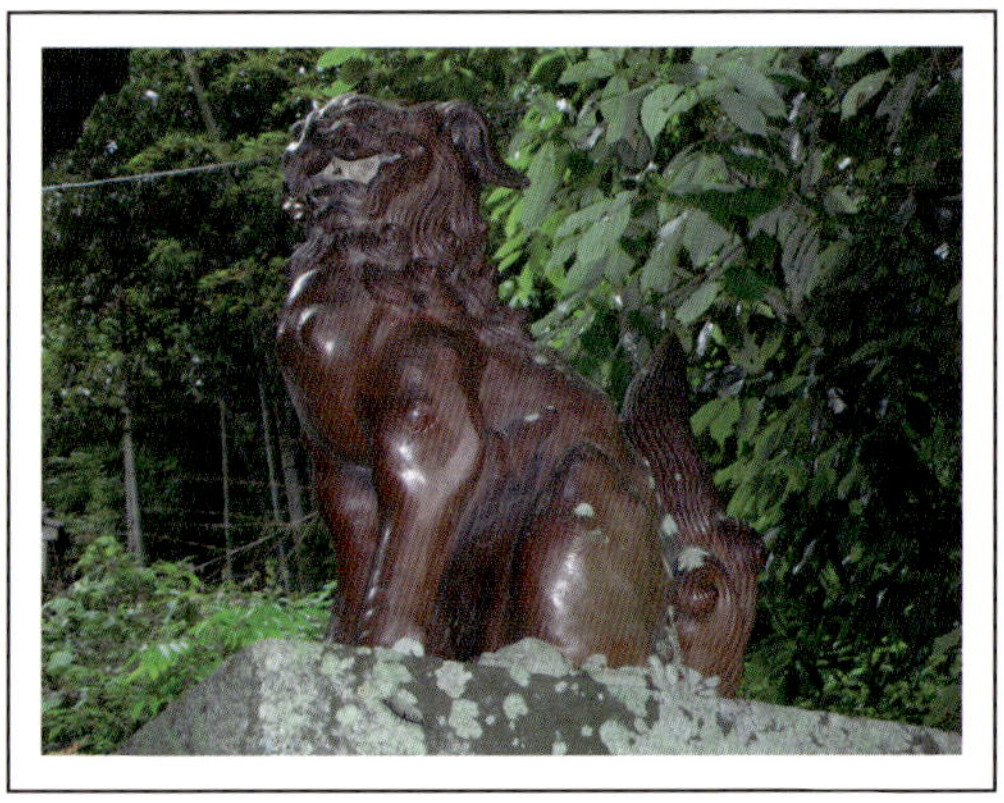

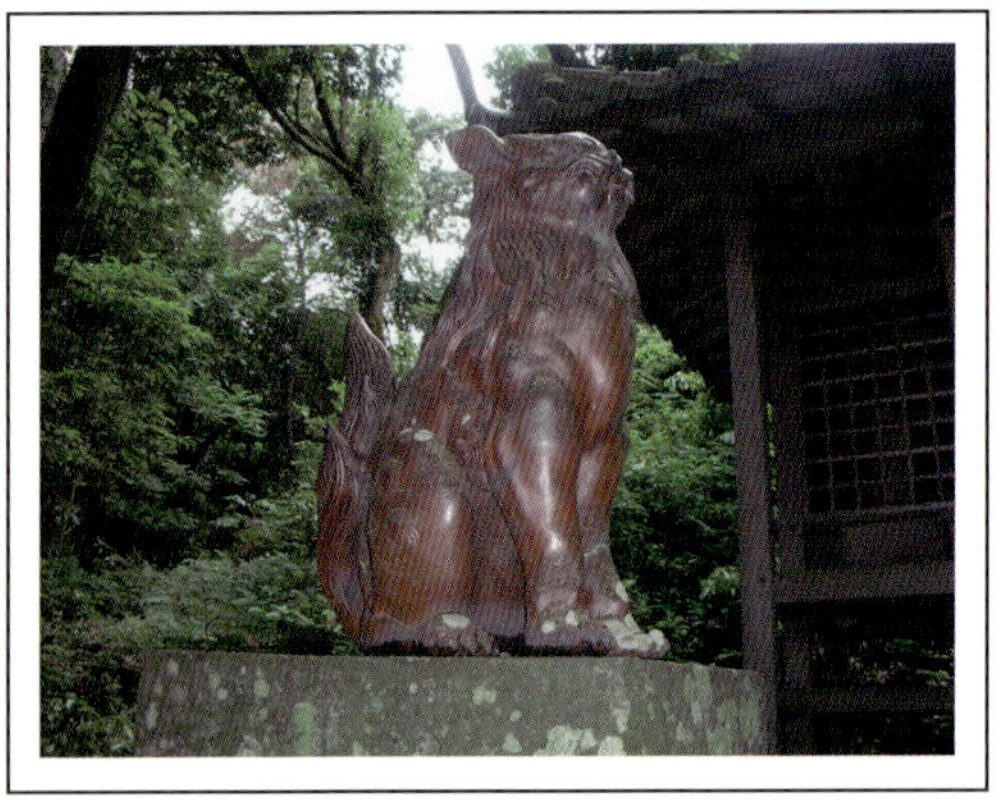

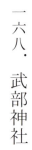

一六九．水分神社

一七〇．福山神社

一七一・八幡和気神社

一七二・正八幡宮

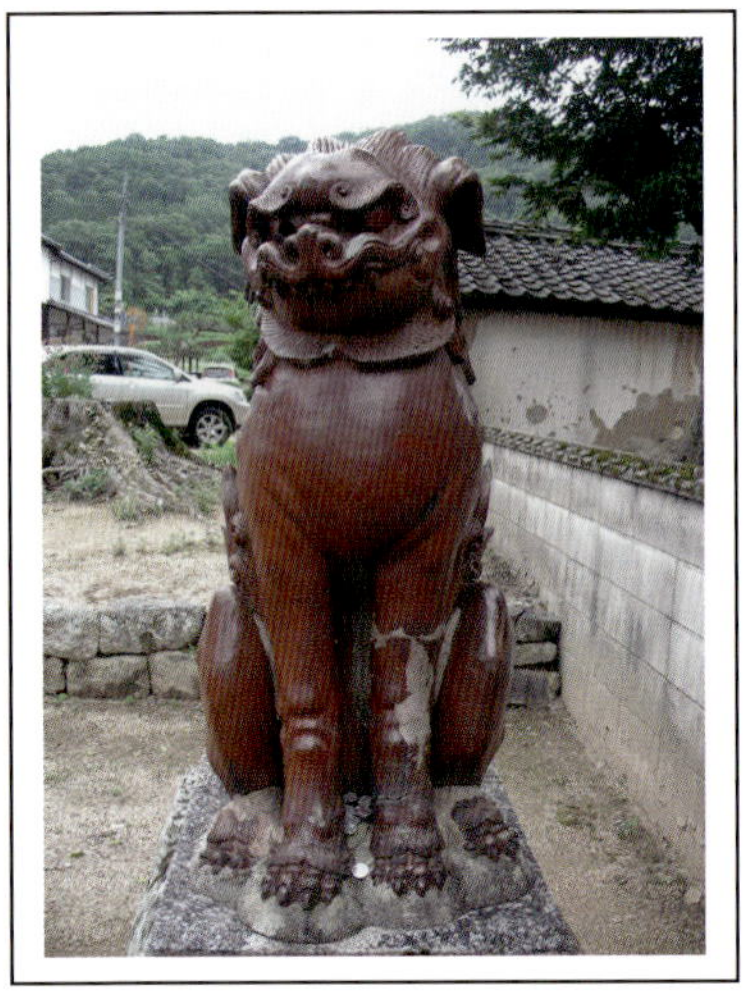

一七三・熊山神社

一七四・武内神社

一七五・春日神社

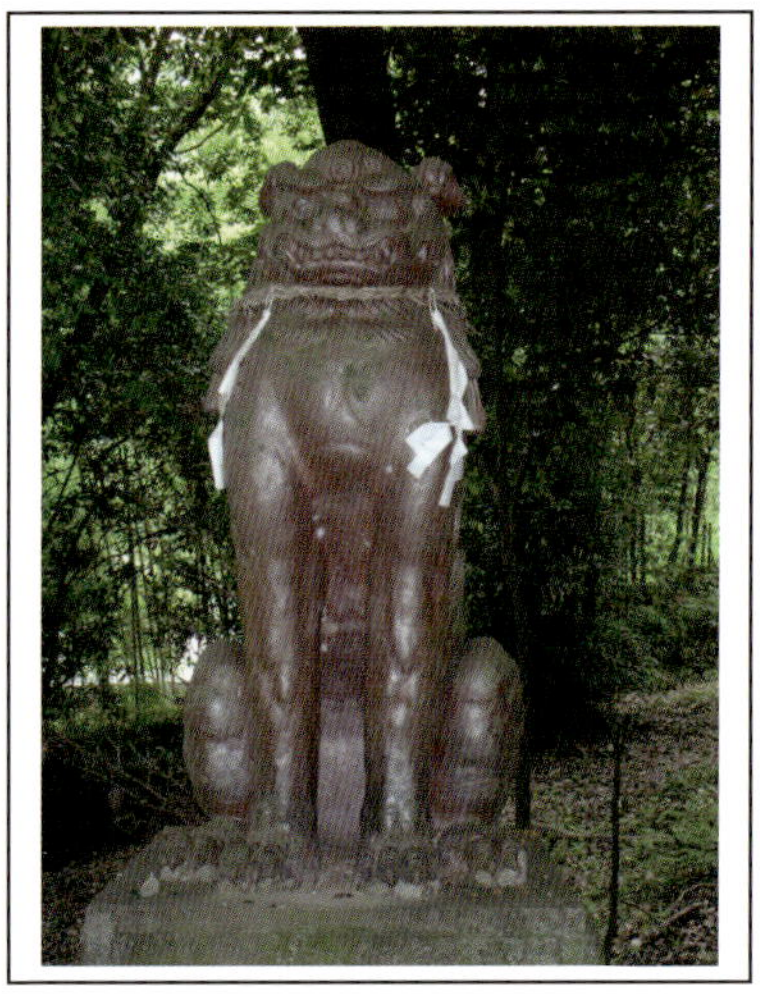

一七六・日吉神社

一七七・御尊神社

一七八・駿田神社

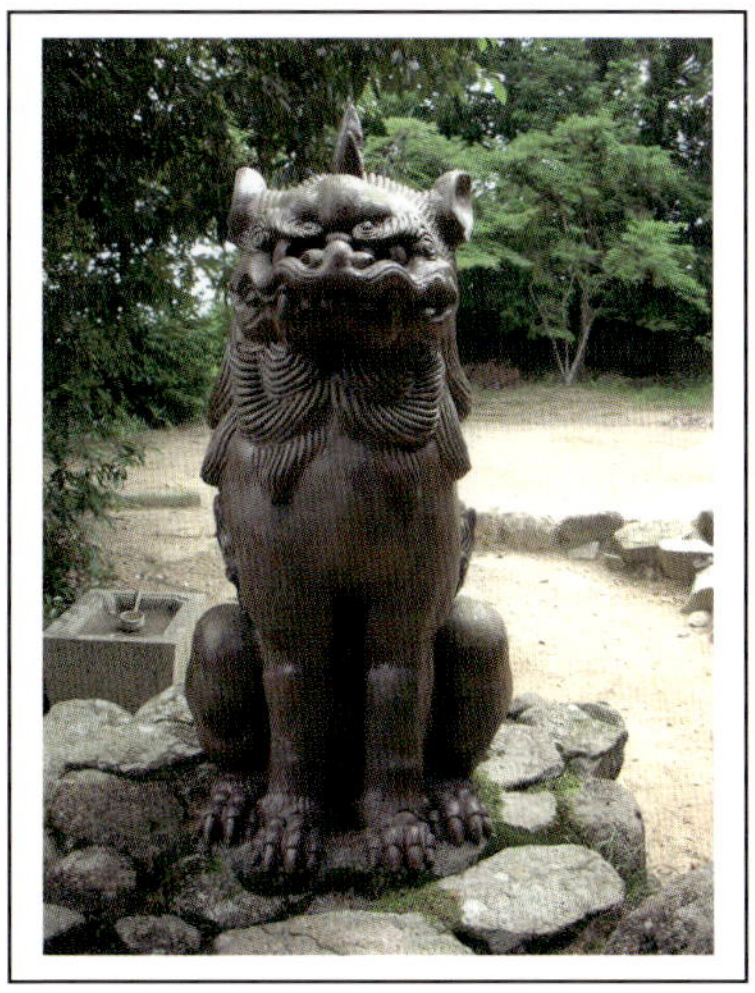

一七九．見上神社

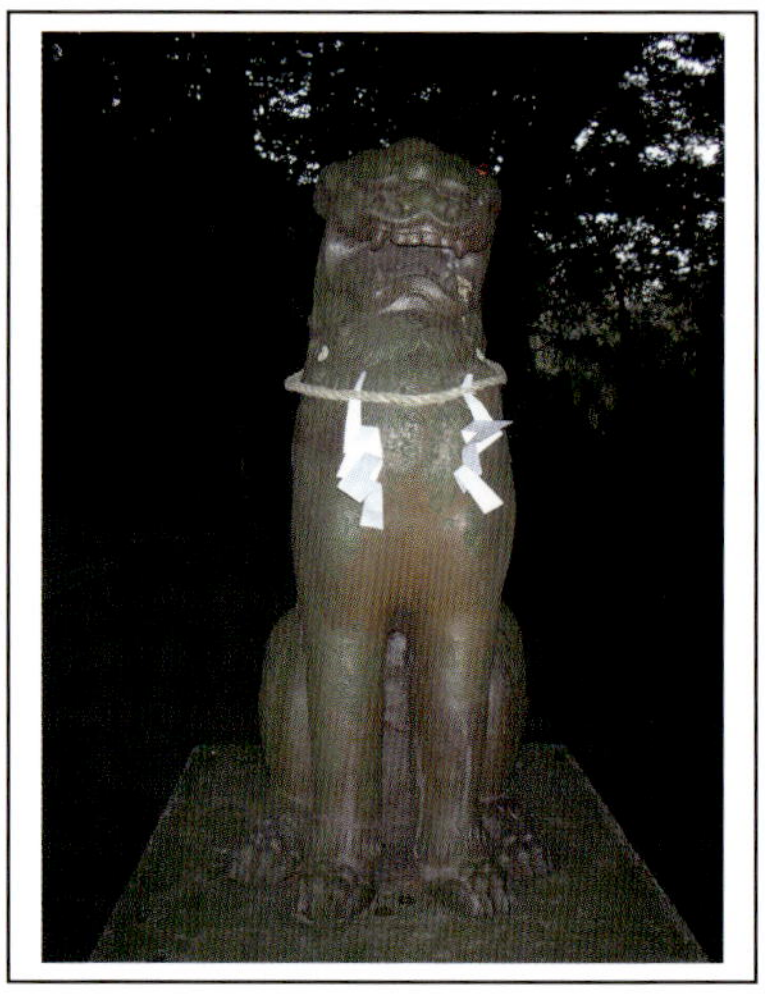

一八〇．素盞嗚神社

一八一・鴨長尾神社

一八二・熊野神社

一八三・八幡宮

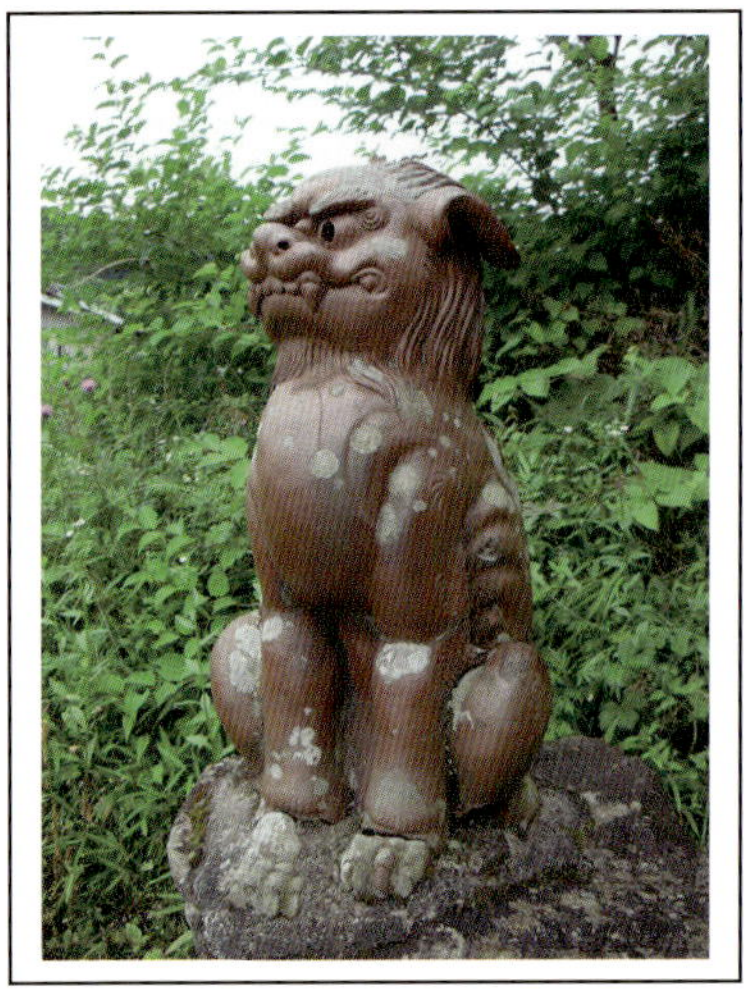

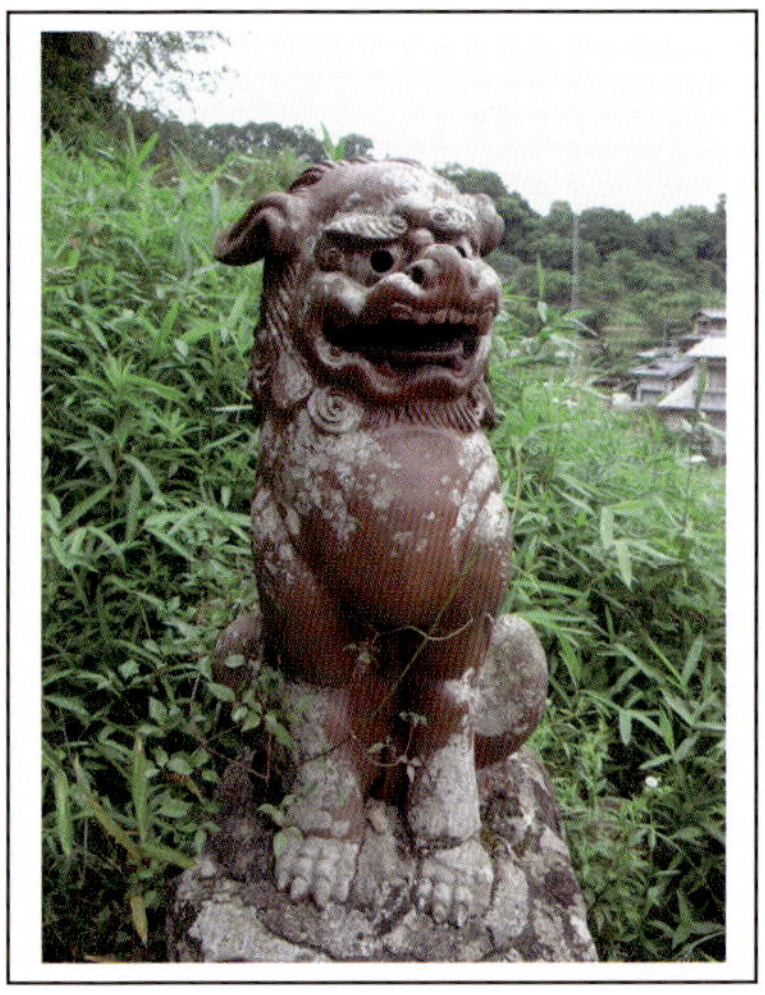

一八四・天神宮

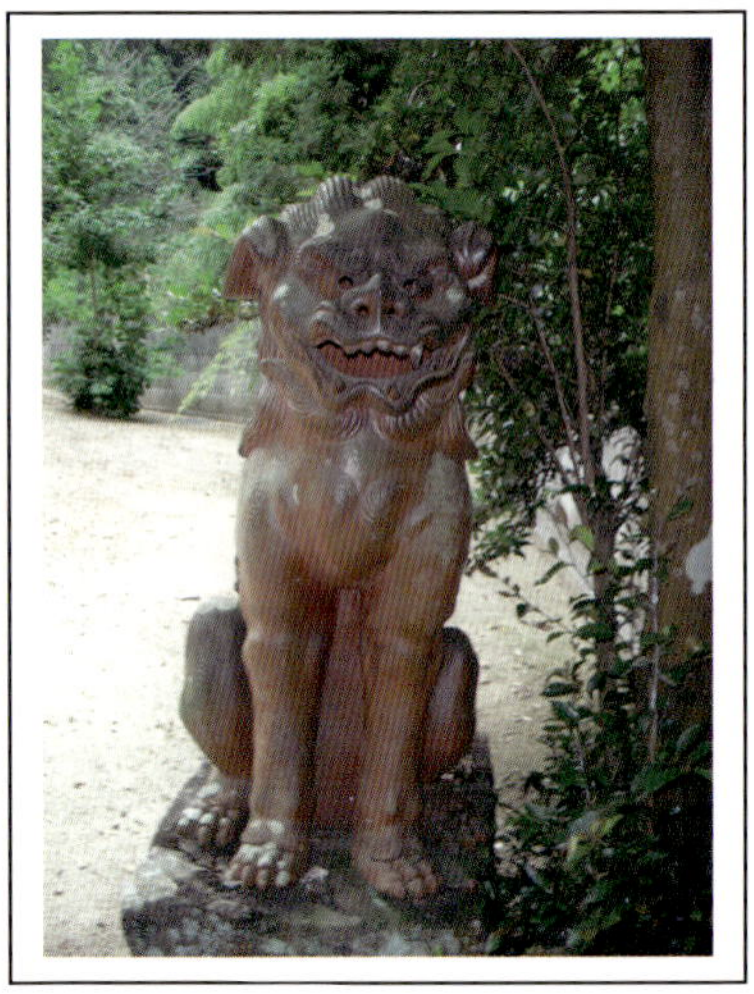

一八五・松尾神社

一八六・和田神社

一八七．八幡神社

一八八．六坐神社

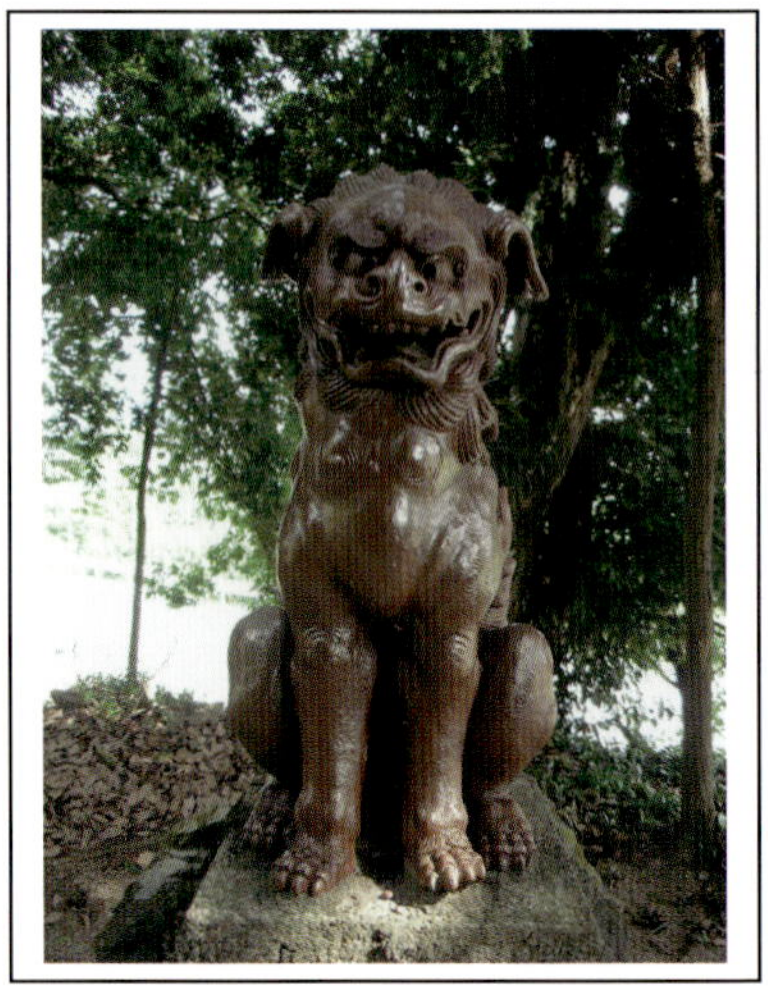

一八九・阿保田神社

一九〇・八幡宮

一九一・雨垂布施神社

一九二・日吉神社

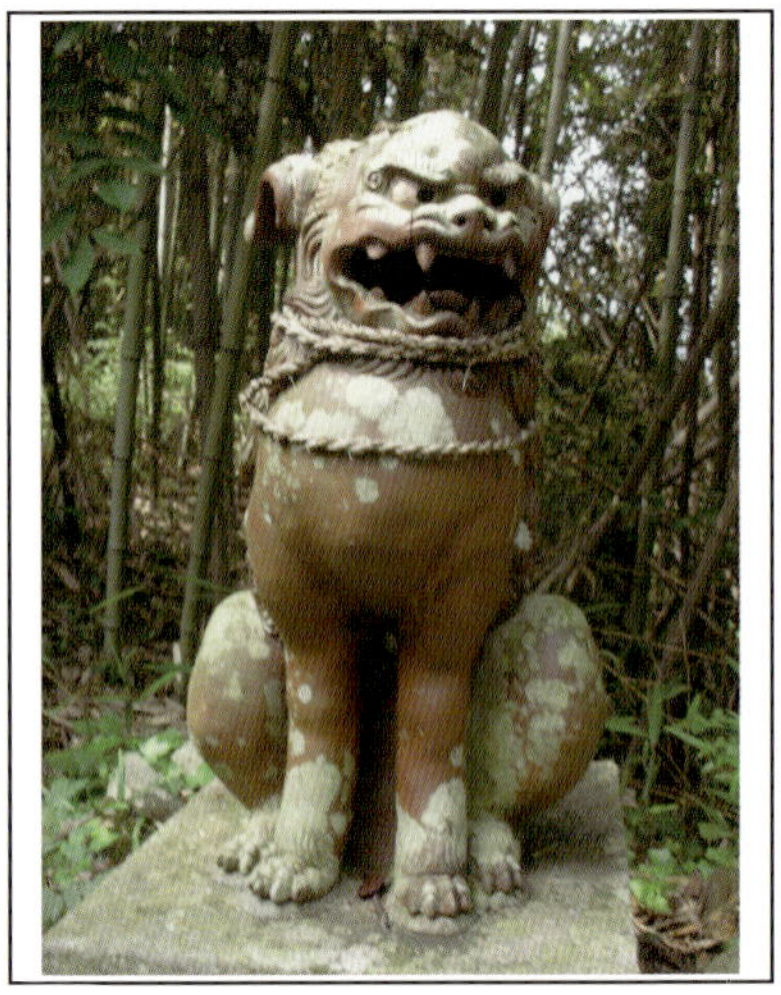

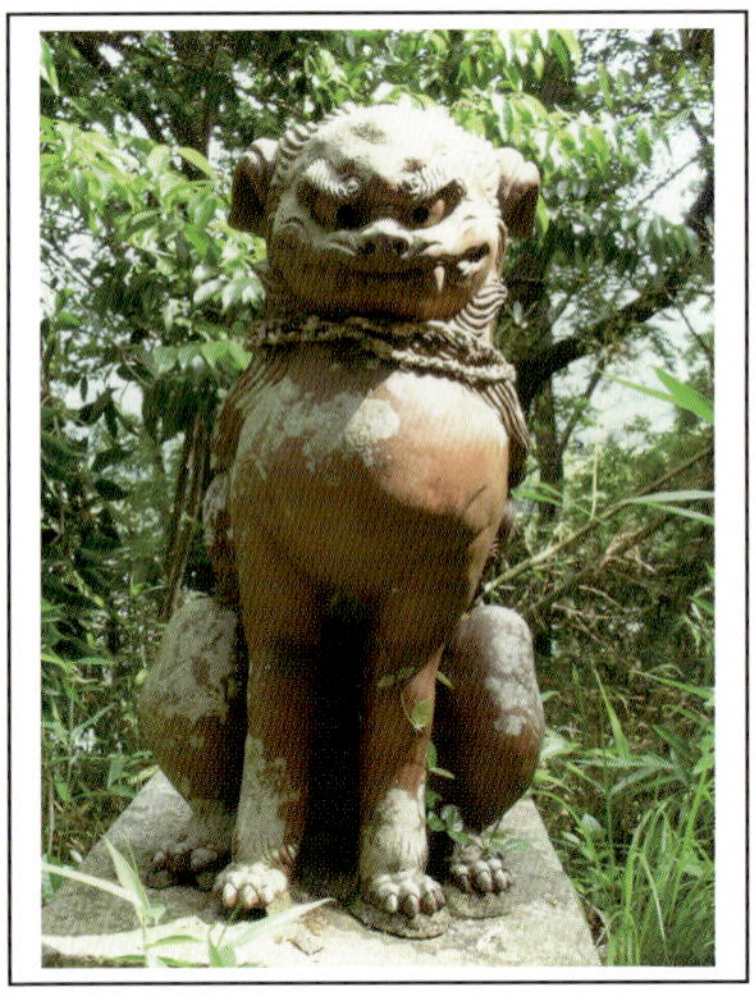

一九三・正八幡宮

一九四・簗領八幡宮

一九五．素盞鳴神社

一九六．御崎神社

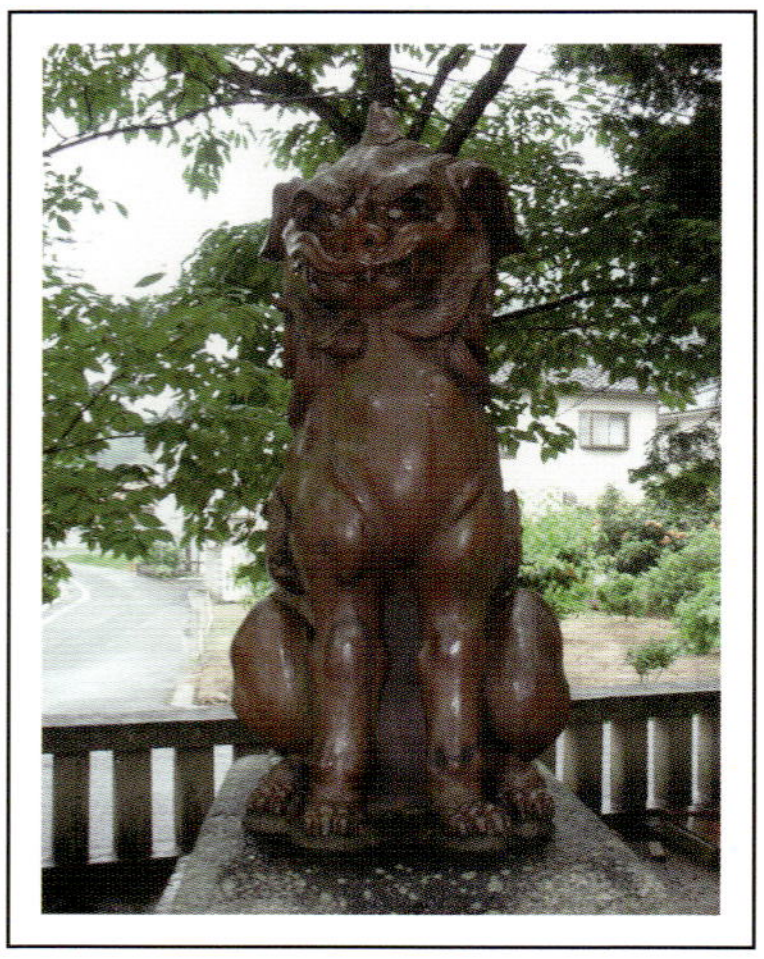

一九七・素盞嗚神社

一九八・御津天神宮

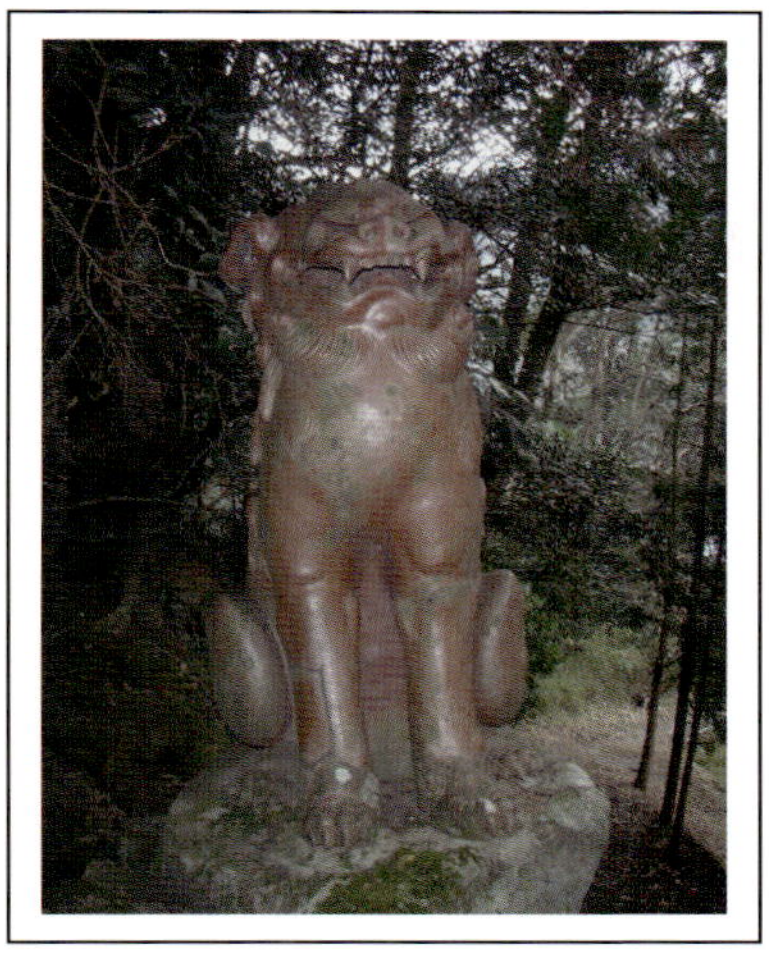

一九九・八幡宮

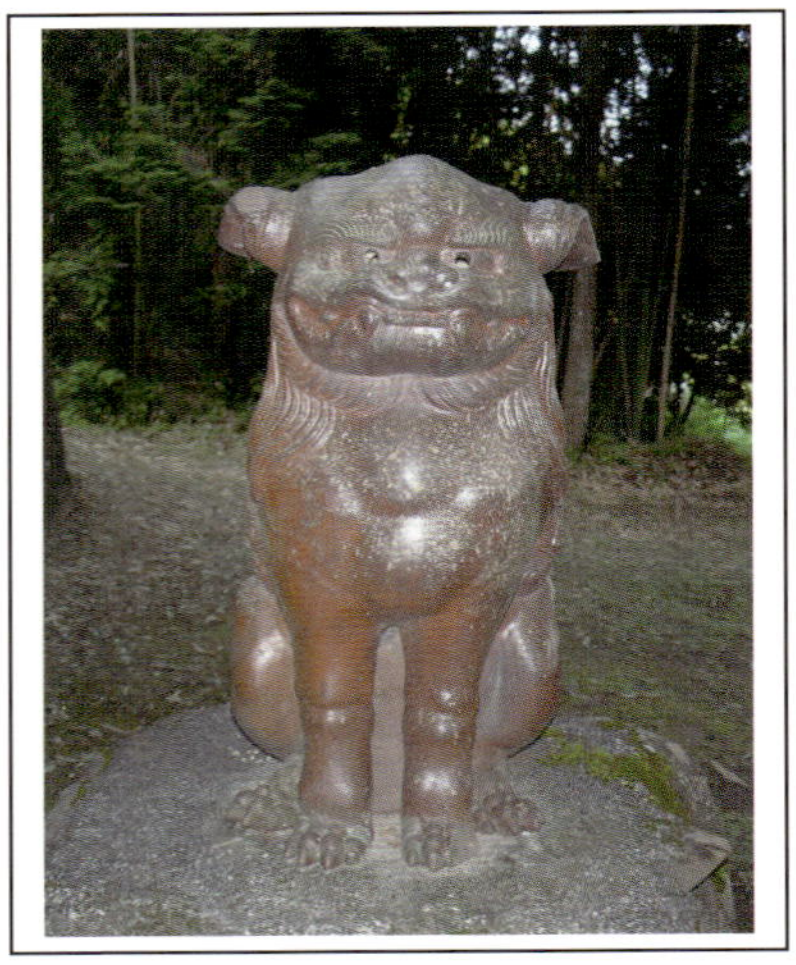

二〇〇・七曲神社

二〇一．日吉神社

二〇二．化気神社

二〇三．諏訪神社

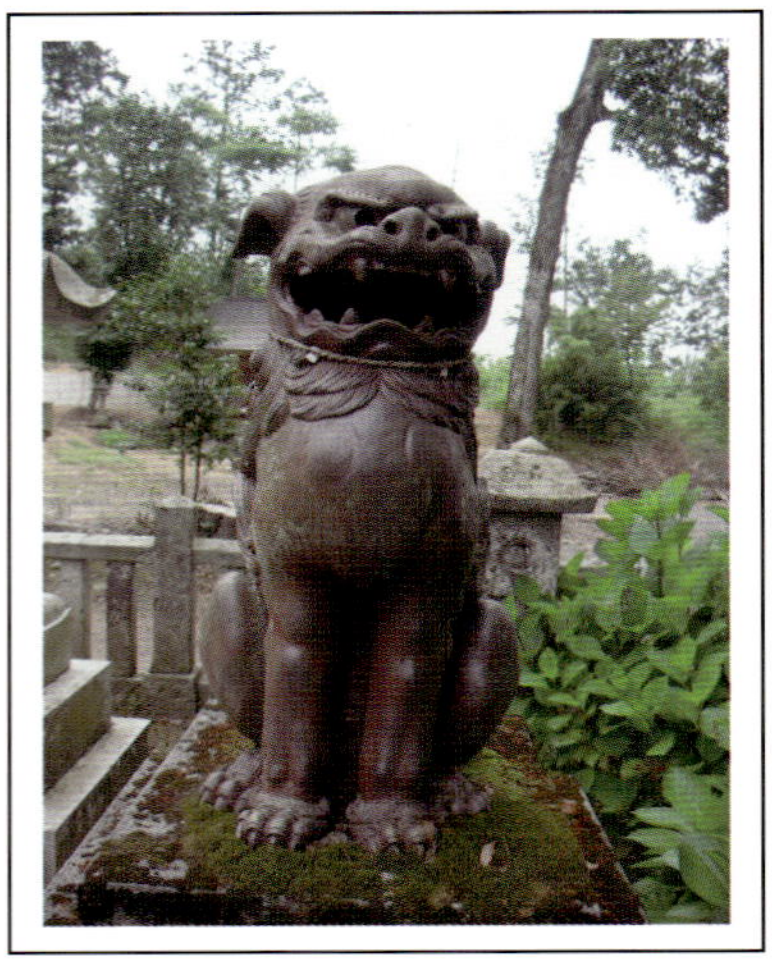

二〇四．八幡神社

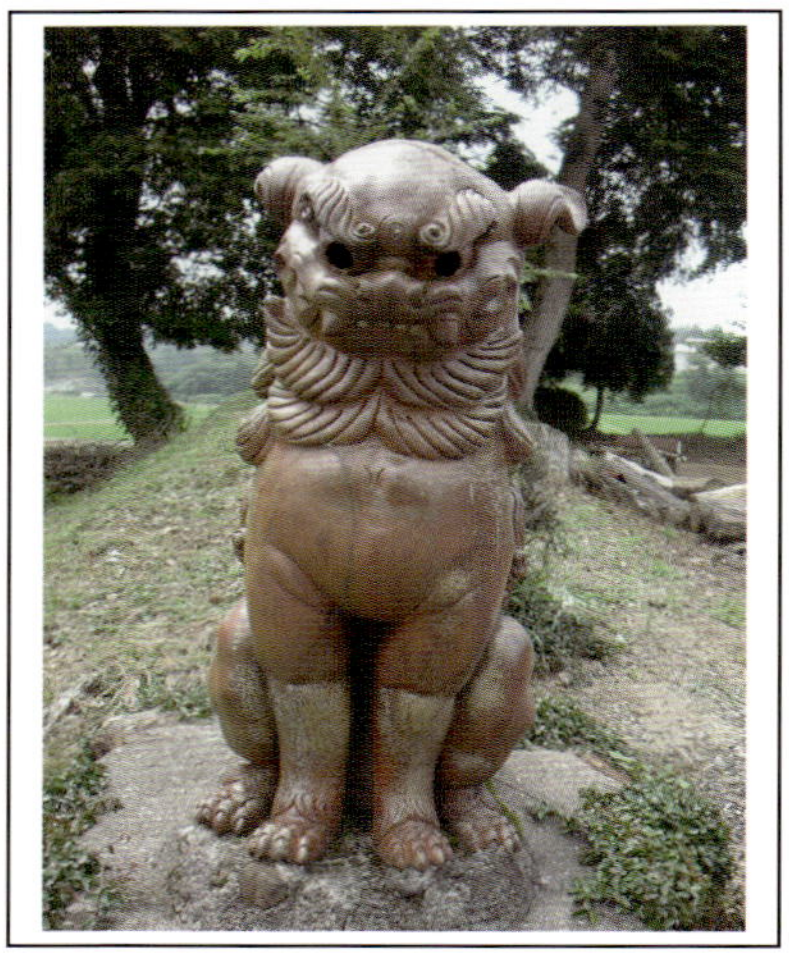

二〇五．八幡神社

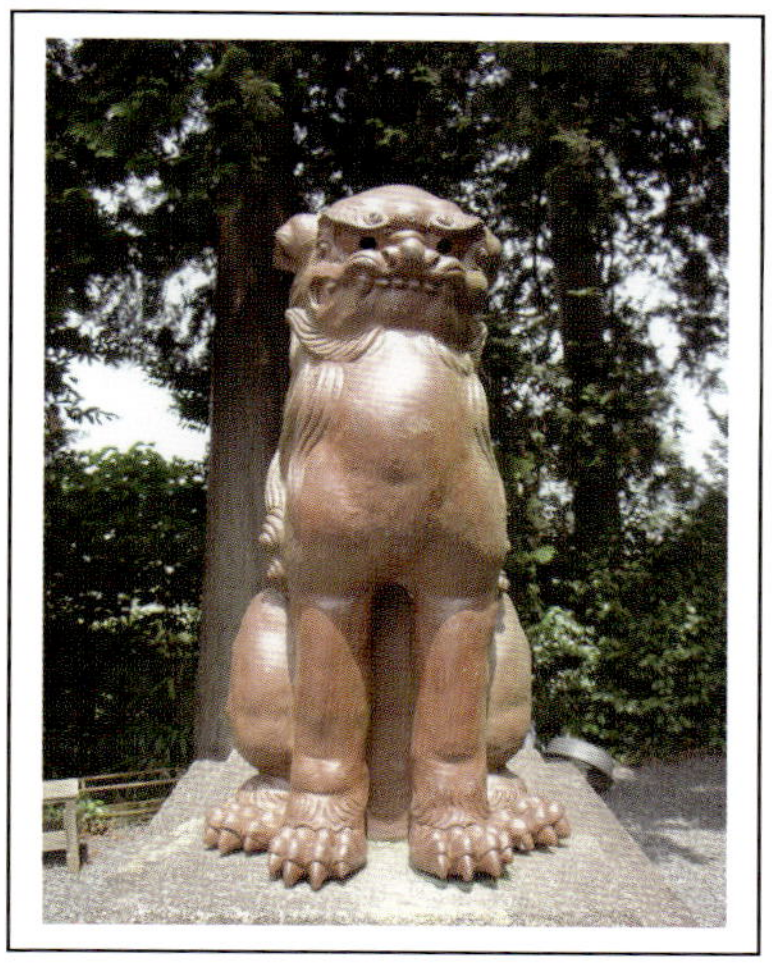

二〇六．八幡神社

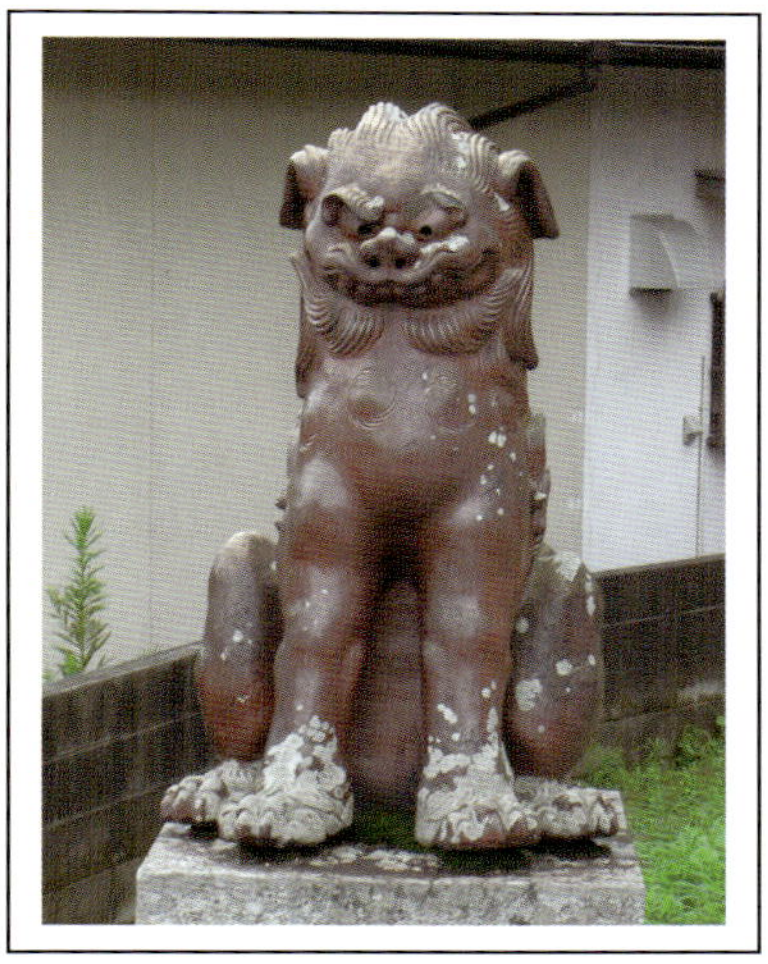
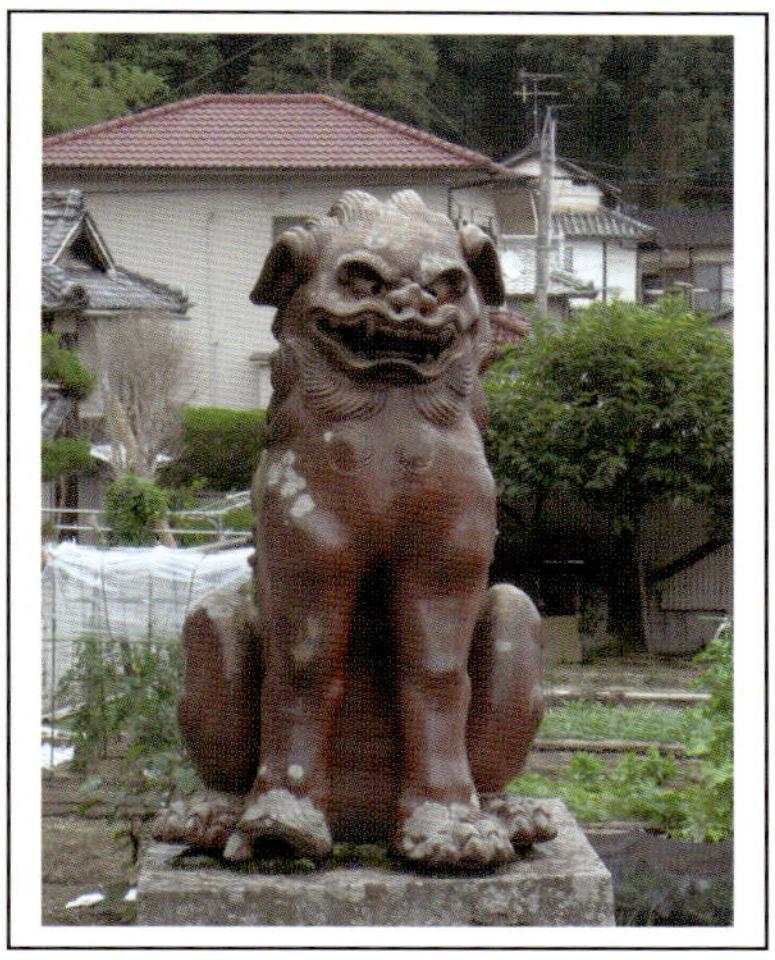

二〇七．生坂大神社

二〇八．素盞鳴神社

二〇九．三宝荒神社

二一〇．廣峯神社

二一一・龍王神社

二一二・田植神社

二一三．西明院金比羅宮

二一四．妙見宮

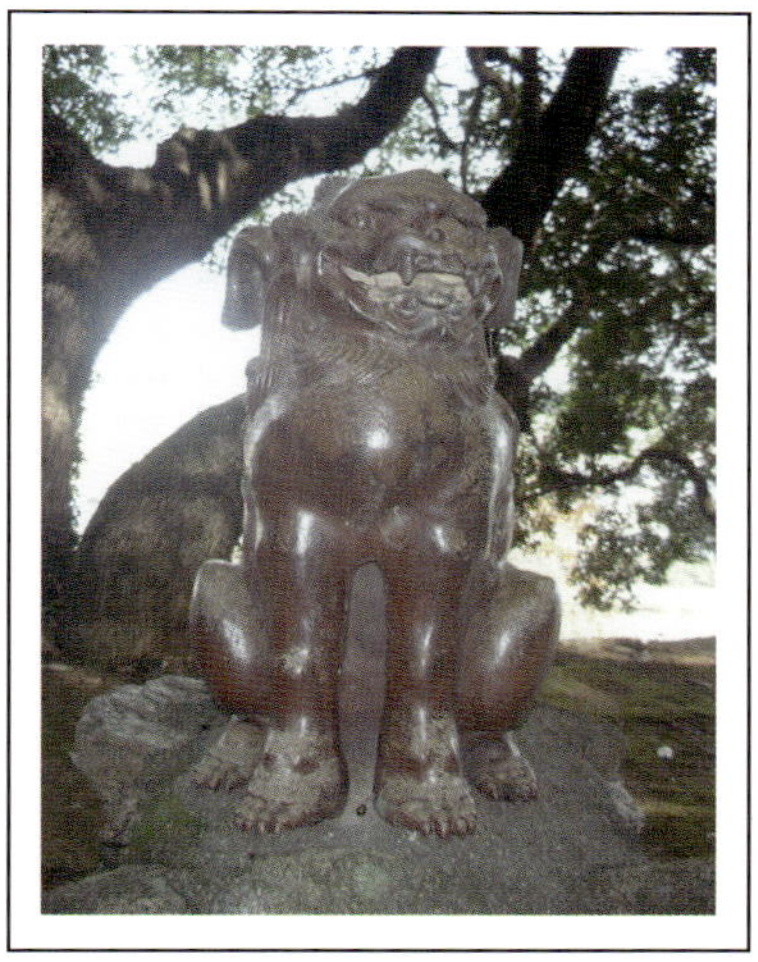

二一五．熊野神社

二一六．清田八幡神社

二一七・足高神社

二一八・金比羅宮

二一九．由加神社本宮

二二〇．田の口道路脇

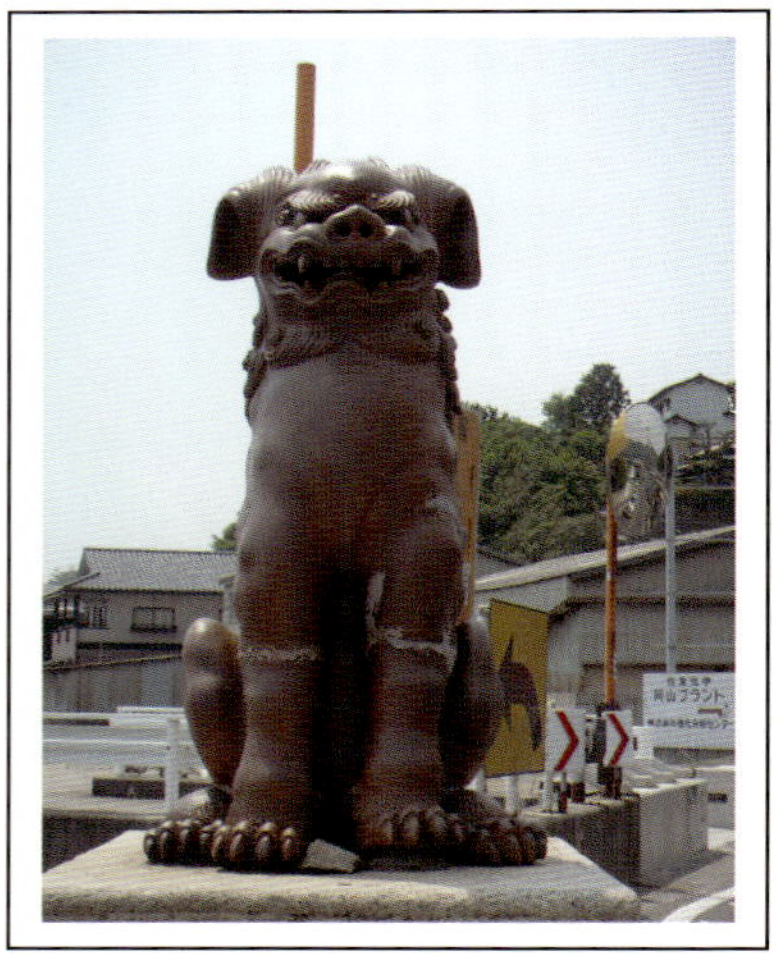

二三一・鎮守荒神社

二三二・木里神社

二三三．円福寺

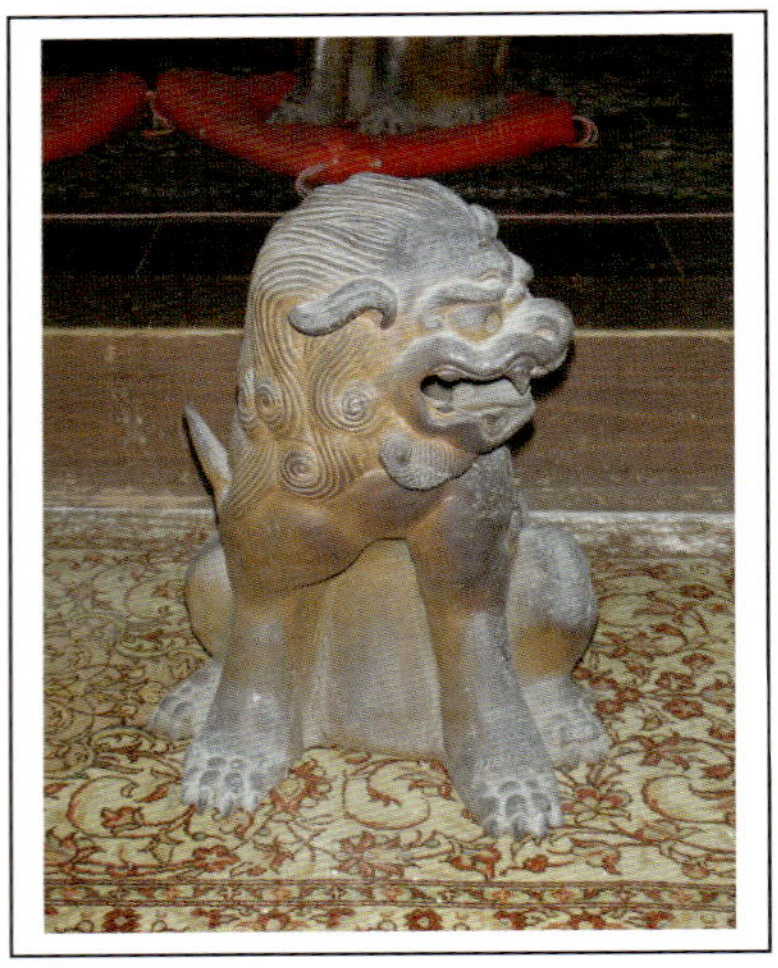

二三四．下津井祇園神社

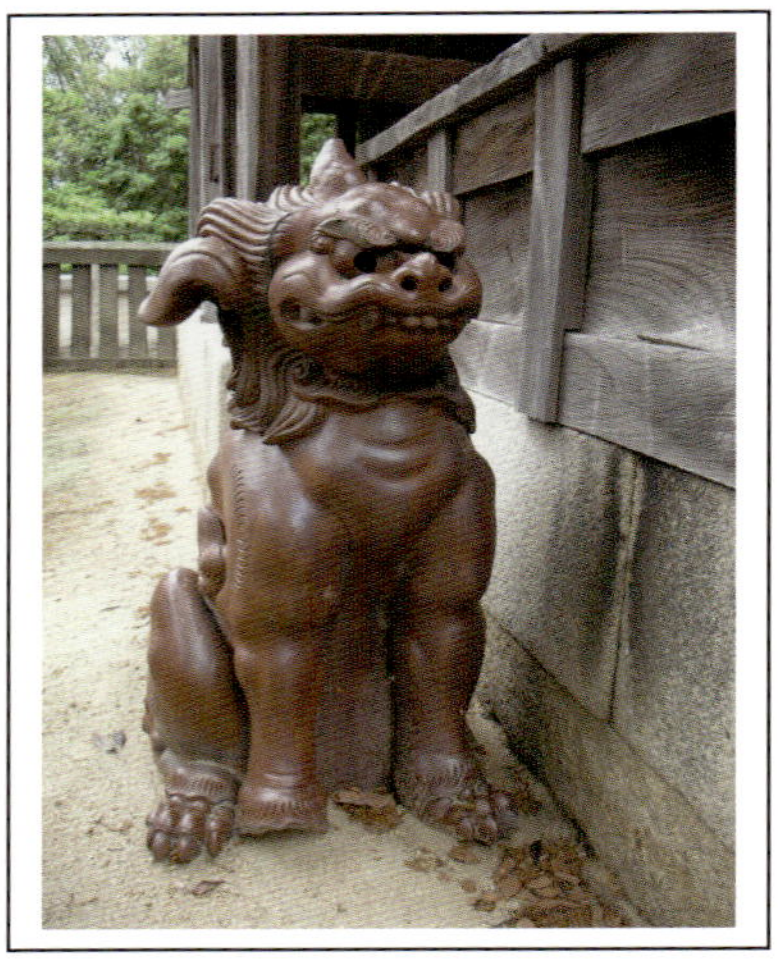

二二五．下津井祇園神社

二二六．八幡神社

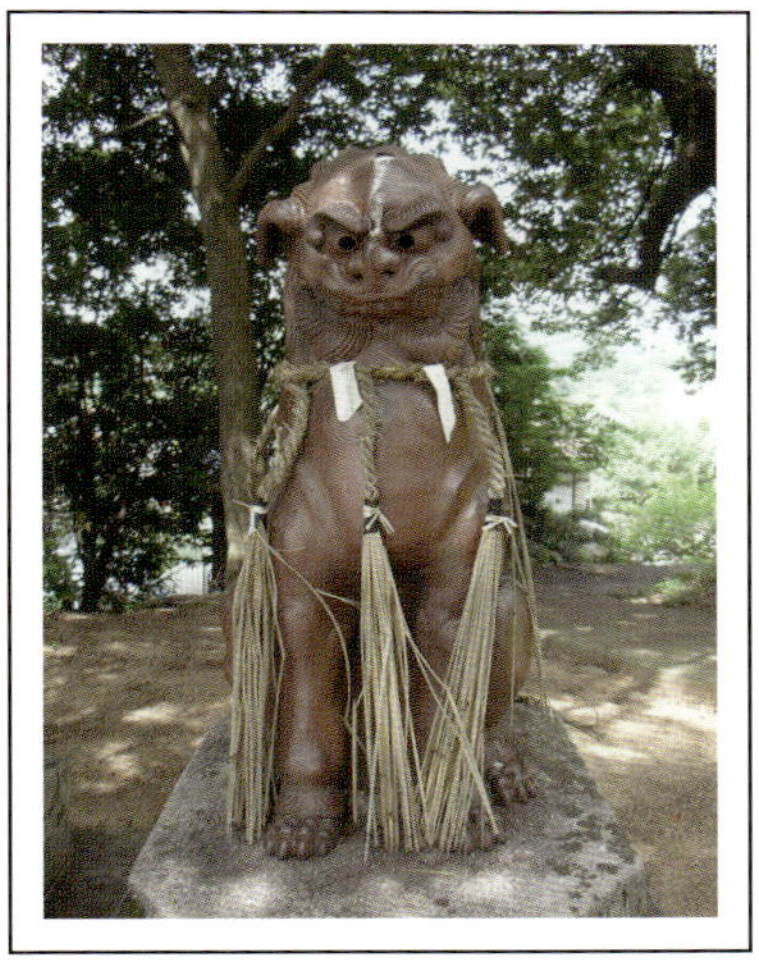

二三七．金刀比羅宮

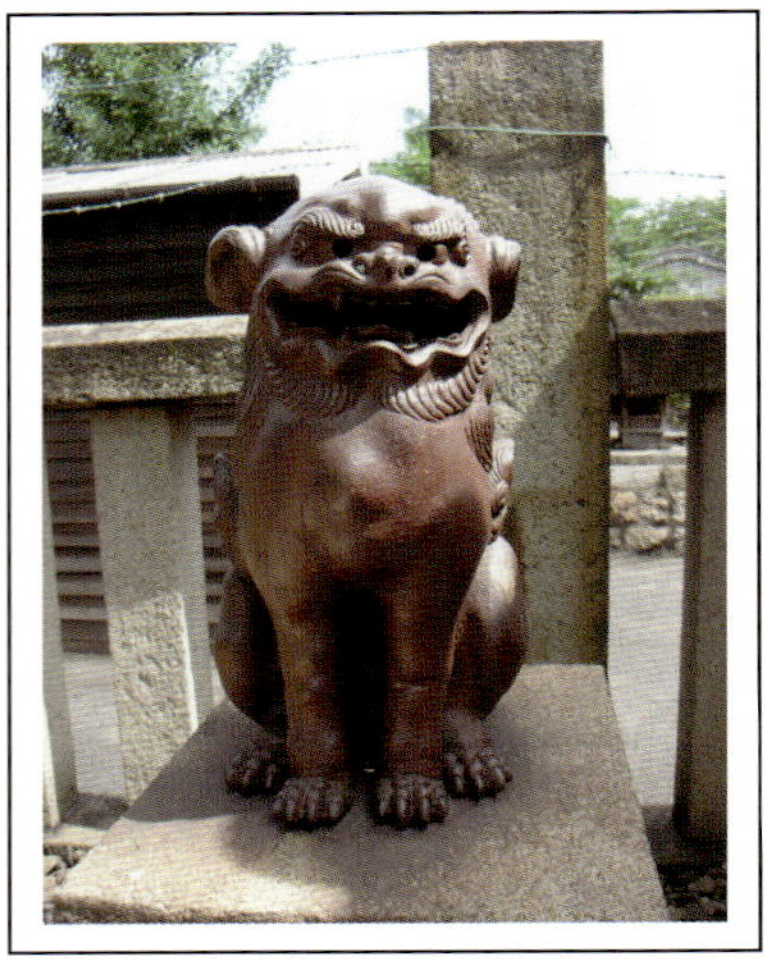

二三八．金刀比羅宮

二二九・稲荷神社

二三〇・天神社

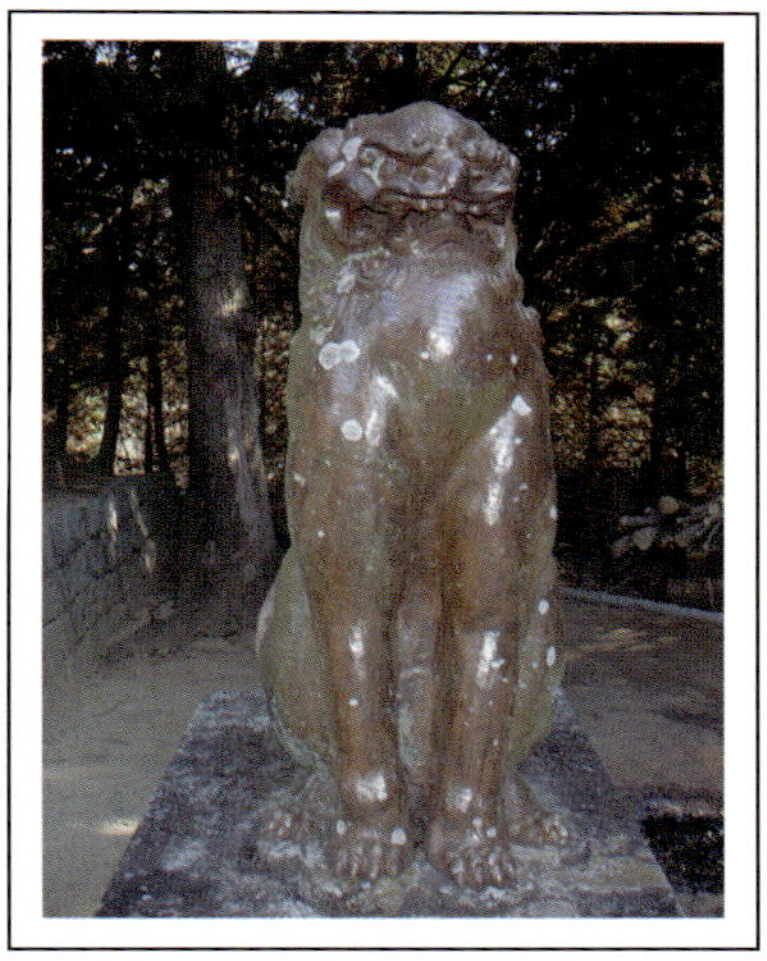

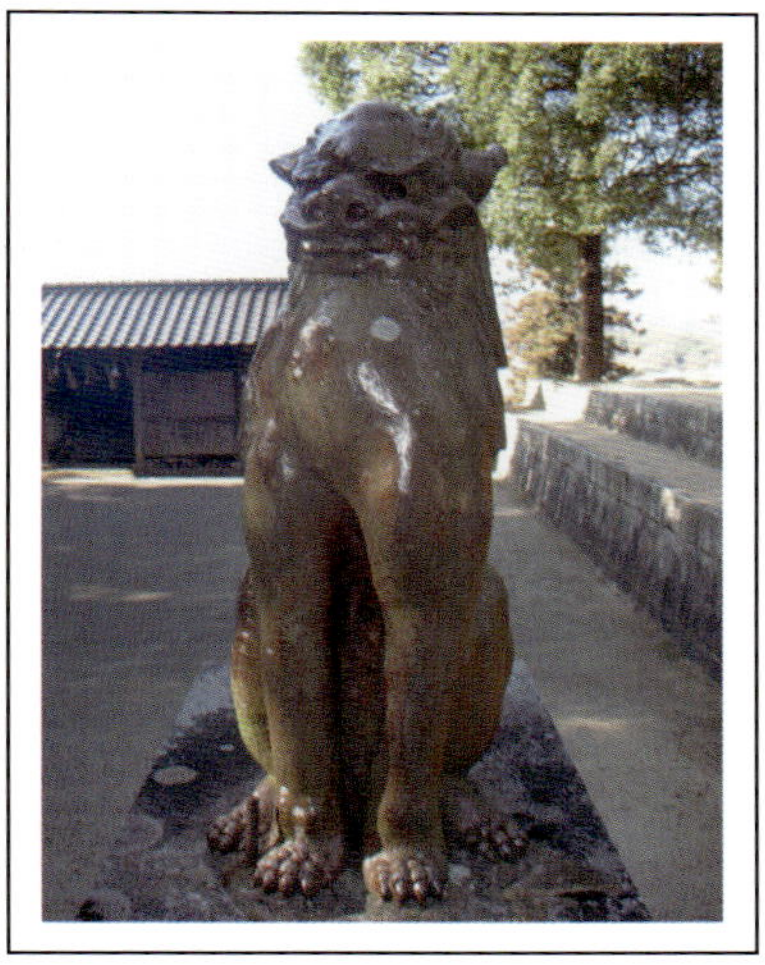

二三一・笠神社

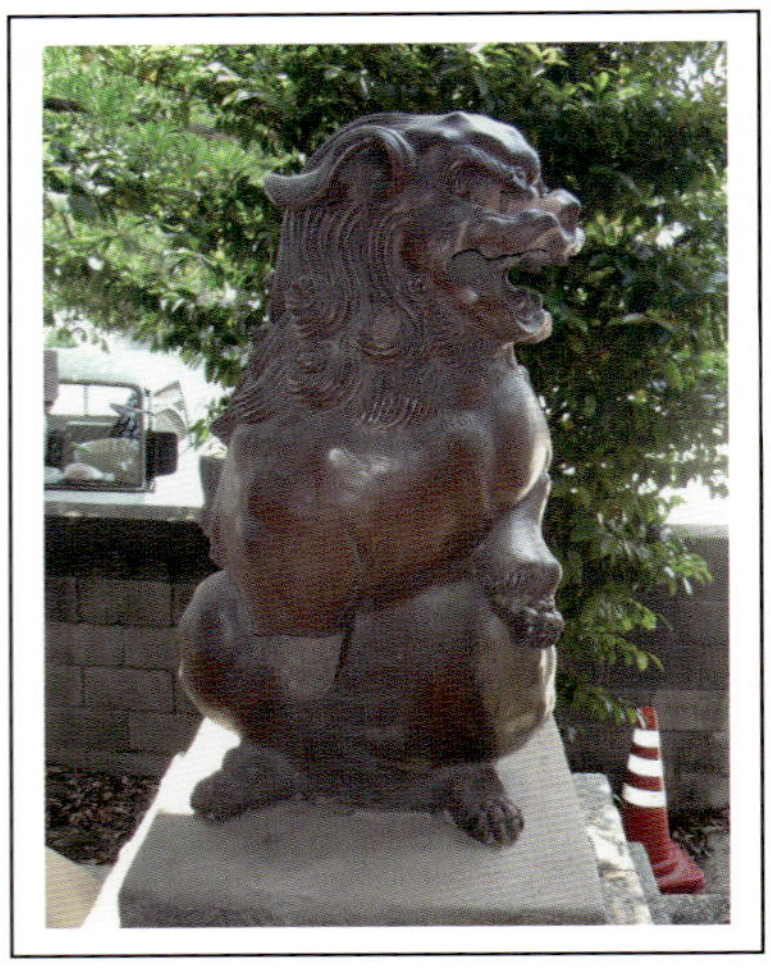

二三二・稲富稲荷神社

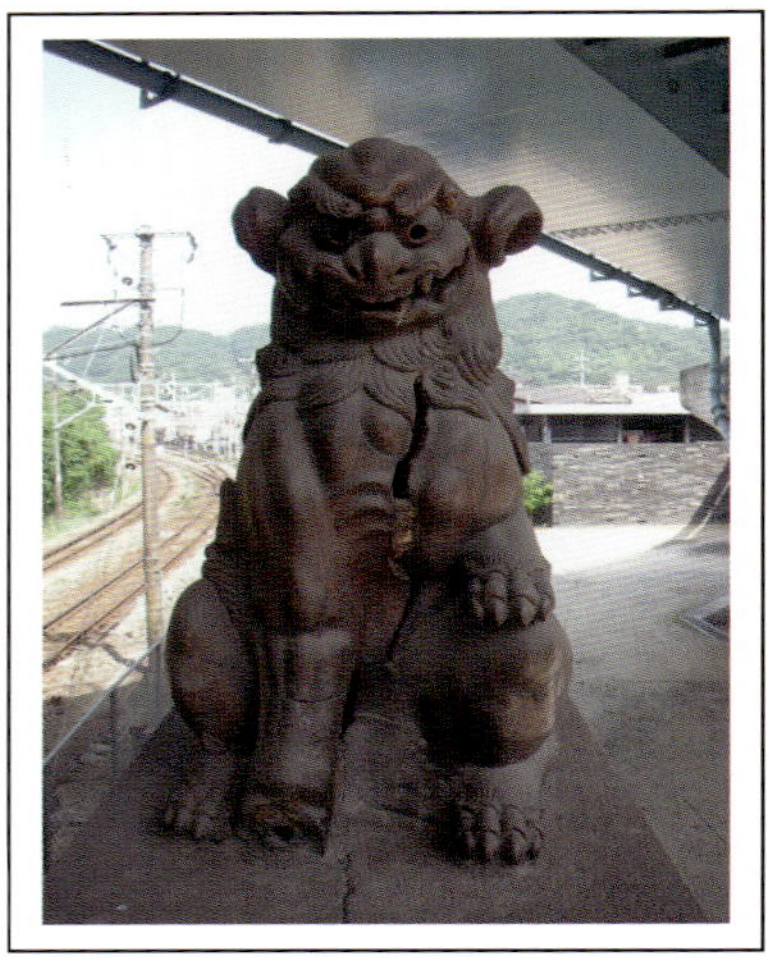

二三三．諏訪神社

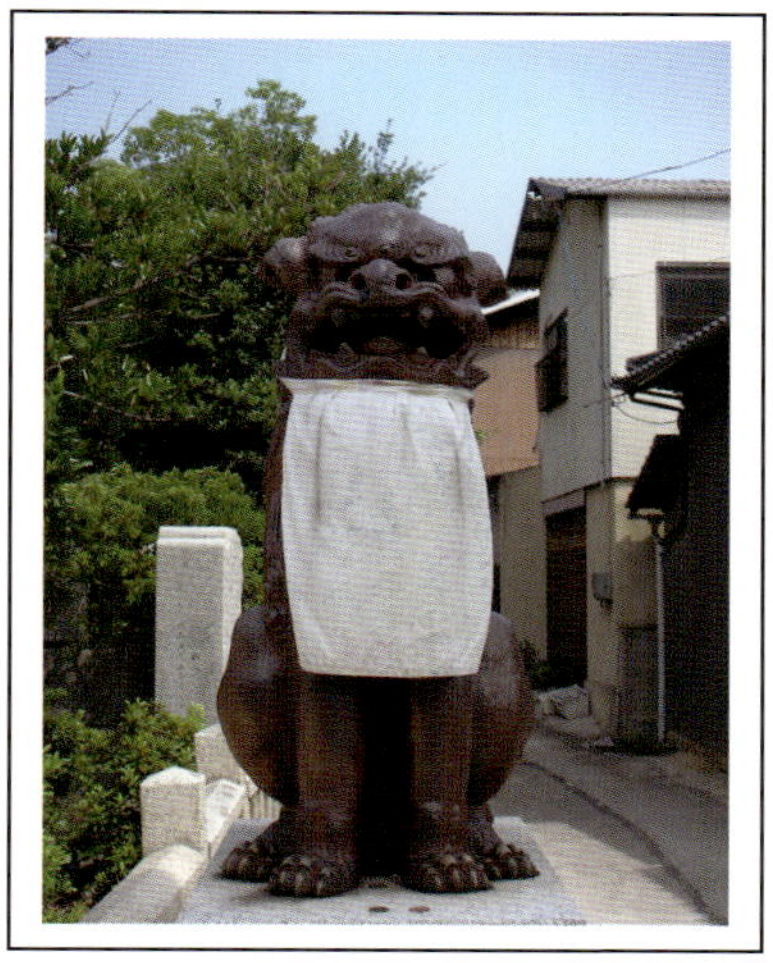

二三四．天満神社

二三五．東豊野神社

二三六．八幡神社

二三七．大八幡神社

二三八．鈴岳神社

二三九・廣峰神社

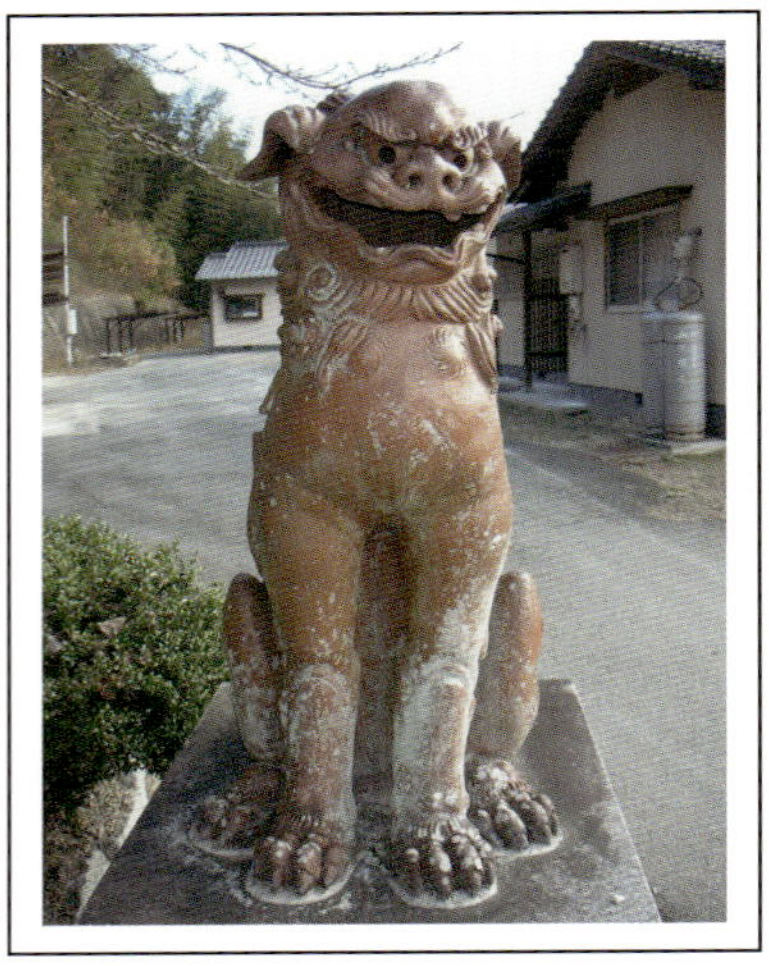

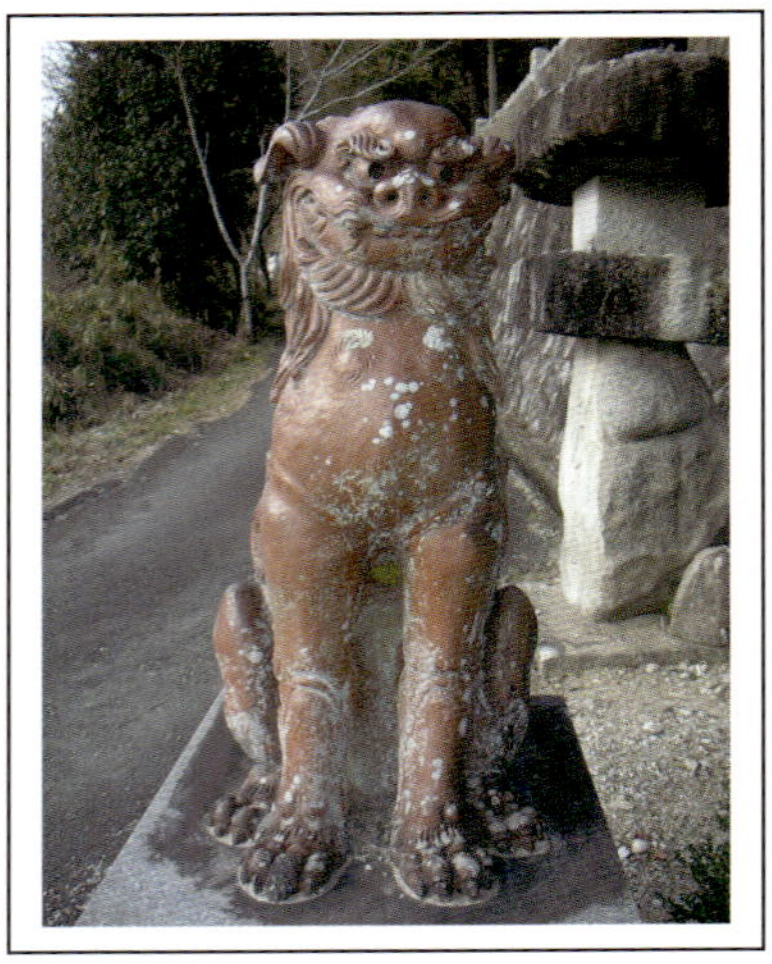

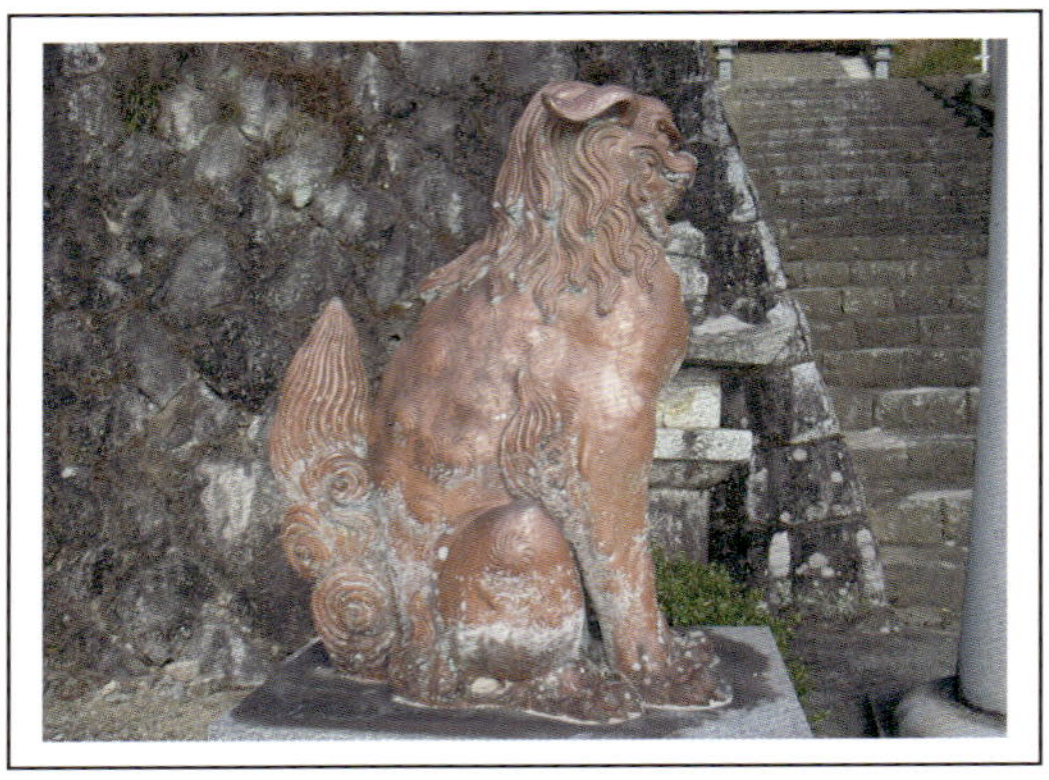

二四〇・金刀比羅神社

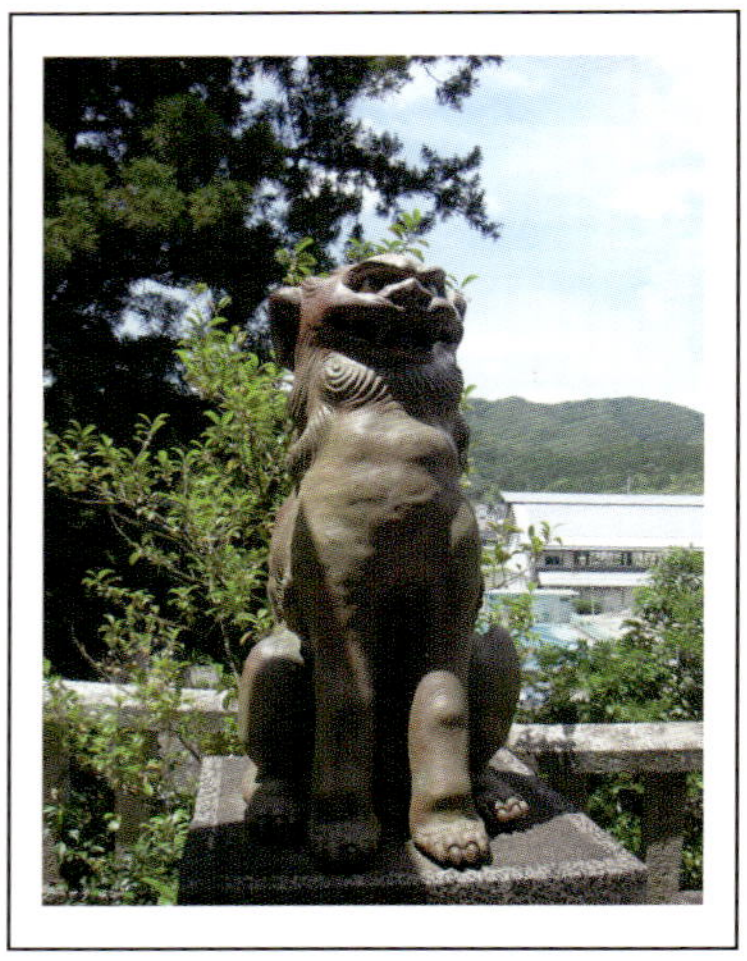

二四一・高田神社

二四二・日吉神社

二四三・御崎神社

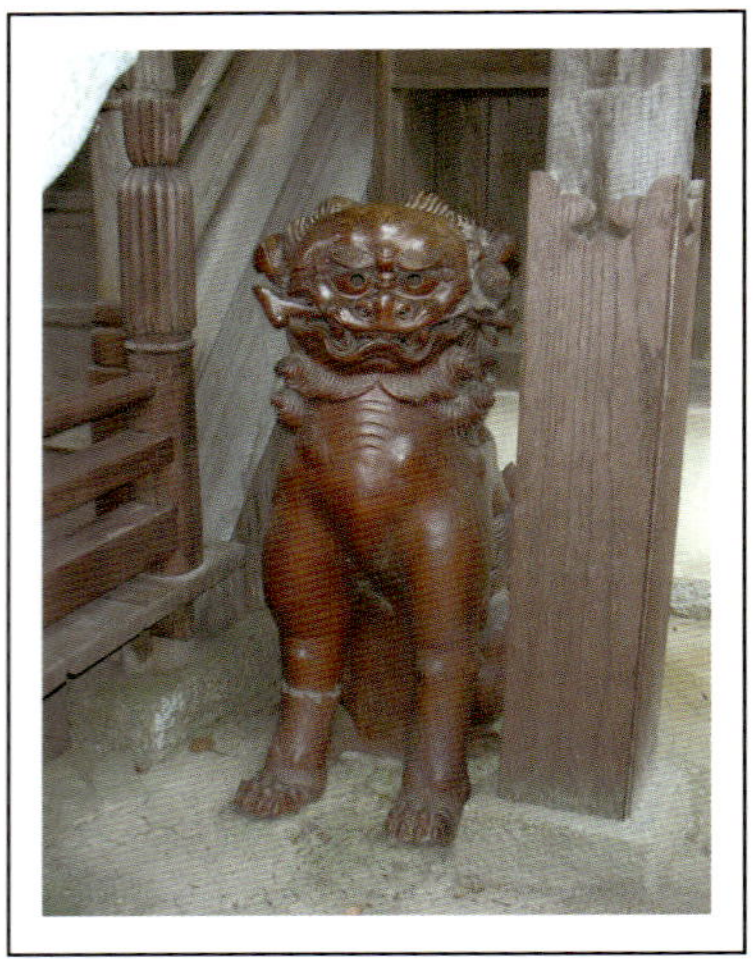

二四四・御崎神社

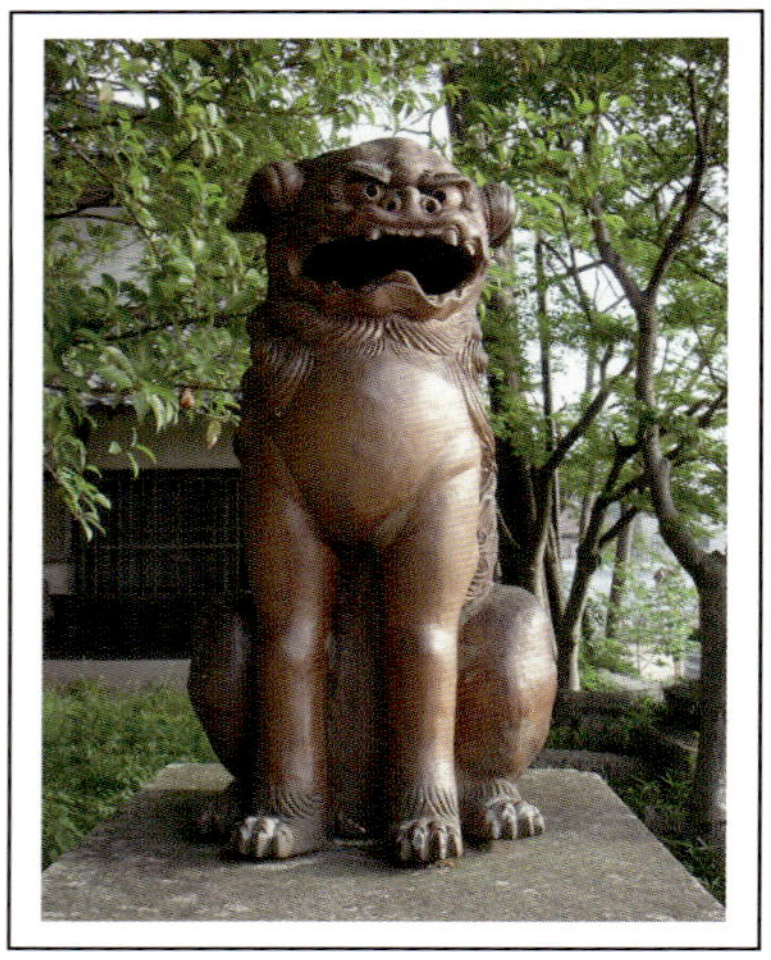

二四五・厳島神社

二四六・厳島神社

二四七．住吉神社

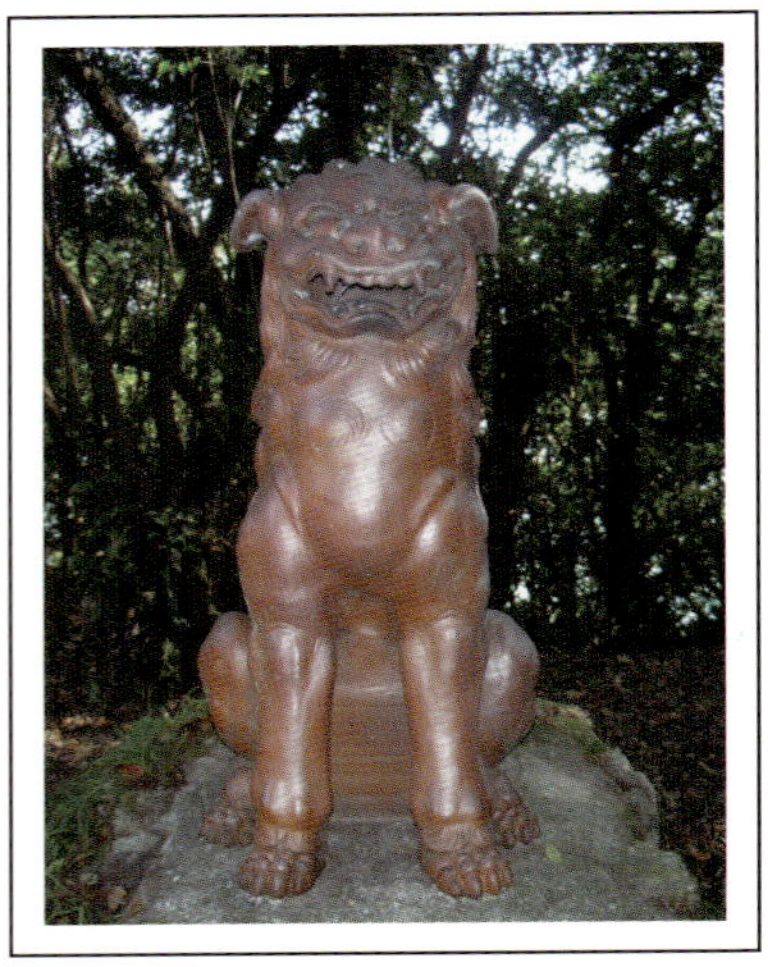

二四八．尾上八幡宮

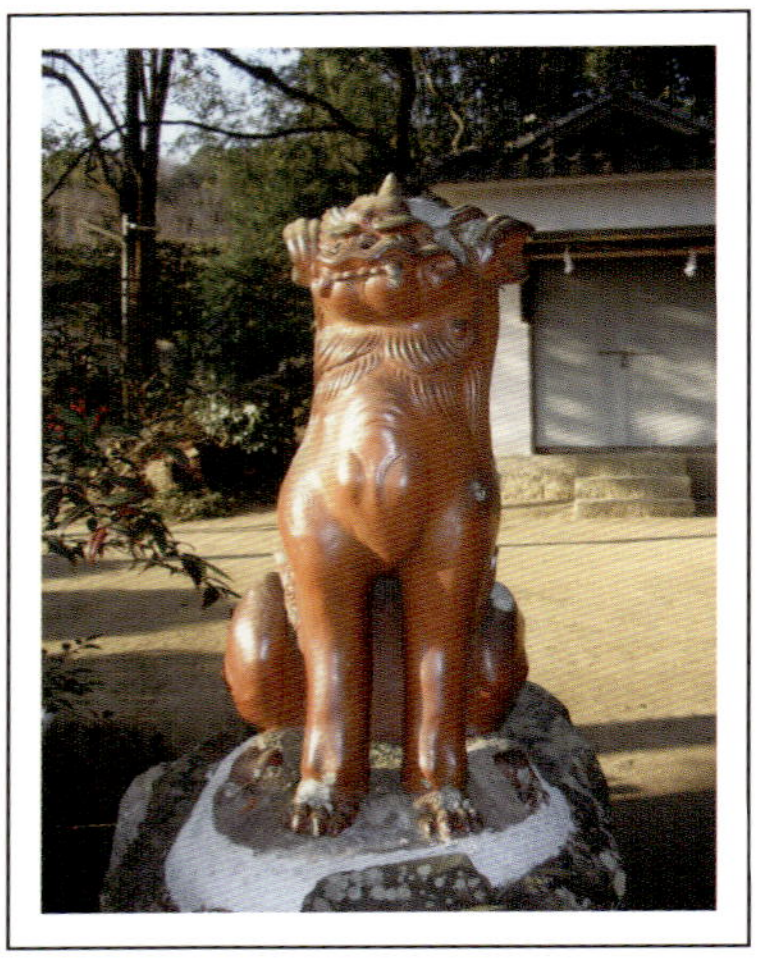

二四九．石妻稲荷

二五〇．（個人）

二五一・（個人）

二五二・貴布禰神社

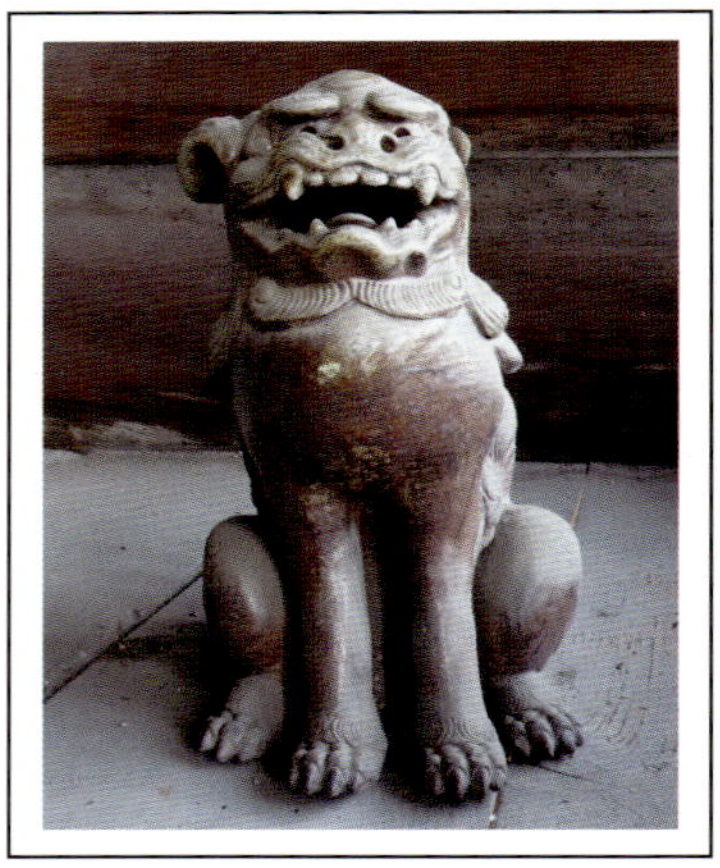

二五三．岩倉山神社

二五四．霧見神社

二五五．四御神社

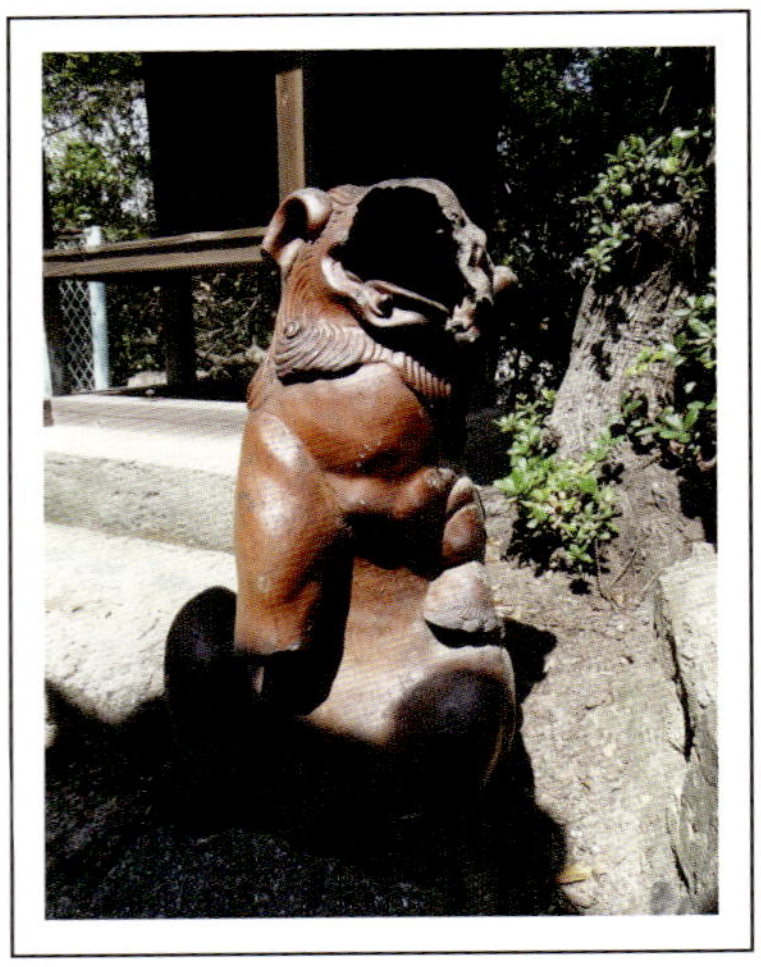

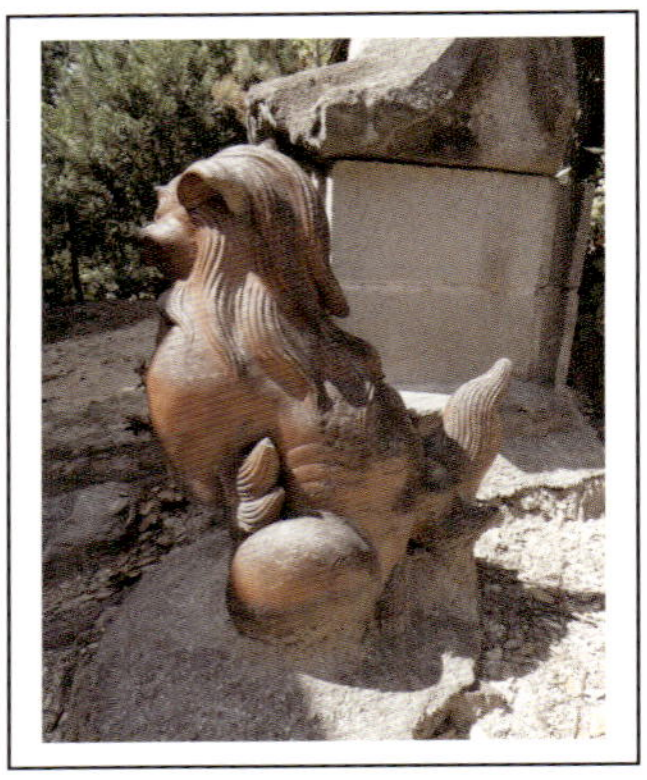

二五六．日佐神社

二五七・天神社

二五八・交通安全神社

二五九・天石門別神社

二六〇・熊野神社

二六一・妙林寺

二六二・正八幡宮

二六三・素盞嗚神社

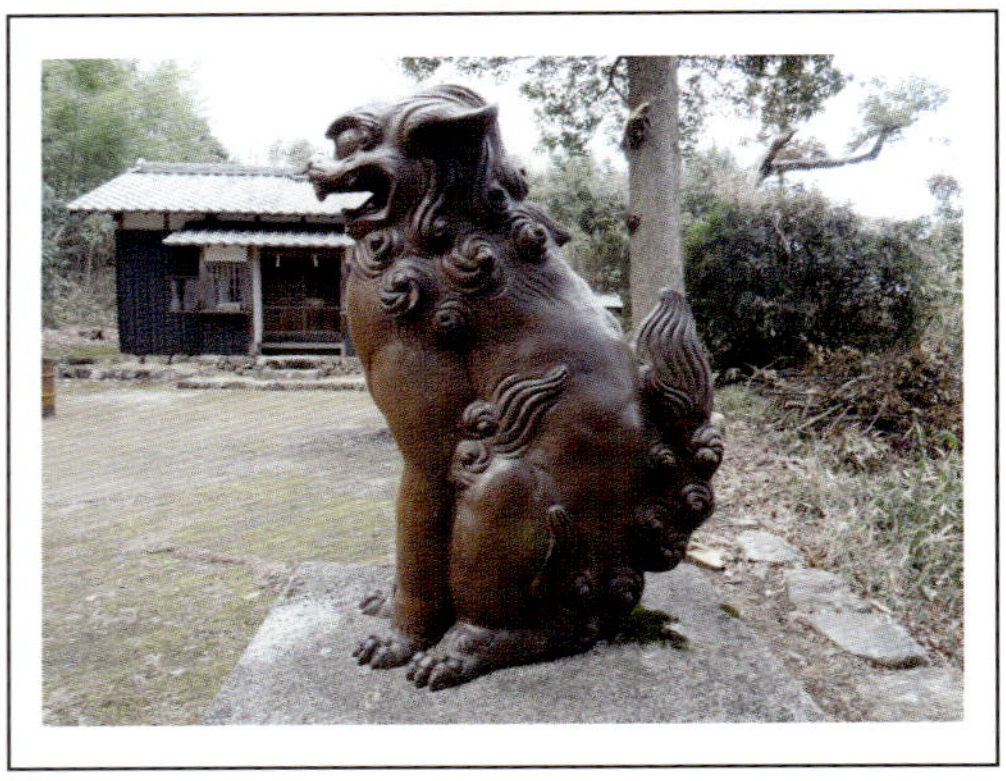

二六四・稲荷神社

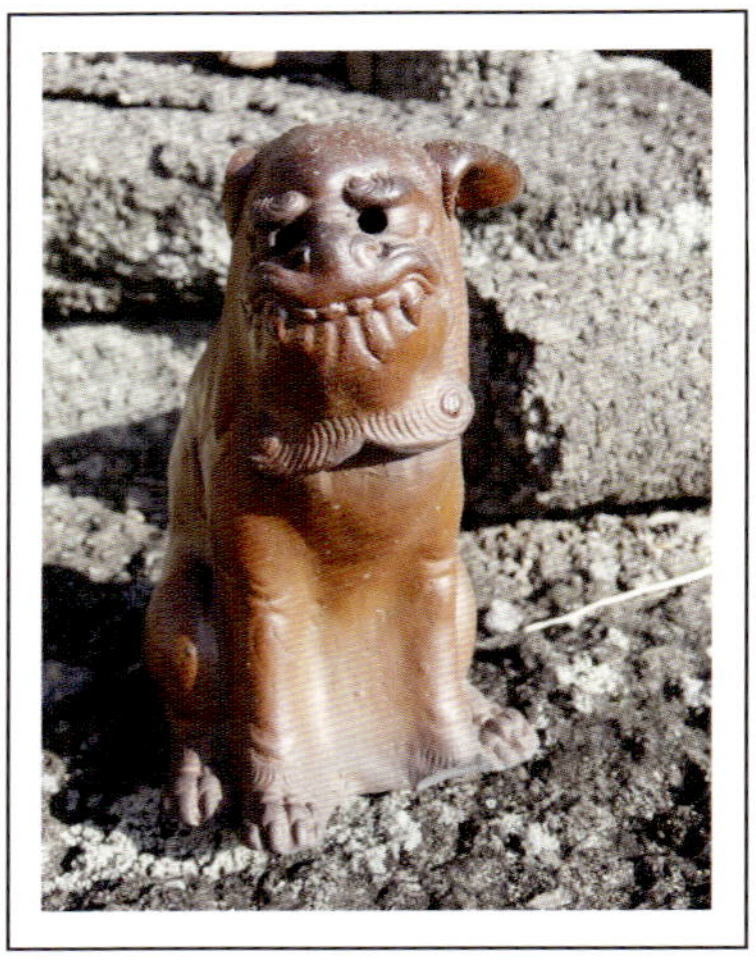

二六五・豪渓寺

二六六・八幡宮

九．県外の備前焼狛犬

過去にも幾人かが備前焼狛犬について調査されていますが、その結果から全国分布の状況は、北は新潟県出雲崎の石井神社、東は東京都品川区の品川神社、西は広島県福山市の備後一宮吉備津神社、南は徳島県吉野川市の西麻植八幡神社がそれぞれ端と聞いていました。

今回は過去に調査された狛犬の現状を調査すると共に、ホームページや神社庁等から新たに情報収集を行った結果、これまで殆ど知られていなかった県外の狛犬を新たに見つけることができました。

狛犬については研究会が全国に幾つもあり、形態や材質、そして表情などマニアックな研究がされており、その方々の協力を得ることができたことから、県外分布状況はこれまで判明していた地域から大きく広がりました。

本調査では、西は長崎県、南は高知県、北は北海道まで運ばれていったことが判りました。

まだ未発見の狛犬が存在すると思いますので、今後も情報収集に努め、新たな発見に繋げていきたいものです。

調査結果は次のとおりです。（五七までは郵便番号順、五八以降は発見順）

	神社名	所在地	高さ（阿）	作者	高さ（吽）	製作者	製作年	西暦
1	鳥取神社	北海道釧路市鳥取大通４－２－１８	100	木村兵次	103	木村兵次	大正１２年	１９２３
2	品川神社	東京都品川区北品川３－７－１５	71	木村長十郎	69	木村長十郎	文政１３年	１８３０
3	海南神社	神奈川県三浦市三崎４－１２－１１	52		55			昭和１５年頃
4	神明社	神奈川県三浦郡葉山町下山口１５０３	79	大森正逅（こう）	77	大森正逅（こう）	明治３９年	１９０６
5	王子神社	千葉県松戸市馬橋１７８５			87			
6	金谷神社	千葉県富津市金谷４０２２	47	木村盛治（次か）清近	48	木村盛治（次か）清近	安政４年	１８５７
7	常磐神社	茨城県水戸市常磐町１－３－１	83		85		明治８年	１８７５
8	大洗磯前神社	茨城県東茨城郡大洗町磯浜町６８９０	88	森本屋杢助	89		明治３年	１８７０
9	鹿島神社	茨城県小美玉市下馬場５３０	72		70		明治８年	１８７５
10	若宮八幡宮	茨城県常陸太田市宮本町２３４４	95	木村貞清	93	木村貞清		明治１０年頃
11	諏訪神社	茨城県常陸大宮市高部２０３４	88		88		大正１０年	１９２１
12	伊勢社	長野県長野市川中島町御厨１０８０－１	92		90	木村貫一友敬	昭和５年	１９３０
13	灰宝神社	愛知県豊田市越戸町松葉５２	83		92	木南知加選	昭和５２年	１９７７
14	愛知県陶磁資料館	愛知県瀬戸市南山口	136	木村直左衛門貞固			文政４年	１８２１

15	坐摩神社	大阪府大阪市中央区久太郎町4丁目3号	110	金重製	108	金重製	昭和34年	1959
16	阿部野神社	大阪市阿倍野区北畠3－7－20	85	森良明			大正9年	1920
17	住吉大社	大阪府大阪市住吉区住吉2－9－89	141	木村新七郎貞清ほか3	148	木村新七郎貞清ほか3	明治2年	1869
18	道明寺天満宮	大阪府藤井寺市道明寺1－16－40	86	木村真平・真直	86	森長次郎良康	昭和4年	1929
19	岸城神社	大阪府岸和田市岸城町11－30	83	木村友敬	89	木村友敬	明治40年	1907
20	八坂神社	京都府京都市東山区祇園町北側625	86		90		明治44年	1911
21	宗忠神社	京都府京都市左京区吉田下大路町63	136		158			
22	湊川神社	兵庫県神戸市中央区多聞通3－1－1	120		120	森良明	明治22年	1889
23	貴布禰神社	兵庫県尼崎市西本町6－246	91	友敬	91	友敬		
24	春日兵主神社	兵庫県丹波市春日町黒井2967	46					
25	鵤和荒神社	兵庫県赤穂市鵤和266	95		98			
26	正八幡宮	兵庫県赤穂市福浦442	108		106			
27	船坂神社	兵庫県赤穂郡上郡町梨ヶ原360	94	木村六郎平吉朝	94	木村六郎平吉朝		明治30年頃
28	高山神社	兵庫県赤穂郡上郡町高山1313－6		計測不能				
29	佐岐神社	兵庫県赤穂郡上郡町旭日乙6	87		94		明治37年	1904
30	新次神社	兵庫県姫路市豊富町御蔭2477	94	森良明	101	森良明	大正13年	1924
31	椰神社（なぎ）	兵庫県姫路市林田町下伊勢492－1	69		70		明治34年	1901
32	滝山神社	鳥取県日野郡日野町中菅574	33	興楽園友敬	45	興楽園友敬	昭和30年	1955
33	賣布神社	島根県松江市和多見町81	80		90		昭和10年	1935
34	美保神社	島根県松江市美保関町美保関608	60	高田屋清吉・伊部森五兵衛正統	60	森五兵衛・大釜屋正統	文政13年	1830
35	熊箇原八幡神社	広島県尾道市因島市中庄町420－3	95		96			
36	南宮神社	広島県府中市栗柄町2980	88		94		明治36年	1903
37	備後一宮吉備津神社	広島県福山市新市町宮内400	96	木村長十郎友直、木村宗右衛門克長、木村杢介緝熈	98	木村直左衛門貞固　木村宗右衛門克長　木村杢介緝熈	文政7年	1824
38	妙法寺	広島県広島市西区己斐西町41	91	木村貫一友敬	89	興楽園友敬		
39	金刀比羅宮	香川県仲多度郡琴平町892－1	145		154		天保15年	1844
40	琴弾八幡宮	香川県観音寺市八幡町1－1－1	108	木村松三郎敏董	106		明治16年	1883
41	春日神社	香川県高松市国分寺町新居2410	90		90		大正10年	1921
42	妙見神社	徳島県鳴門市撫養町林崎147	131		92		大正8年	1919
43	西麻植八幡神社	徳島県吉野川市鴨島町西麻植157	82	木村嘉太郎中節	84	木村嘉太郎中節	天保5年	1834

44	土佐神社	高知県高知市一宮しなね2−16−1	95	木村新七郎貞清				
45	前神寺	愛媛県西条市洲之内甲1426	129	木村貫一友敬、草加春陽	127	木村貫一友敬、草加春陽	大正8年	1919
46	石鎚神社（社務所前）	愛媛県西条市西田甲797	104	木村儀三郎貞幹	104	木村杢介貞直	安政2年	1855
47	石鎚神社（山門前）	愛媛県西条市西田甲797	158	木村兵次	156		昭和9年	1934
48	八幡神社	愛媛県宇和島市吉田町立間1番耕地3908	65		62		明治44年	1911
49	諏訪神社	長崎県長崎市西山町18−15	77	木村真平・真直	79	木村真平・真直		
50	柞原神社	大分県大分市上八幡987	80	木村儀三郎貞幹	86	木村儀三郎貞幹	安政3年	1856
51	若宮八幡社	大分県大分市上野町10	89		94	木村貫一友敬	明治41年	1908
52	闕野神社	石川県金沢市寺町1−6−50	86	森良明	88	森良明	明治42年	1909
53	蒼柴神社	新潟県長岡市悠久町694	128		127			
54	石井神社	新潟県柏崎市西本町2			93	木村貫一友敬	昭和3年	1928
55	柏崎神社	新潟県柏崎市中浜1−6	154	木村貫一友敬・伊勢崎義夫陶芳	168	木村貫一友敬・伊勢崎義夫陶芳	大正15年	1926
56	石井神社	新潟県三島郡出雲崎町石井町583	91	木村友敬	92	木村友敬	大正6年	1917
57	白山神社	新潟県新潟市中央町一番堀通町	158	木村貫一友敬	175	木村貫一友敬	大正6年	1917
58	荒神社	兵庫県たつの市新宮町角亀355	26		27			
59	五世神社	兵庫県たつの市新宮町下笹925	57		62			
60	松尾神社	兵庫県たつの市新宮町善定1245	55		58			
61	佐用都比売神社	兵庫県佐用郡佐用町本位田284	93	木村貫一友敬	100			
62	海内八幡宮	兵庫県佐用郡佐用町海内	90					
63	御剣八幡宮	愛知県西尾市錦城町327	94		99		明治31年	1898
64	大避神社	兵庫県赤穂市西有年2019	112		112			
65	真木荒神社	兵庫県赤穂市鷏和777	70		69		大正8年	1919
66	熊野神社	千葉県南房総市千倉町宇田956	70	木村友直	73	木村友直	文政8年	1825
67	御島石部神社	新潟県柏崎市西山町石地	96		105		大正6年	1917
68	金比羅宮	広島県豊田郡大崎上島町木江143	84		83			
69	妙見宮	京都府京都市東山区五条橋東6−522	70	木村森治清近	72	木村森治清近	安政2年	1855
70	金刀比羅神社	徳島県鳴門市撫養町木津1035	121		110	木村六郎平	明治25年	1892
71	松尾大社（葵殿）	京都市西京区嵐山宮町3	50	実測不可	50	実測不可		
72	聖天了徳院	大阪府大阪市福島区鷺州2−14−1	92	木村杢〇（以？）	88	木村茂兵衛	文政4年	1821
73	瀧安寺弁天堂	大阪府箕面市箕面公園2−23	60	佐藤陶崖	65	佐藤陶崖		

74	住吉大神宮	香川県高松市女木１３８５	91	木村六郎平	93	木村六郎平	昭和１６年	１９４１
75	土庄八幡神社	香川県小豆郡土庄町甲５４８９−１	53		55	（木台座に年号墨書き）	明治１年	１８６８
76	土庄八幡神社	香川県小豆郡土庄町甲５４８９−１	17		17			

新潟県の蒼柴神社（一九八頁）については、平成一六年中越地震により大破しましたが、幸いにも地元の県立歴史博物館で保存修理が行われており、現地確認の際には下側写真の状態でしたが、その後修理を終え、現在は神社の山門（上側）に安置されています。

修理後の大きさは阿吽ともに一三五㎝前後でしたが、未測定のため「大きさベスト一〇」には入れていません。

一・鳥取神社

二・品川神社

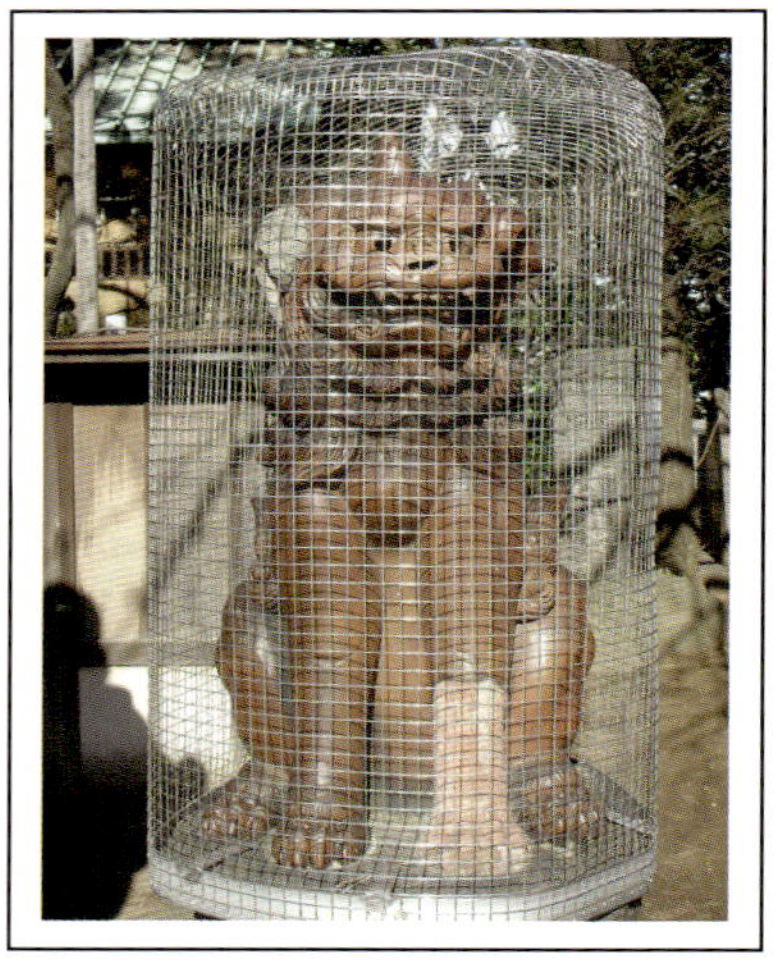

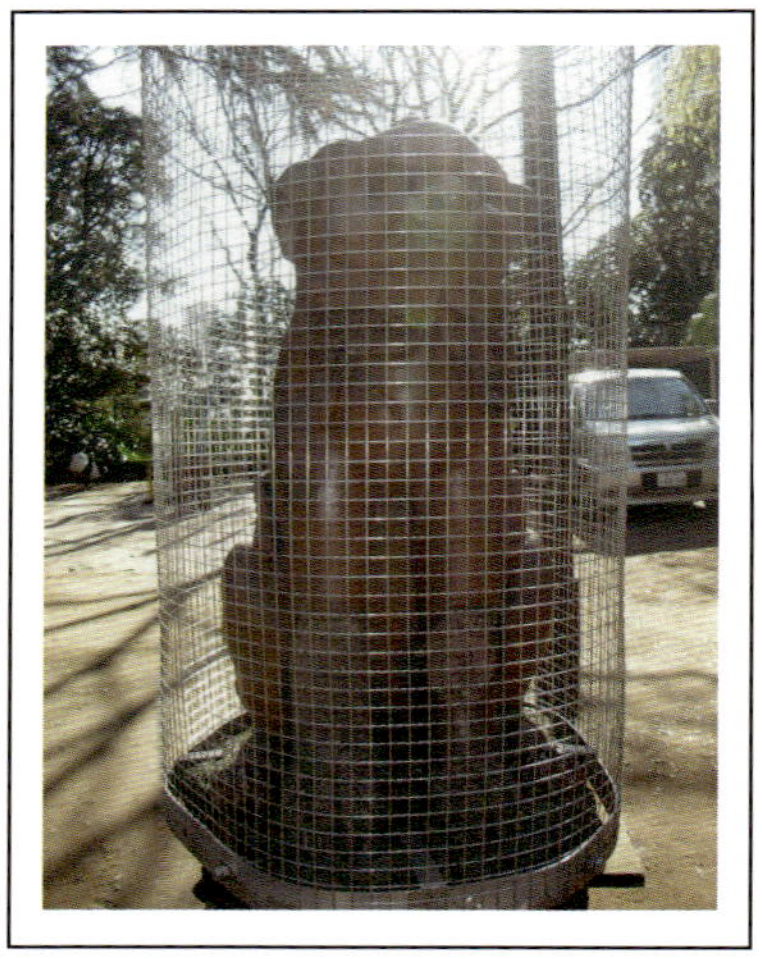

三・海南神社

四・神明社

五．王子神社

六．金谷神社

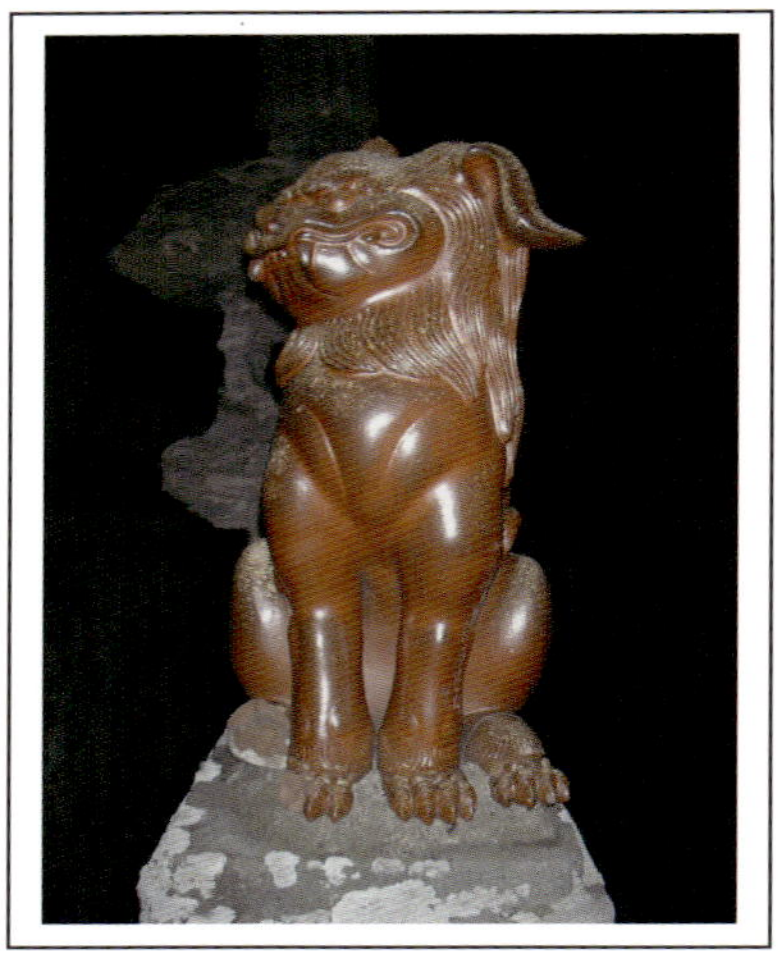

七．常磐神社

八．大洗磯前神社

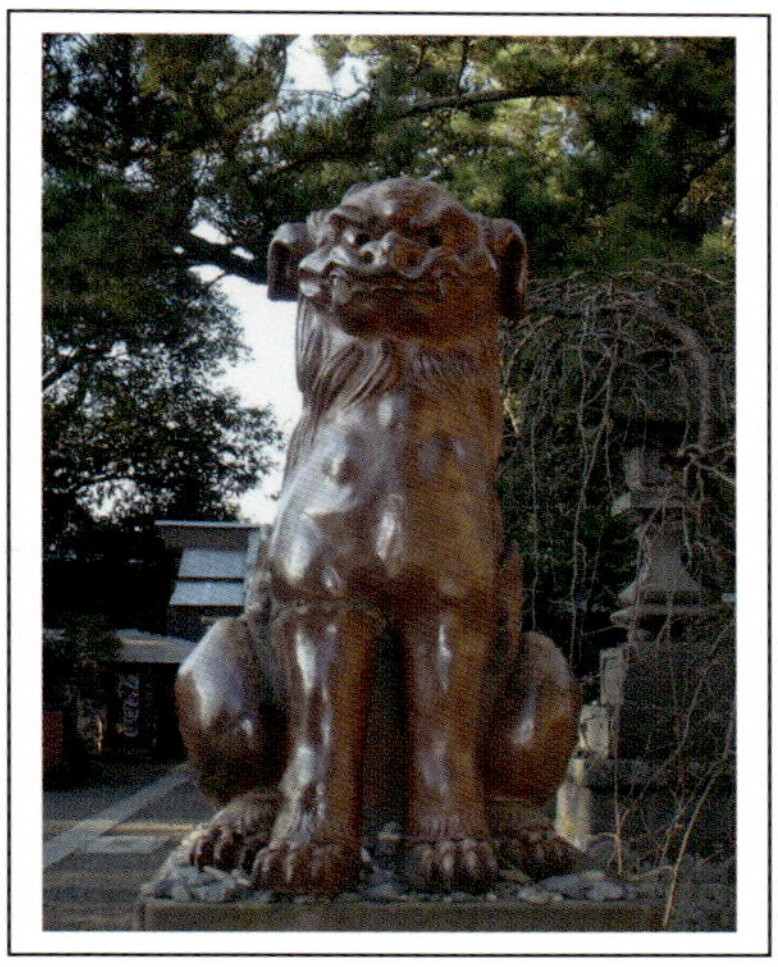

九．鹿島神社

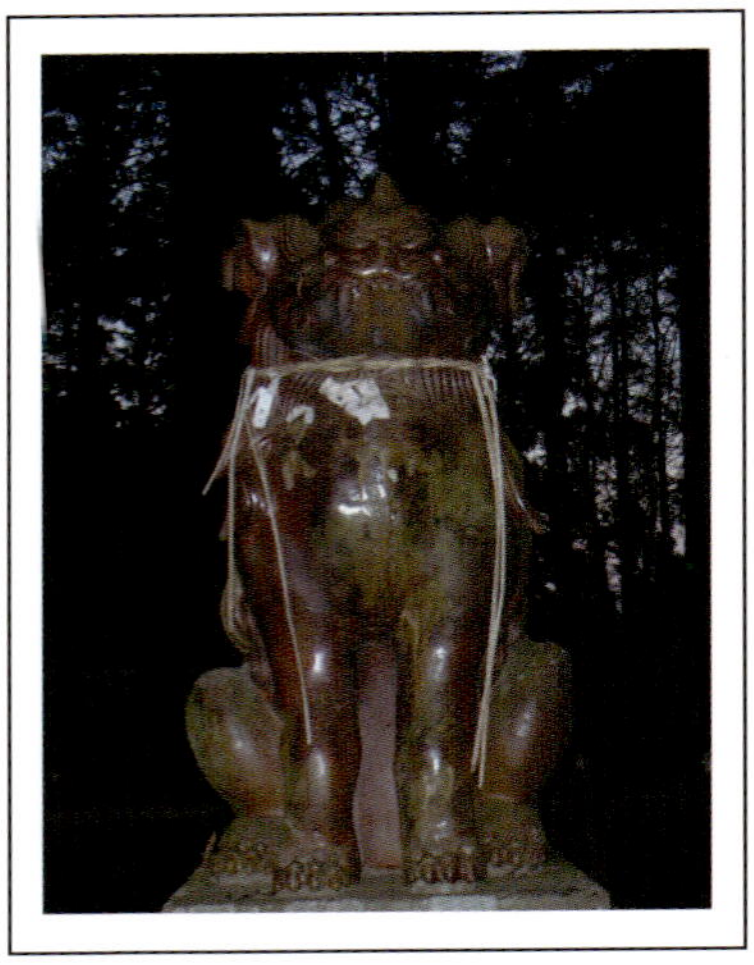

一〇．若宮八幡宮

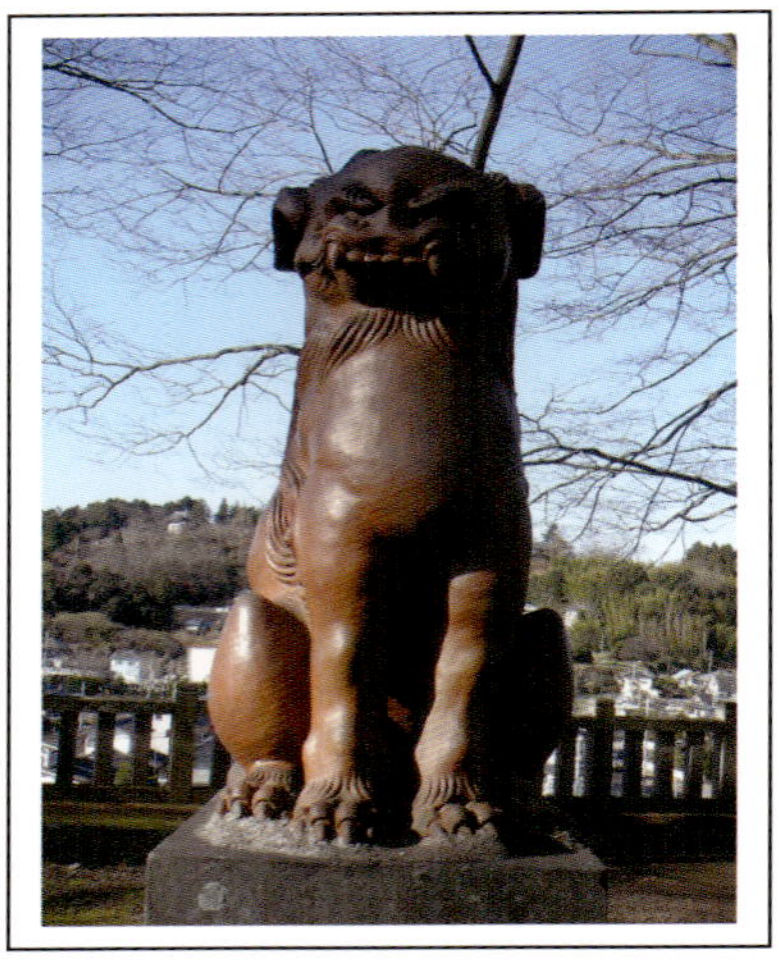

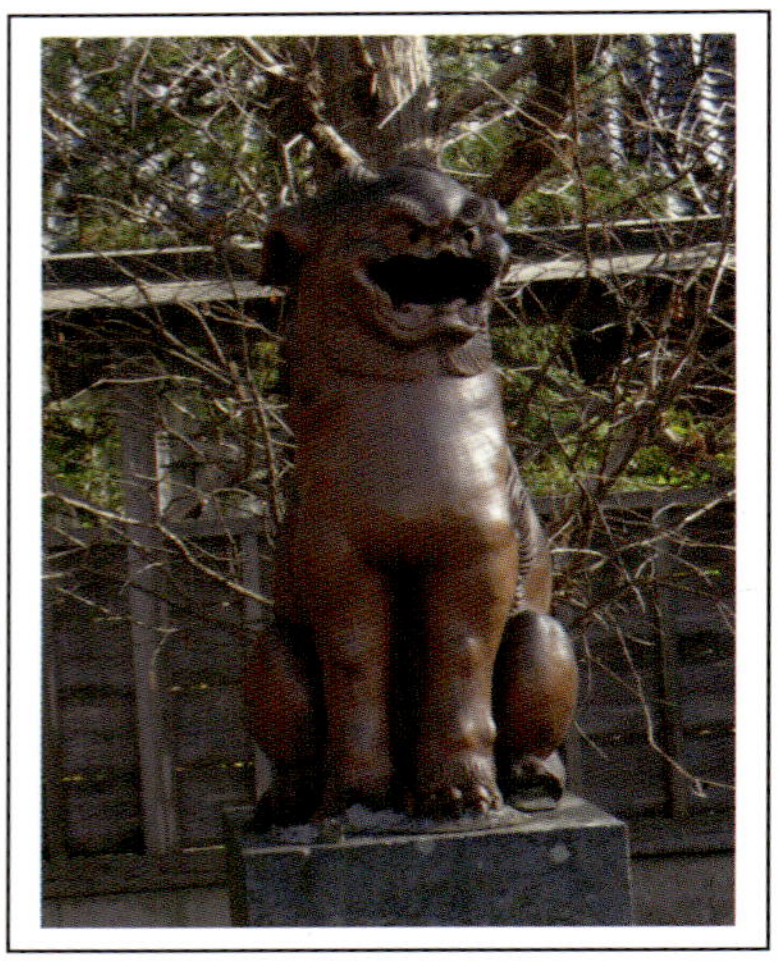

一一・諏訪神社

一二・伊勢社

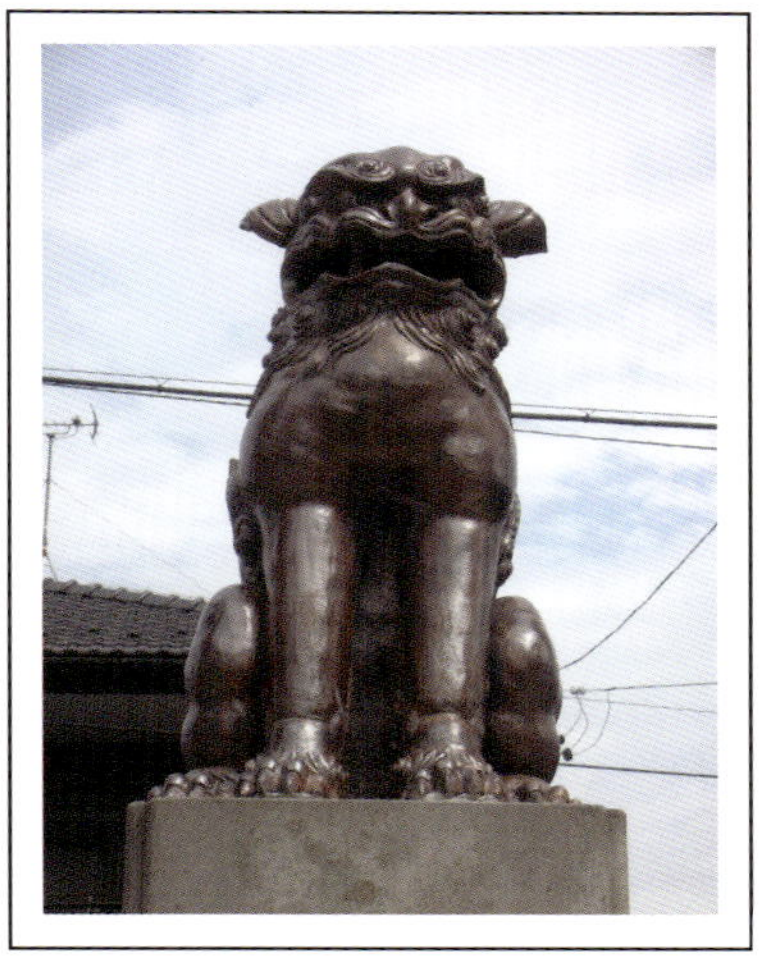

一三．灰宝神社

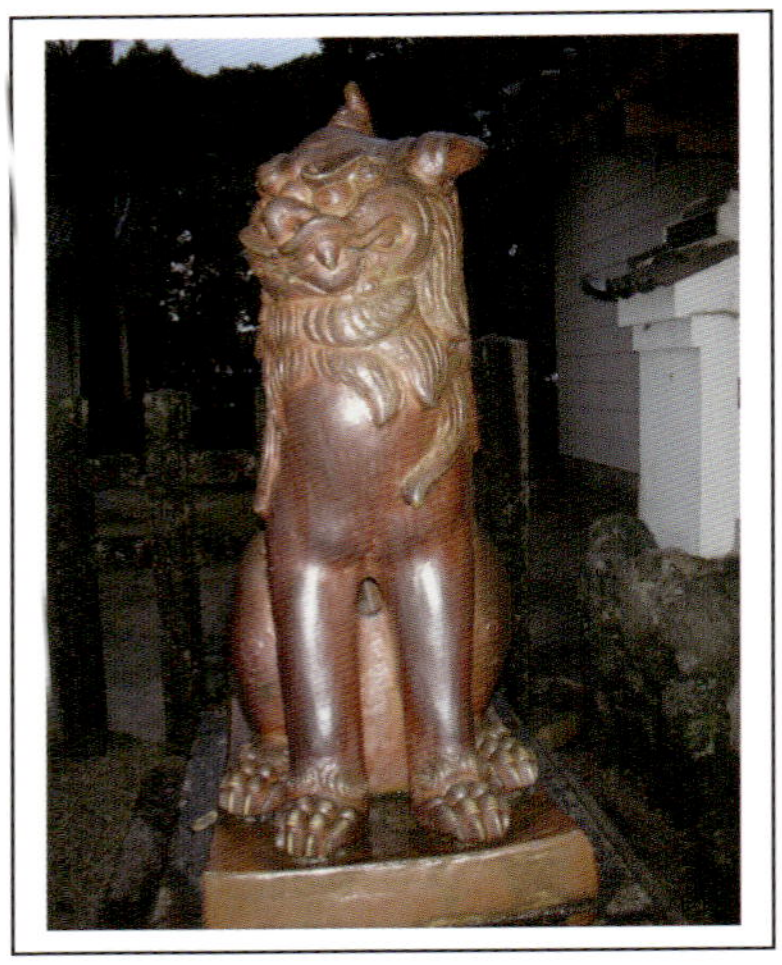

一四．愛知県陶磁資料館

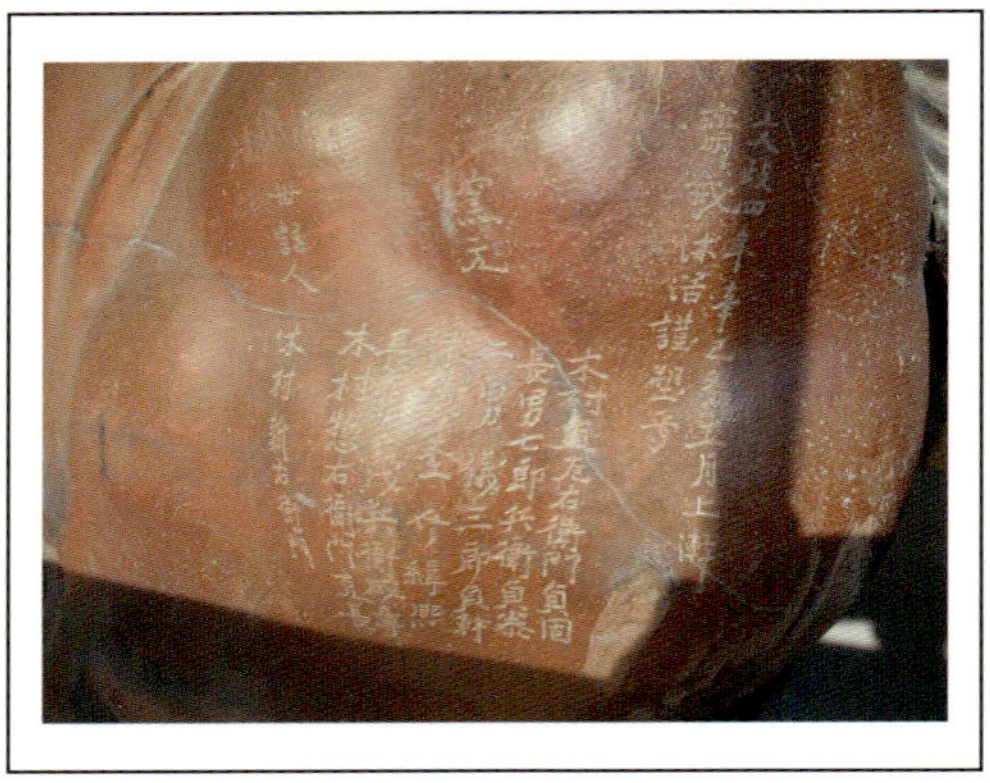

一五．坐摩神社

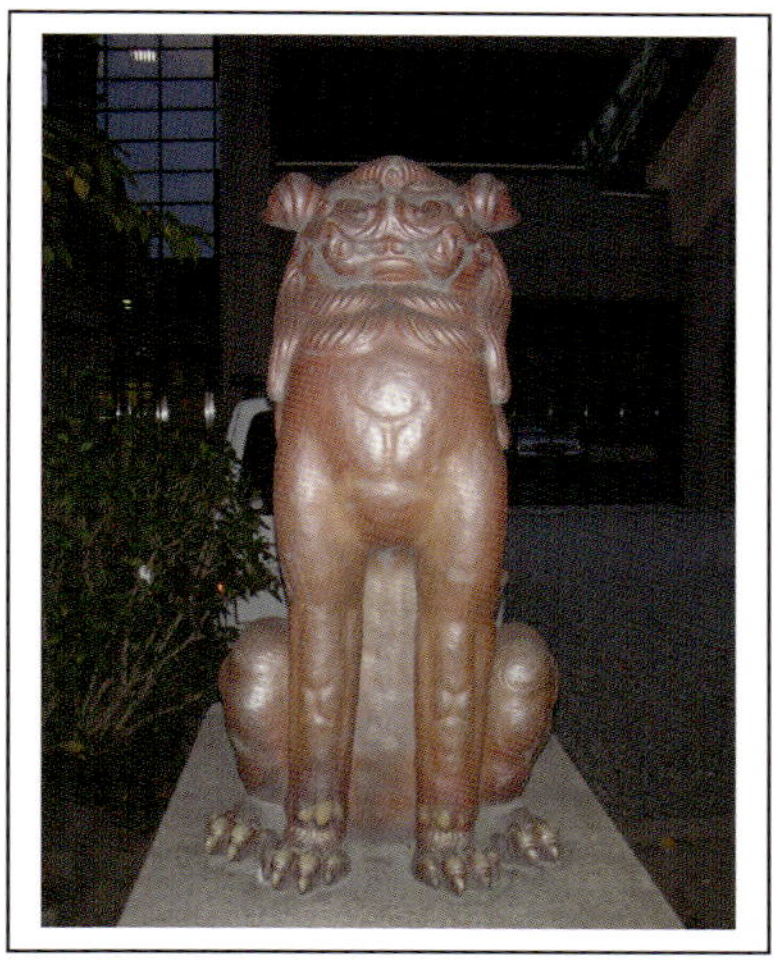

一六．阿部野神社

一七・住吉大社

一八・道明寺天満宮

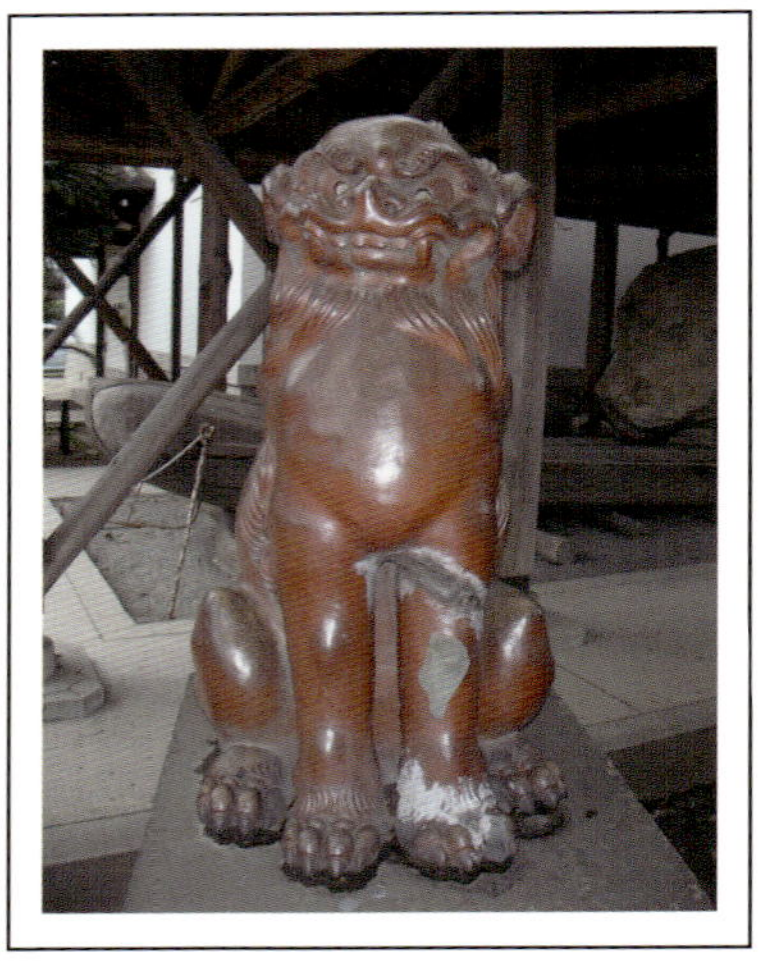

一九．岸城神社

二〇．八坂神社

二一・宗忠神社

二二・湊川神社

二三・貴布禰神社

二四・春日兵主神社

二五・鵜和荒神社

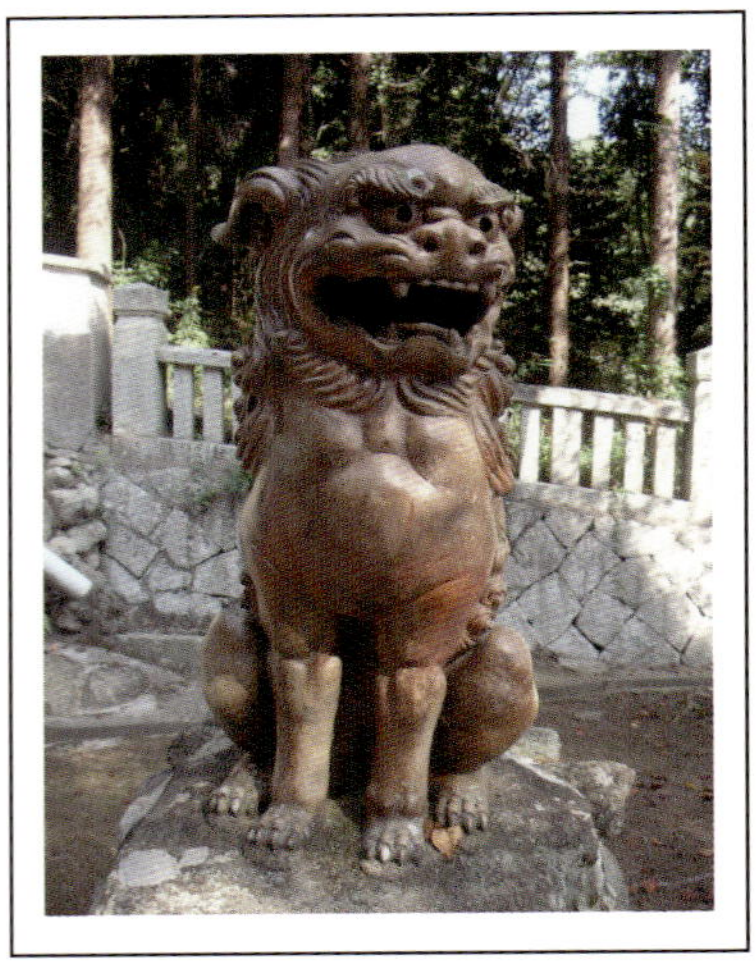

二六・正八幡宮

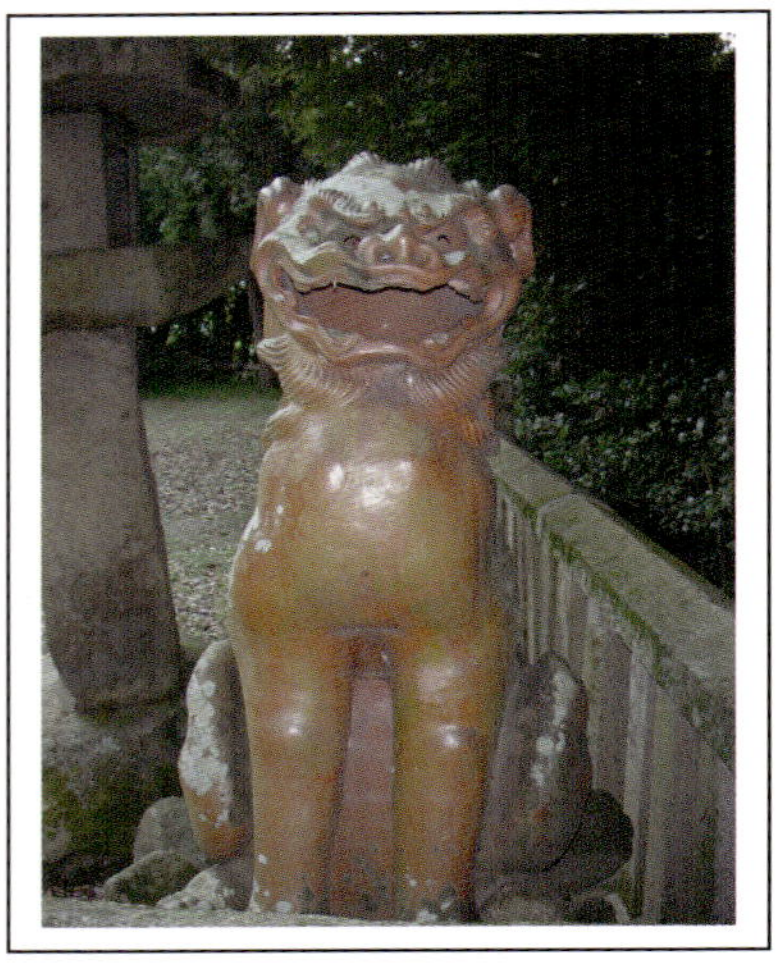

二七．船坂神社

二八．高山神社

二九・佐岐神社

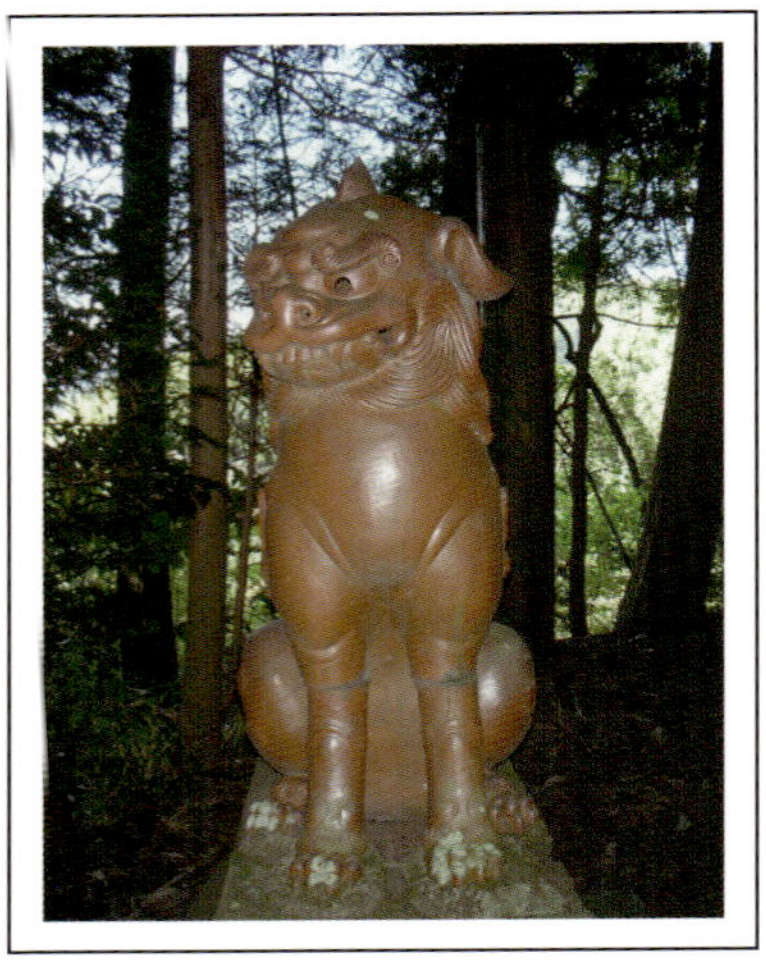

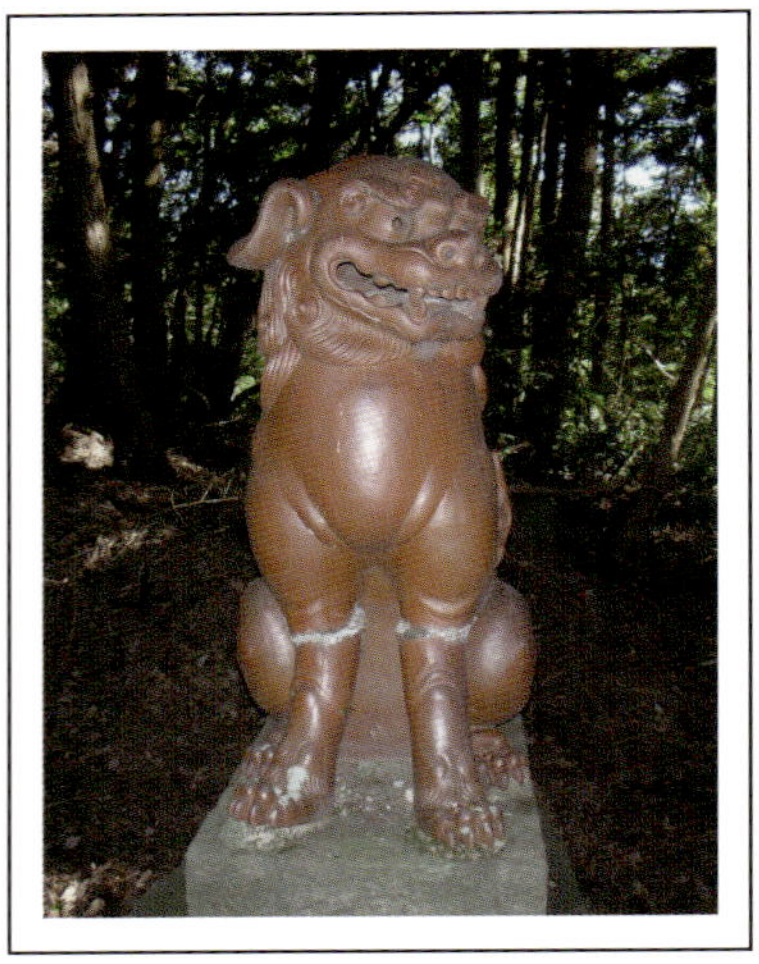

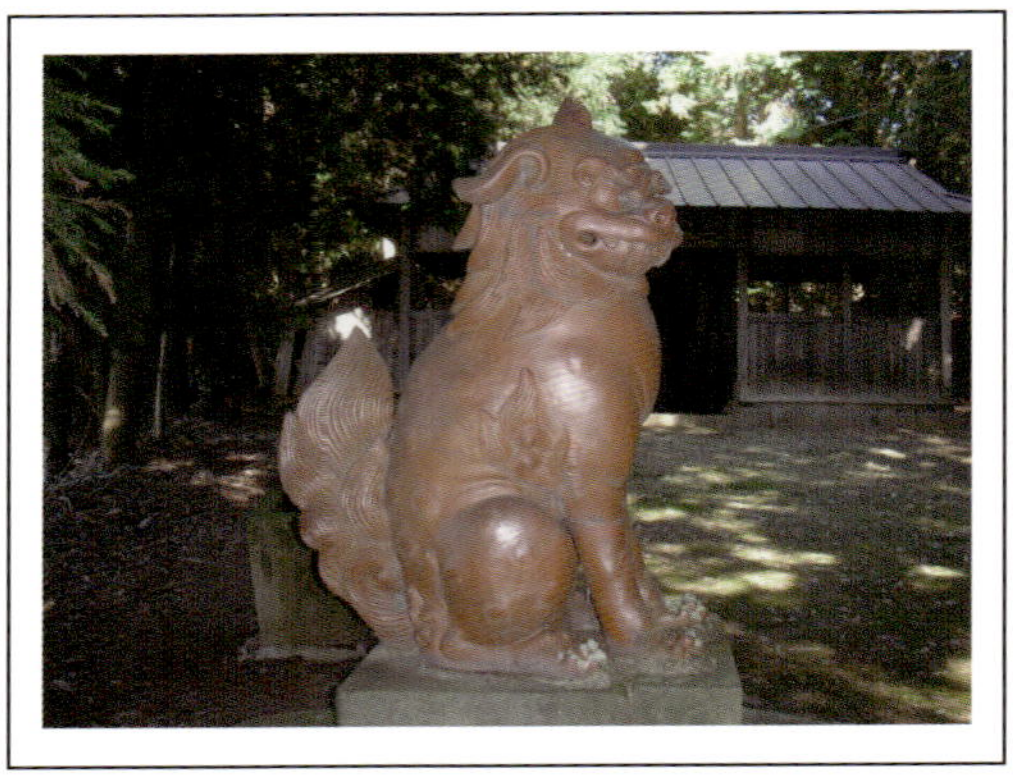

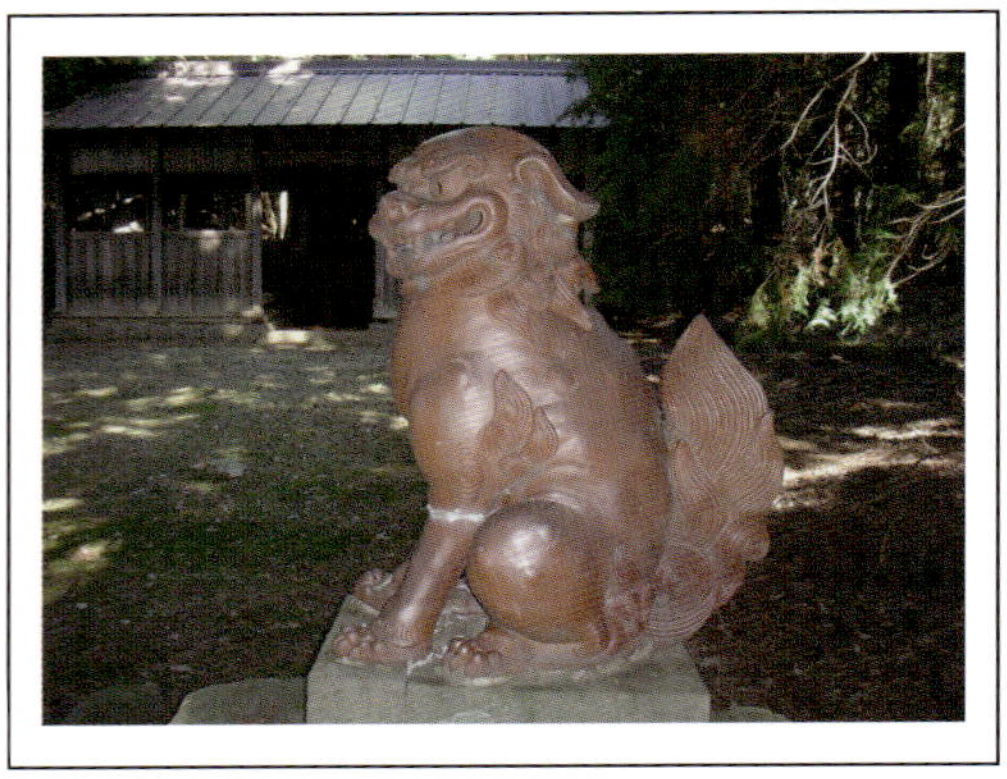

三〇・新次神社

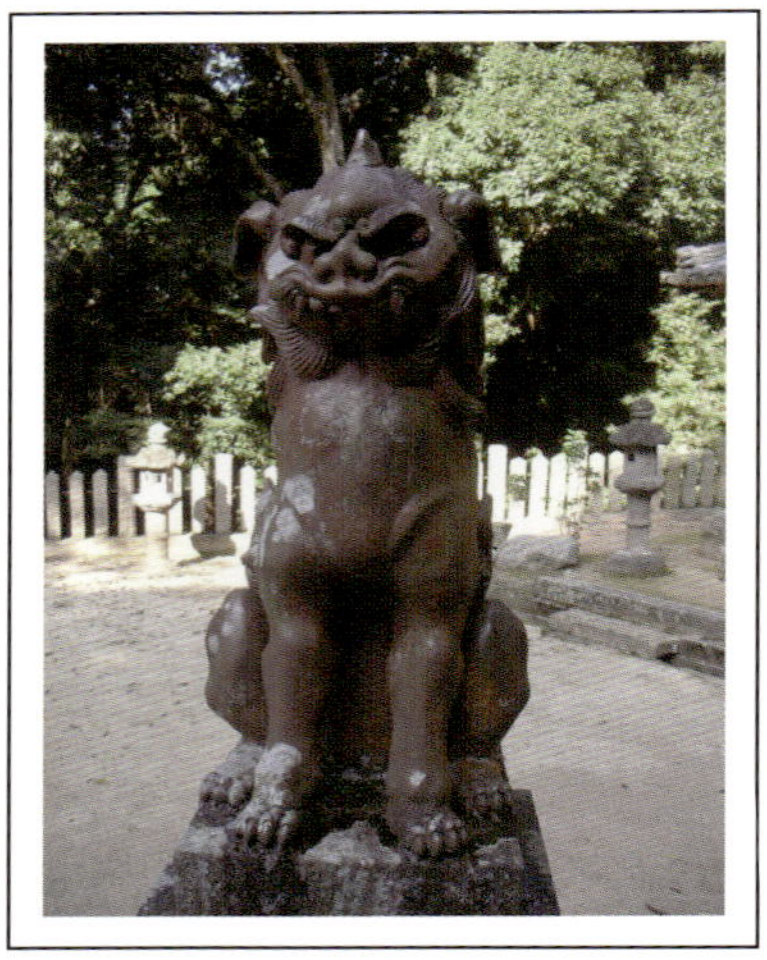

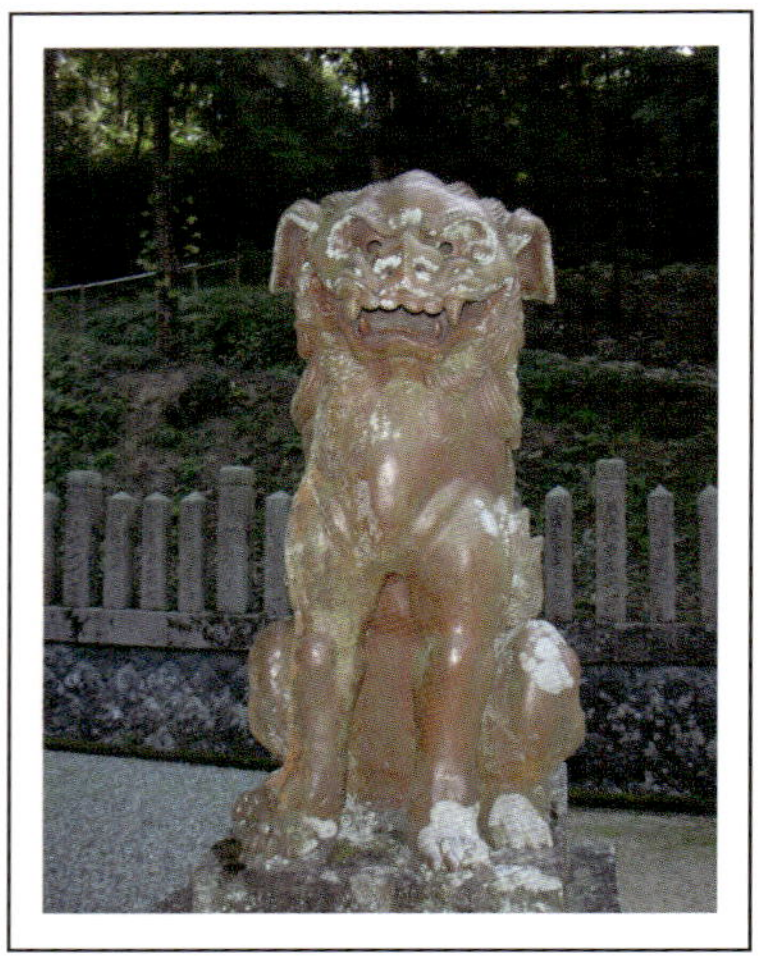

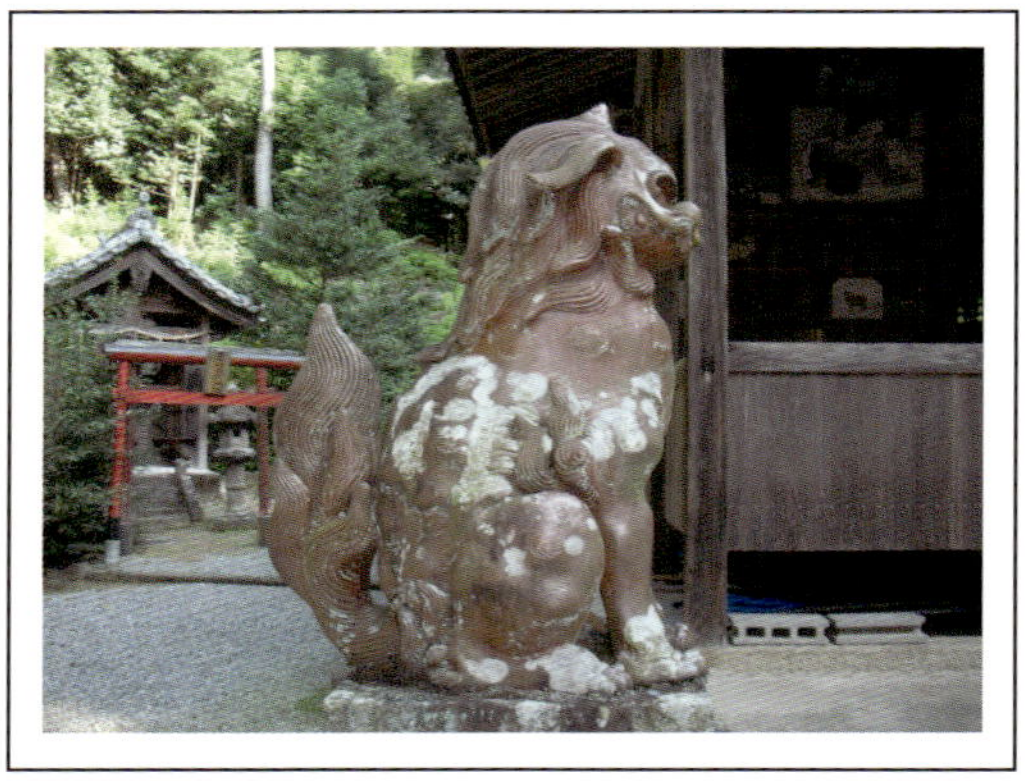

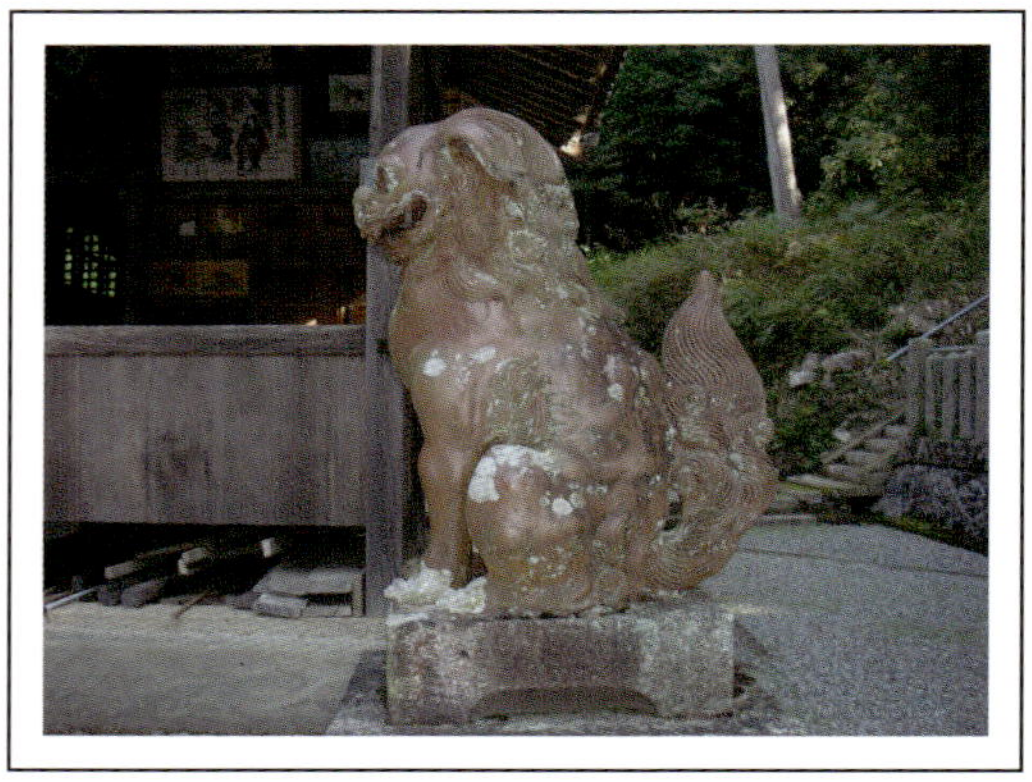

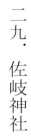

三一・椰神社

三二・滝山神社

三三・賣布神社

三四・美保神社

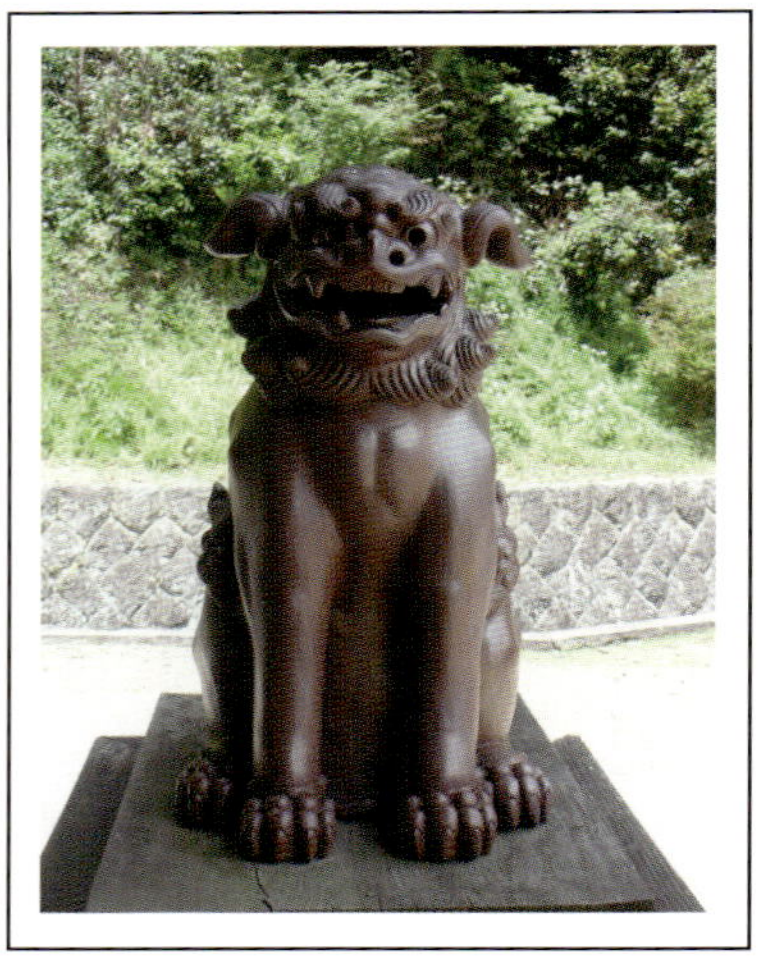

三五．熊箇原八幡神社

三六．南宮神社

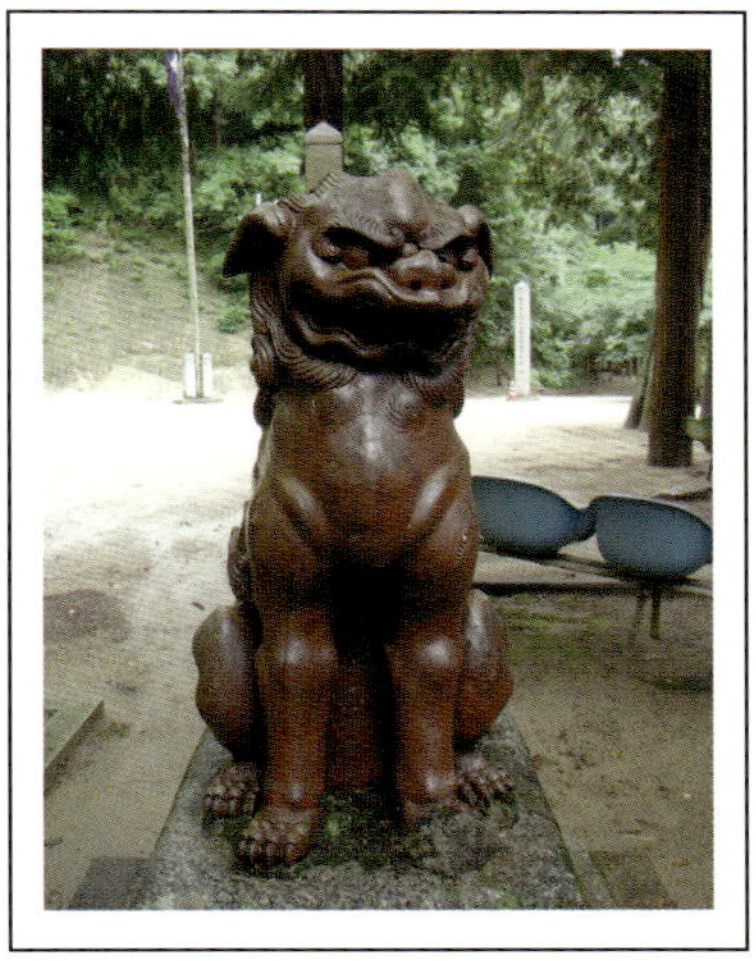

三七．備後一宮吉備津神社

三八．妙法寺

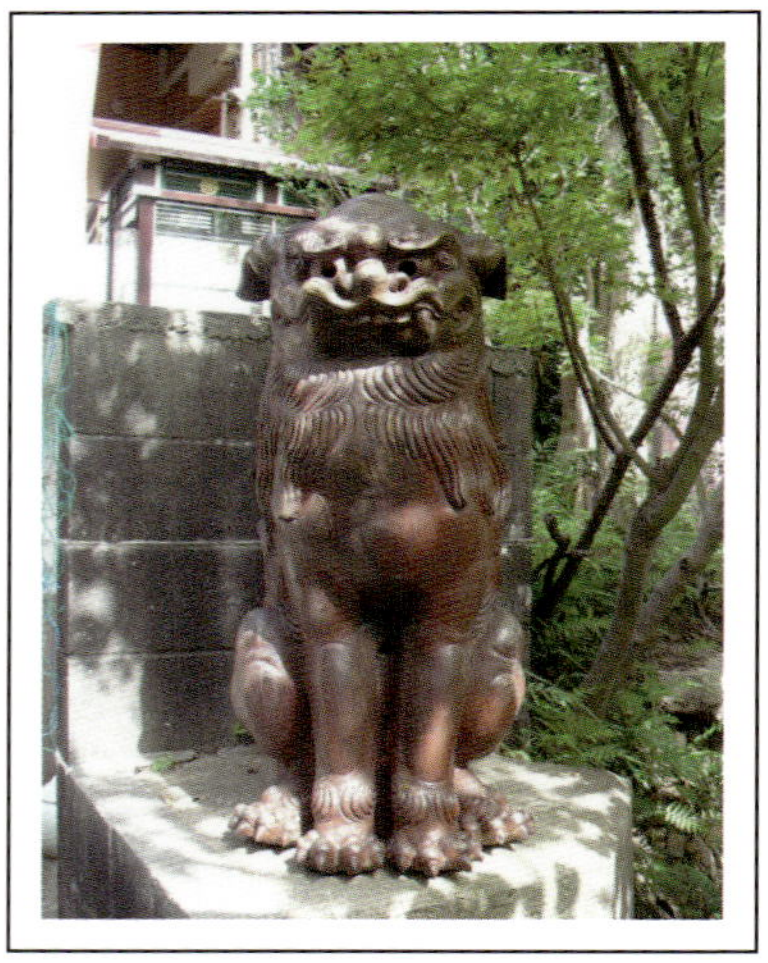

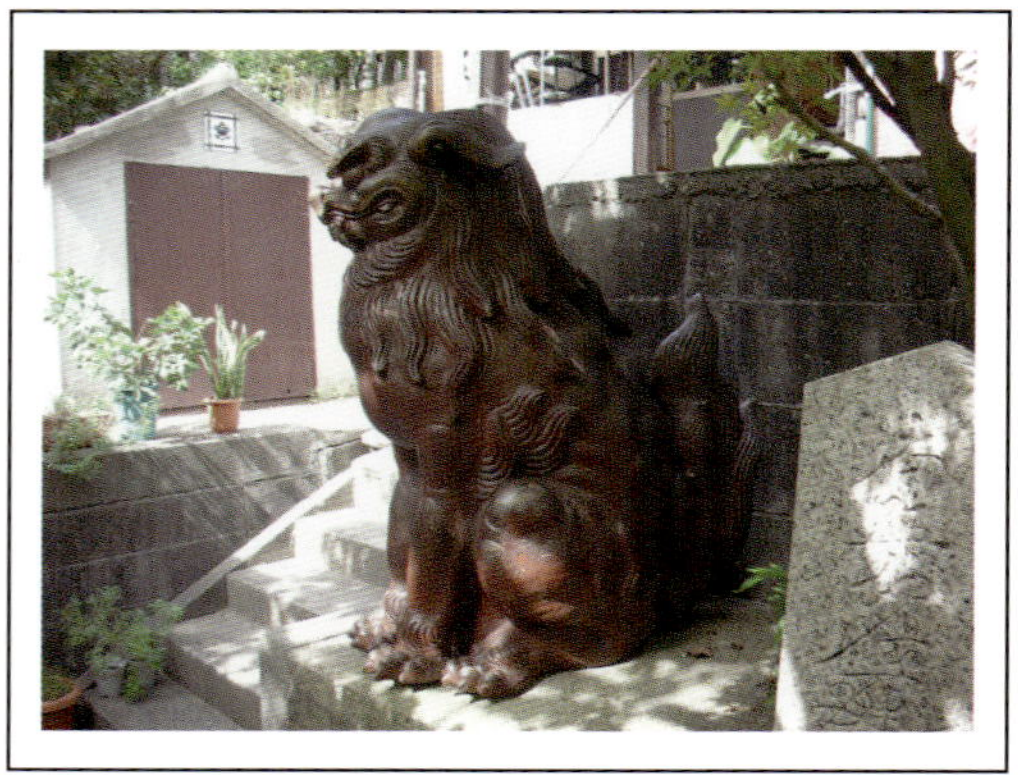

三九・金刀比羅宮

四〇・琴弾八幡宮

四一・春日神社

四二・妙見神社

四三．西麻植八幡神社

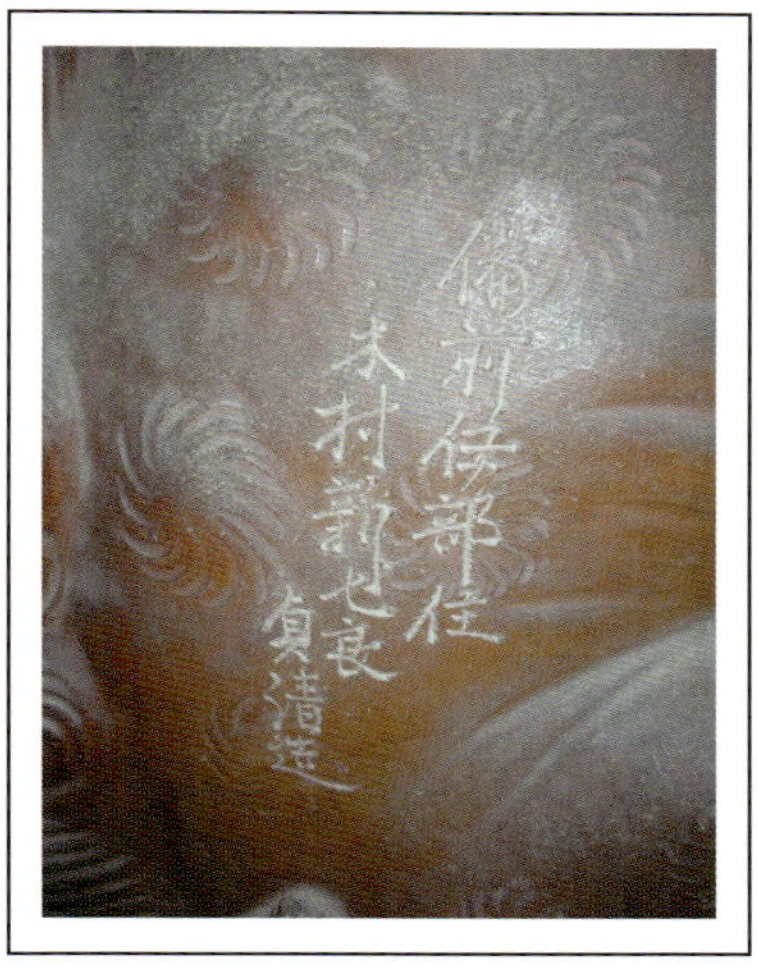

四四．土佐神社

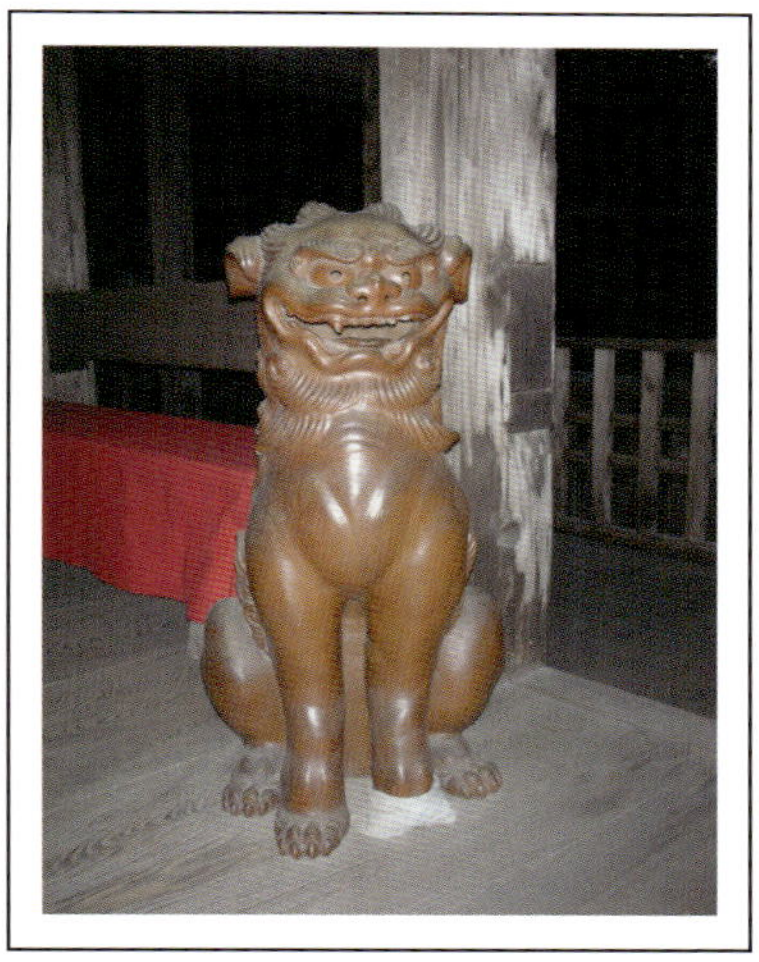

四五．前神寺

四六．石鎚神社（社務所前）

四七．石鎚神社（山門前）

四八．八幡神社

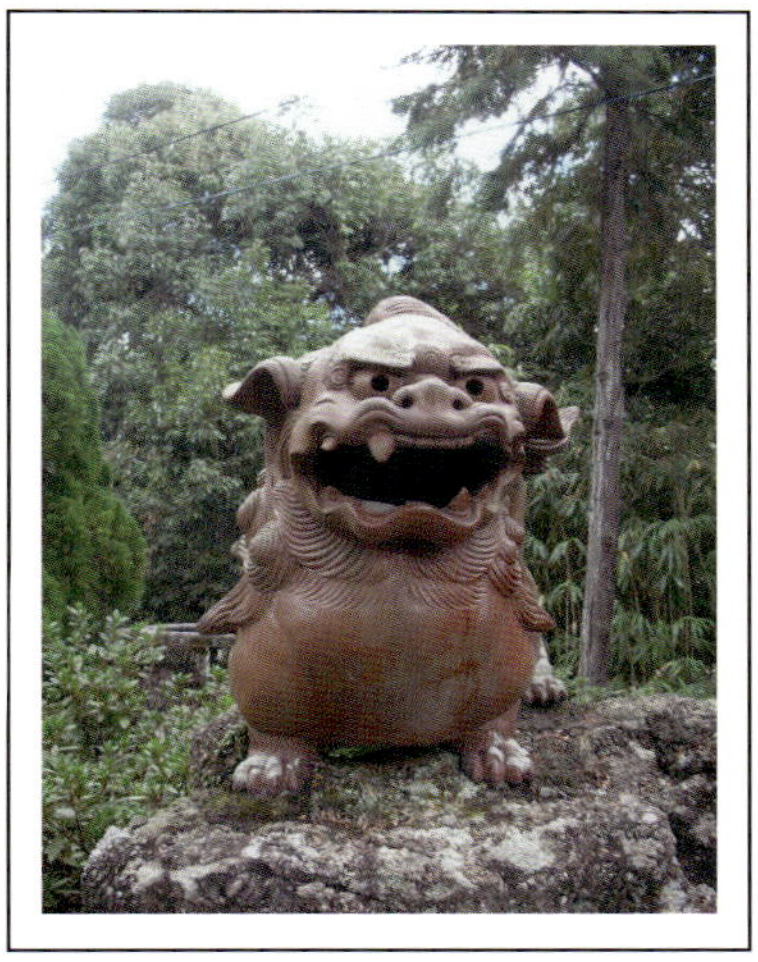

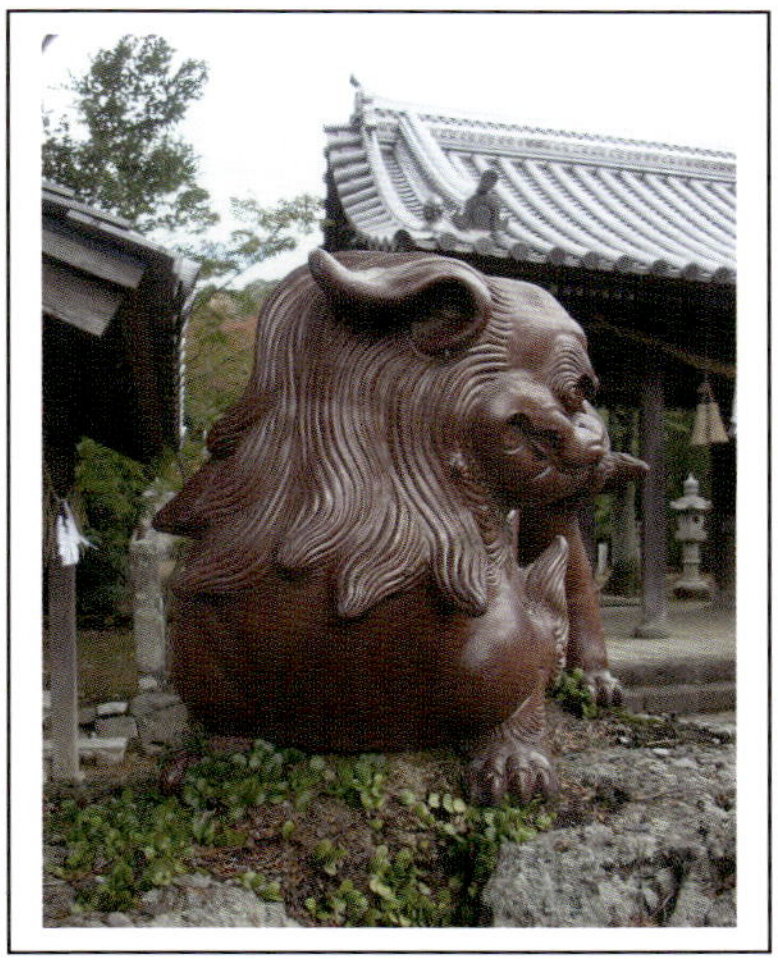

四九・諏訪神社

五〇・柞原神社

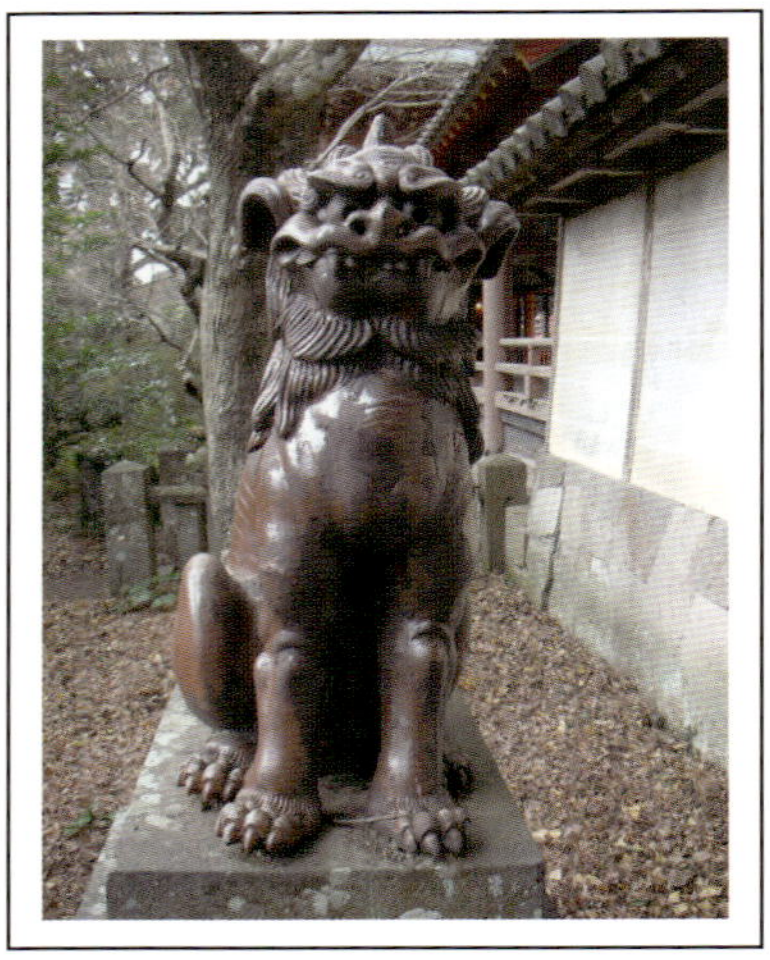

五一・若宮八幡社

五二・闕野神社

五三・蒼柴神社

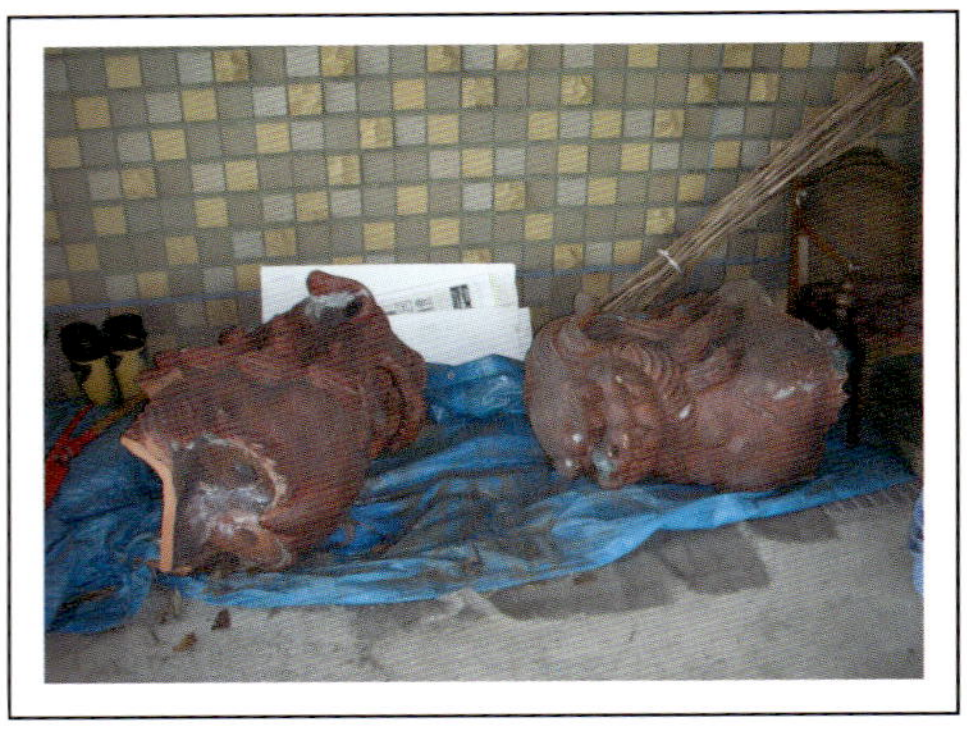

五四・石井神社

五五．柏崎神社

五六．石井神社

五七・白山神社

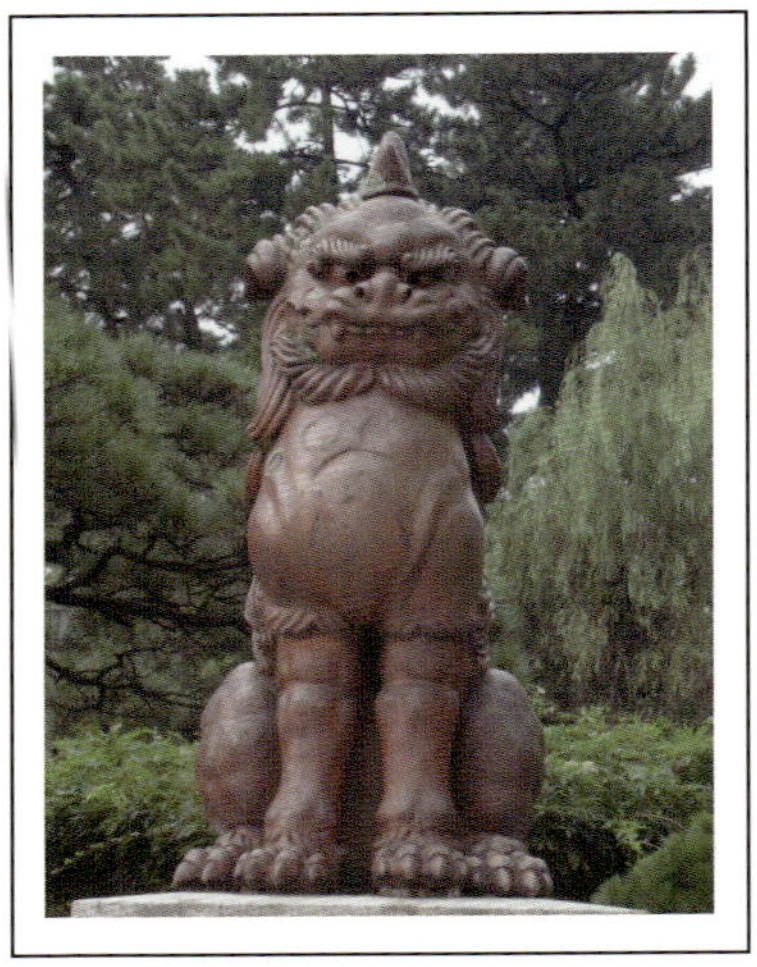

五八・荒神社

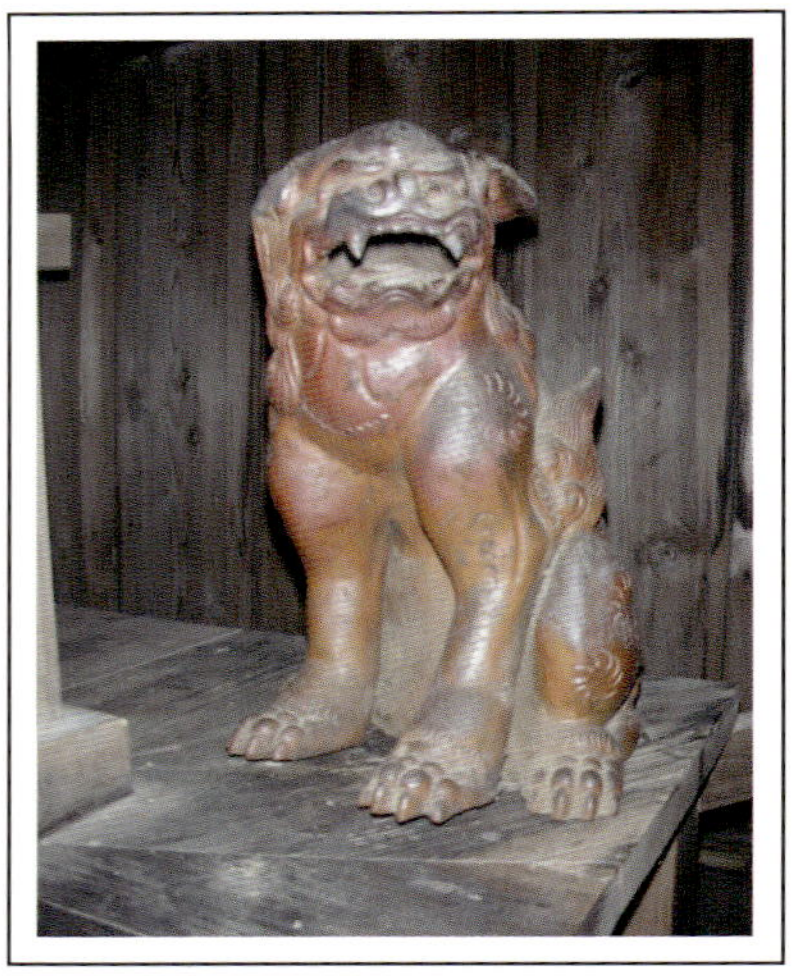

五九・五世神社

六〇・松尾神社

六一・佐用都比売神社

六二・海内八幡宮

六三．御劔八幡宮

六四．大避神社

六五．真木荒神社

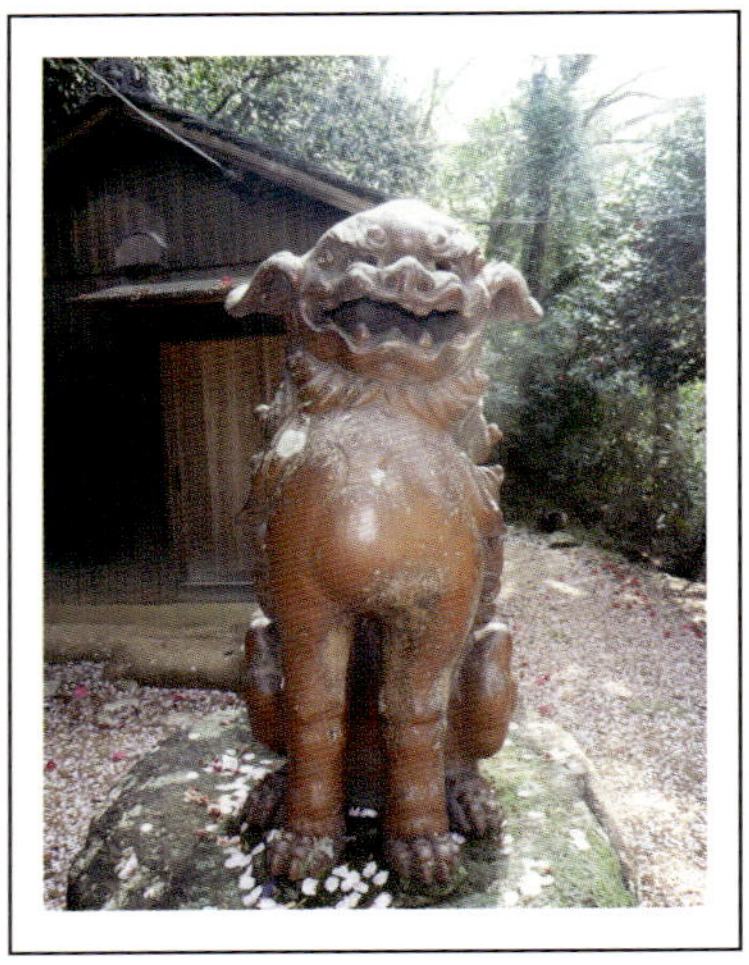

六六．熊野神社

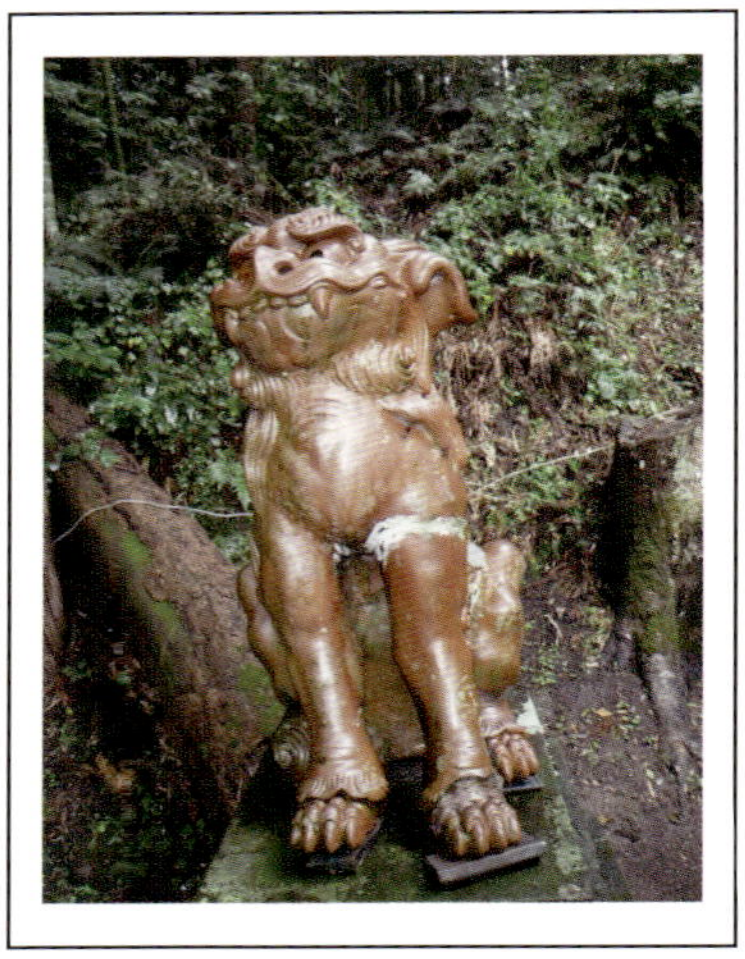

六七・御島石部神社

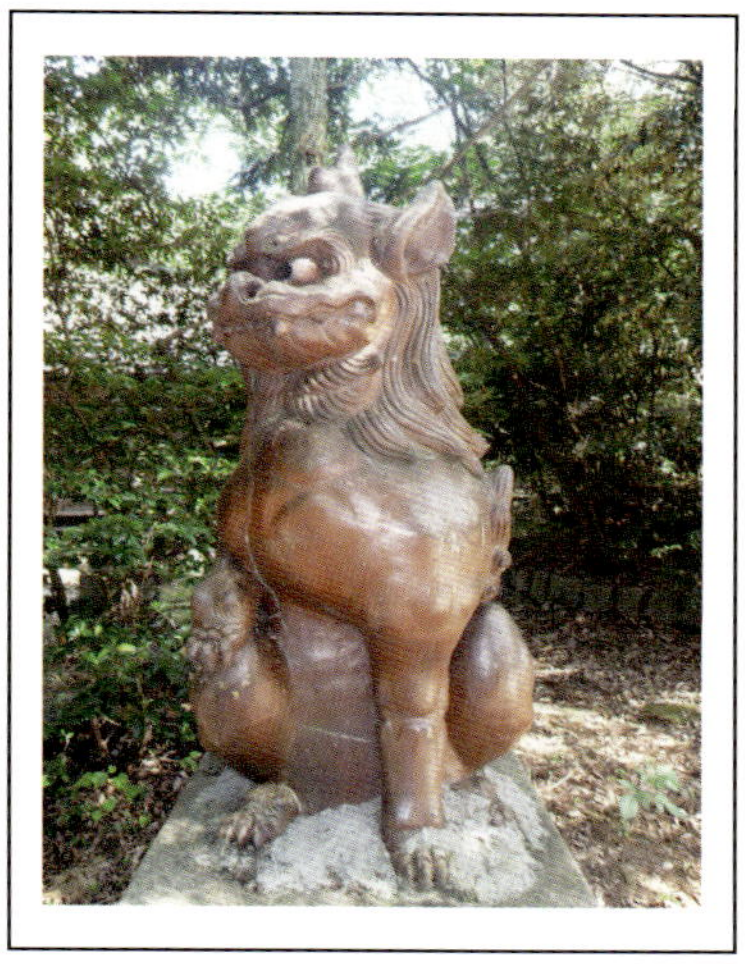

六八・金比羅宮

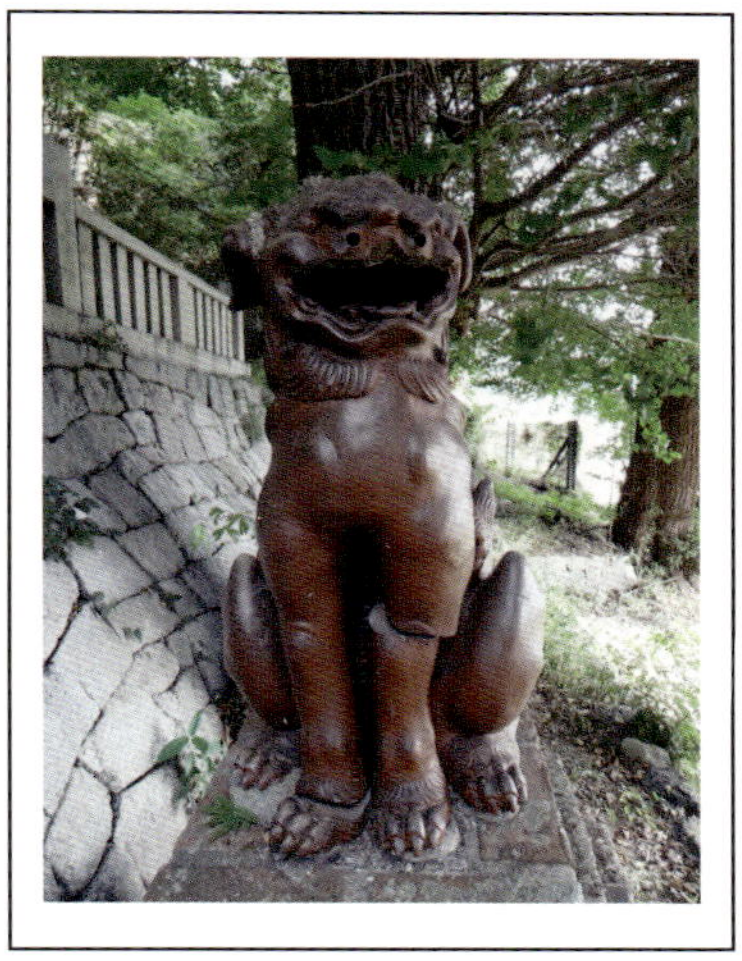

六九・妙見宮

七〇・金刀比羅神社

七一・松尾大社（葵殿）

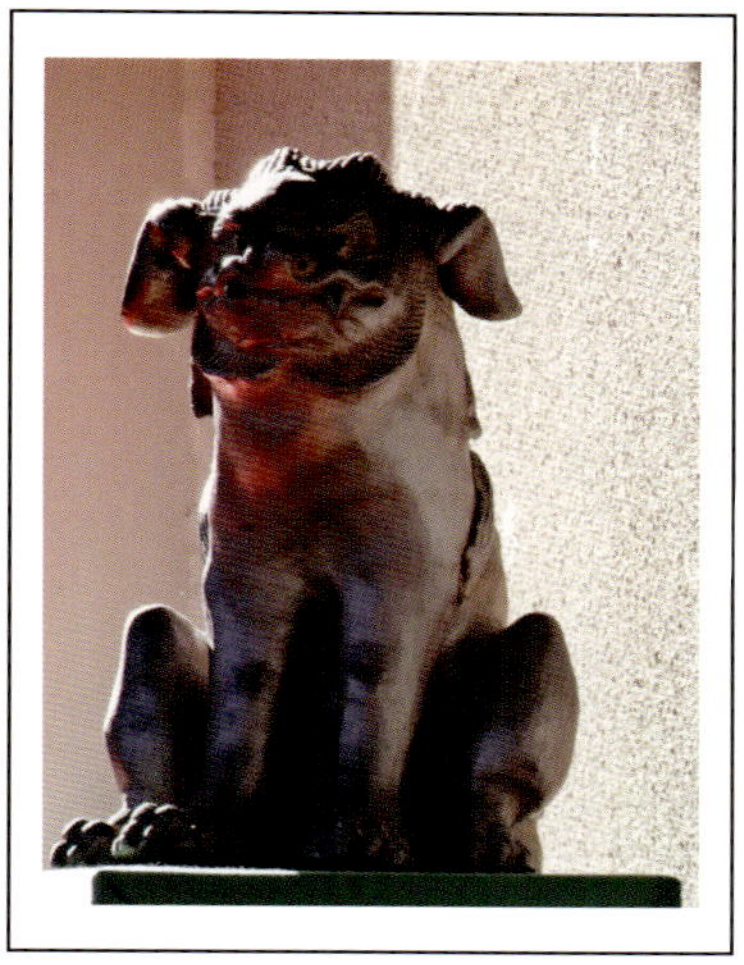

七二・聖天了徳院

七三．瀧安寺弁天堂

七四．住吉大神宮

七五．土庄八幡神社

七六．土庄八幡神社

一〇．失われた備前焼狛犬

過去に調査されたことのある狛犬の中には、今回の調査で発見できず、あるいは現地での聞き取りにおいて盗難や破損により廃棄されたなど、再び出会うことができない状況になってしまったものが幾つもありました。

再び出会うことのできない狛犬について、記録として残すことにします。

盗難にあった狛犬については、いつの日か発見され、再び元の神社へ帰ってくることを切に願っています。

神社名	所在地	理由	作者	制作	西暦
上山神社	美作市上山１４８３	平成１９年盗難			
土戸八幡	瀬戸内市邑久町豆田７５５	破損のため処分	木村盛次清近	元治１年	１８６４
八幡宮	瀬戸内市長船町八日市２５２	破損のため石に取り替え			
天満宮	備前市畠田９３６	平成２０年３月盗難		昭和４６年	１９７１
高田神社	津山市上横野７９－１	平成１７年盗難		昭和１５年	１９４０
金彦神社	備前市吉永町金谷３７０	１対は台風により破損処分			
長田神社	和気郡和気町日笠下２７	盗難に遭う			
八幡宮	和気郡和気町塩田２５９	平成９年頃盗難			
北居都神社	岡山市東区東平島１４６８	平成１９年盗難		明治３２年	１８９９
神神社	岡山市東区瀬戸町肩背２０８２	平成１９年盗難	金重久次兵衛		
八幡神社	岡山市東区瀬戸町菊山９７９	平成６年頃盗難			
東薗神社	倉敷市真備町岡田１６９９	平成１８年盗難		明治２８年	１８９５
番神堂	新潟県柏崎市番神２－１０	平成１６年中越地震で破損投棄		大正３年	１９１４

二．備前焼以外の陶製狛犬

今回の備前焼狛犬の調査にあたっては、「備前焼で作られた獅子」ということで過去の調査記録の他、知人などの縁を頼って調べて貰い、あるいはインターネットによる資料提供の投稿等により調査をしたことから、それらの中には備前焼ではない陶製のものもありました。

安古焼の宮獅子もその中の一つですが、その場所の窯で焼かれたもの、近くにあった瓦窯で焼かれたものなど、土の風合いや体の形態など様々な個性を持った狛犬があるということに改めて驚かされました。

特に驚かされたのは、一見しただけでは備前焼としか考えられないような狛犬を見つけることが出来たことで、大きな発見といえます。

香川県三豊市で見つけた狛犬は岡本焼と呼ばれ、朱越（本名　織田彦次郎）が地元の窯で作ったとされています。地元の研究家によると、朱越は備前市伊部で一時期働いていたと云うことで、その影響から備前焼の狛犬と見間違う出来映えとなっています。

全国には陶製のものが数多くあると思いますが、備前焼の狛犬を探す過程で見かけたものを、記録として残すことにしました。

	神社名	所在地	高さ（阿）	作者	高さ（吽）	製作者	製作年	西暦	状態
1	アトル真砂	東京都文京区本郷１－３５－２７	73		73				
2	若宮八幡神社	滋賀県大津市逢坂１－１１－２							瀬戸焼
3	岩室稲荷神社	京都府舞鶴市吉坂１３８	25	春三	23	（景次）	寛政４年	１７９２	瀬戸焼
4	阿良須神社	京都府舞鶴市小倉フル宮１３	22		24				備前焼に非常に似ている
5	白糸浜神社（個人）	京都府舞鶴市浜５２０			21	宮司　坂根章			安古焼
6	高倉神社	京都府舞鶴市長浜宮谷４７４	31		32	ひせん徒本やき衆	慶長１８年	１６１３	安古焼
7	松原神社	京都府舞鶴市三浜丸山６８５－２	23		24	宮司　坂根章			安古焼
8	小童神社（龍王宮神社）	岡山市浦間１６３６	107	國場仁之	105	國場仁之	昭和５年	１９３０	壺屋焼
9	鴨神社	加賀郡吉備中央町上加茂４７１	53		57		享和３年	１８０３	
10	久保田神社	加賀郡吉備中央町細田１３７２	74	福岡源蔵	74	福岡源蔵	昭和２年	１９２７	

11	日吉神社	勝田郡勝央町植月北２９６２	31		29		文政４年	１８２１	
12	由加神社本宮	倉敷市児島由加山２８５２	97		101				薩摩焼
13	羽黒神社	倉敷市玉島中央町１－１２－１	106		106		文久１年	１８６１	大原焼
14	菅原神社	笠岡市吉浜１６６１	76		74		昭和１２年	１９３７	大原焼
15	八幡神社	井原市美星町三山５５６７	64		64				
16	岩牟良神社	加賀郡吉備中央町竹荘１０７４	75	石井正一	76	石井正一	明治３６年	１９０３	
17	八幡神社（本殿）	加賀郡吉備中央町上竹３２６８	35		36				
18	天神社	高梁市有漢町上有漢西組５８０	55		56				
19	正八幡神社	新見市哲多町萩尾３２７	62		62		天保１４年	１８４３	
20	熊野神社（釣殿内）	真庭市（落合町）舞高３３０	44		44		天保１２年	１８４１	
21	守吉神社	真庭市樫東１３６１	70				天保２年	１８３１	
22	八幡神社	広島県福山市田尻町高島２４２３					大破		大原焼に近い
23	鳩八幡神社（御旅所）	香川県三豊市豊中町岡本８５０	81	朱越	79	朱越			岡本焼＝サヌキ焼
24	鳩八幡神社	香川県三豊市豊中町岡本８５０	110	織田彦次郎	109	織田彦次郎			岡本焼＝サヌキ焼
25	鳩八幡神社（天満宮）	香川県三豊市豊中町岡本８５０	64	朱越	64	朱越	昭和１６年	１９４１	岡本焼＝サヌキ焼
26	荒神神社	香川県三豊市豊中町岡本	70	織田彦次郎	68	織田彦次郎	昭和４年	１９２９	岡本焼＝サヌキ焼
27	伊予稲荷神社	愛媛県伊予市稲荷１２３０	87		77		文久２年	１８６２	
28	石井神社	新潟県柏崎市西本町２	70		70		平成６年	１９９４	常滑焼
29	海内八幡宮	兵庫県佐用郡佐用町海内	70		75		昭和６３年	１９８８	常滑焼
30	吉備津彦神社（拝殿）	岡山市北区一宮１０４３	63	加藤雅彦	61	加藤雅彦	平成２６年	２０１４	備前土を用いている
31	愛宕神社（瀧尾神社内）	京都府京都市東山区本町１１－７１８	35		35				

一・アルト真砂

二・若宮八幡神社

三．岩室稲荷神社

四．阿良須神社

五・白糸浜神社

六・高倉神社

七．松原神社

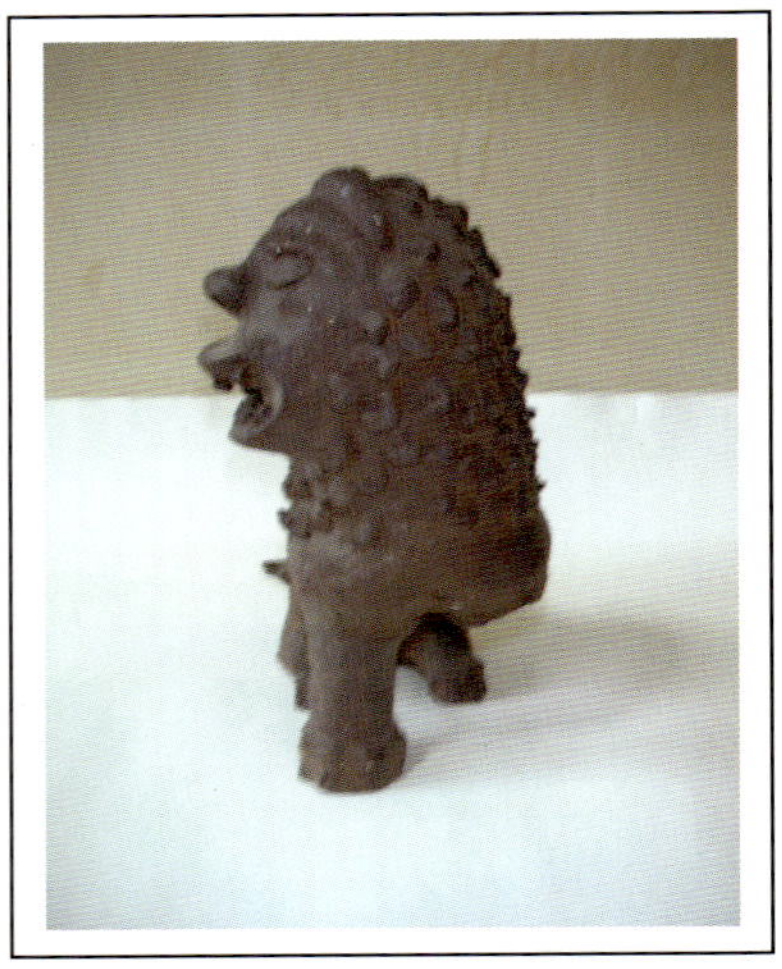

八．小童神社

九・鴨神社

一〇・久保田神社

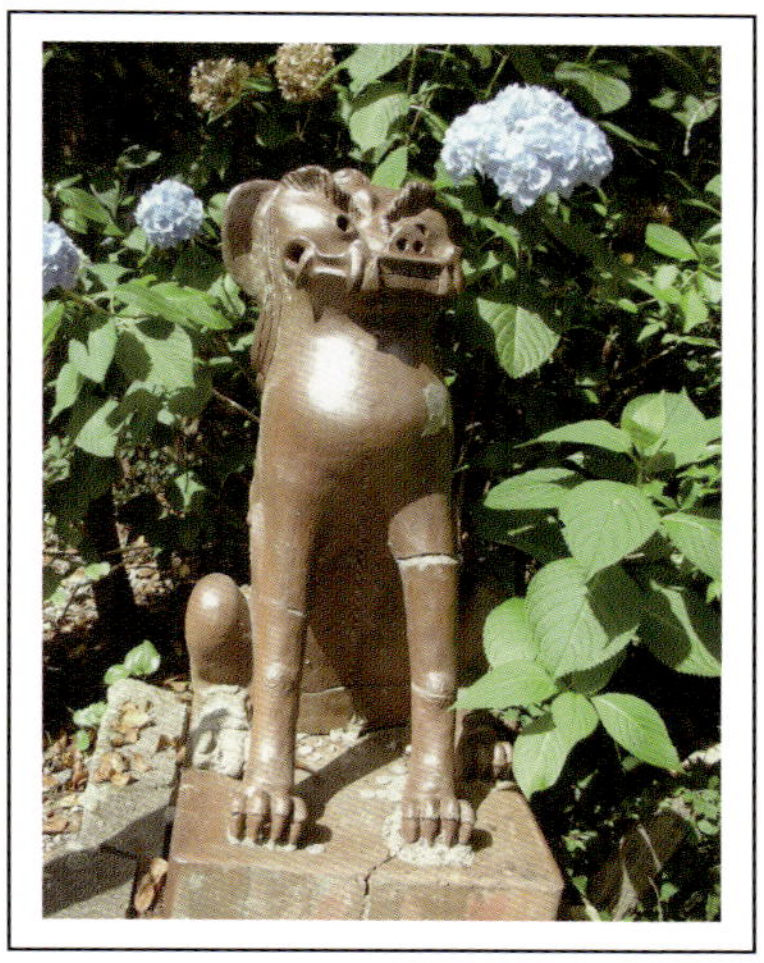

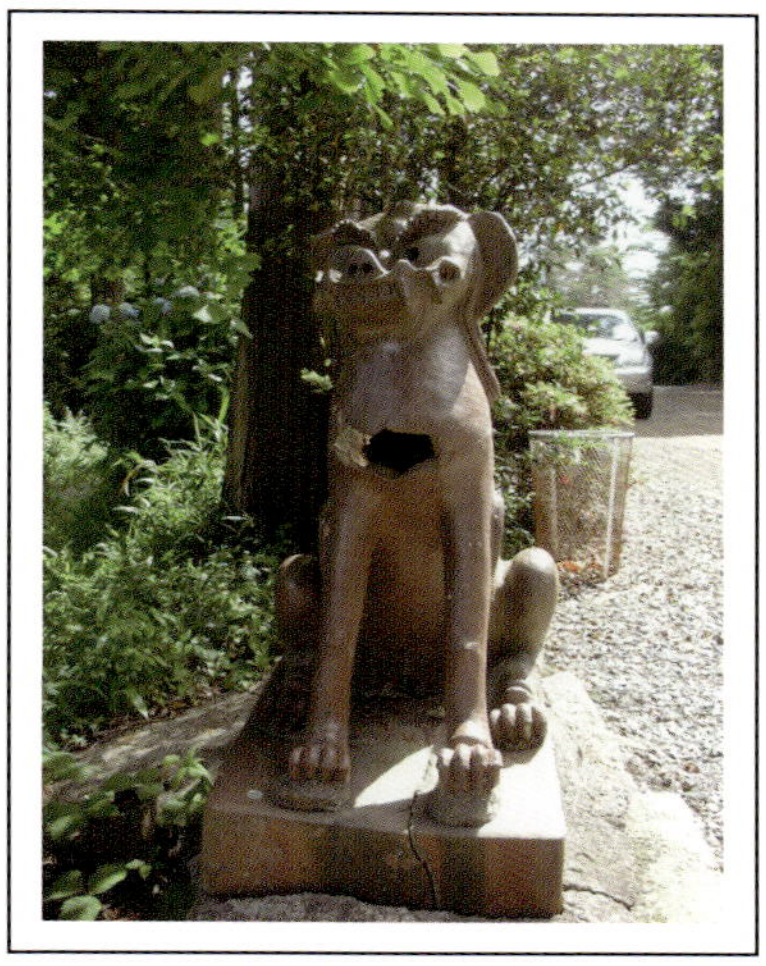

一一・日吉神社

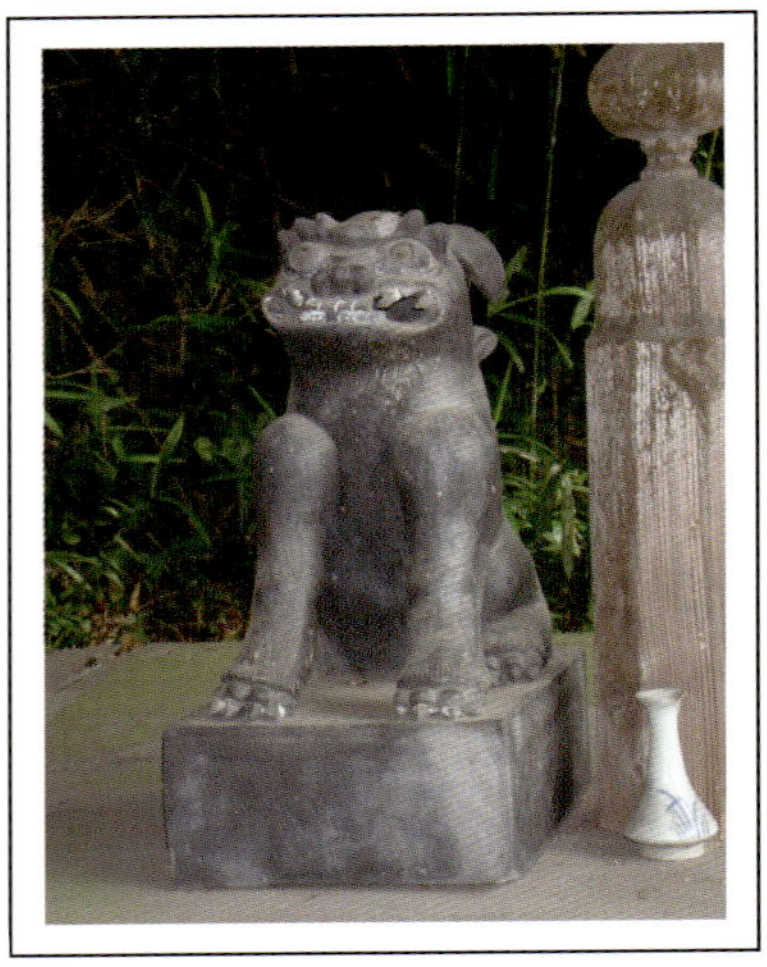

一二・由加神社本宮

一三・羽黒神社

一四・菅原神社

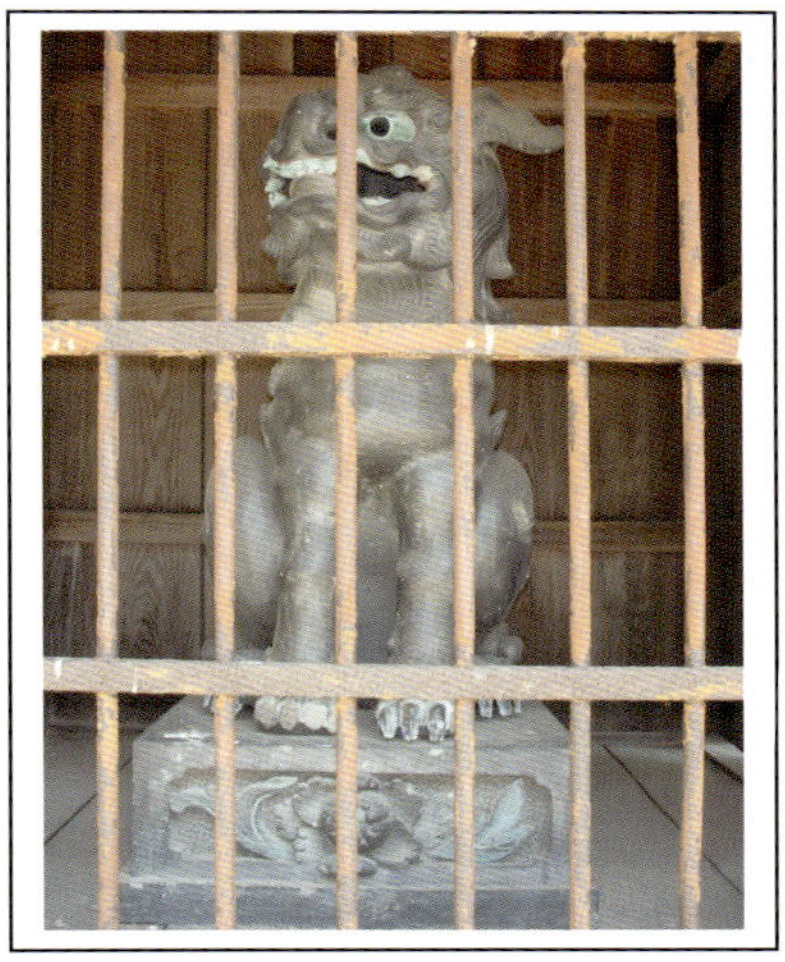

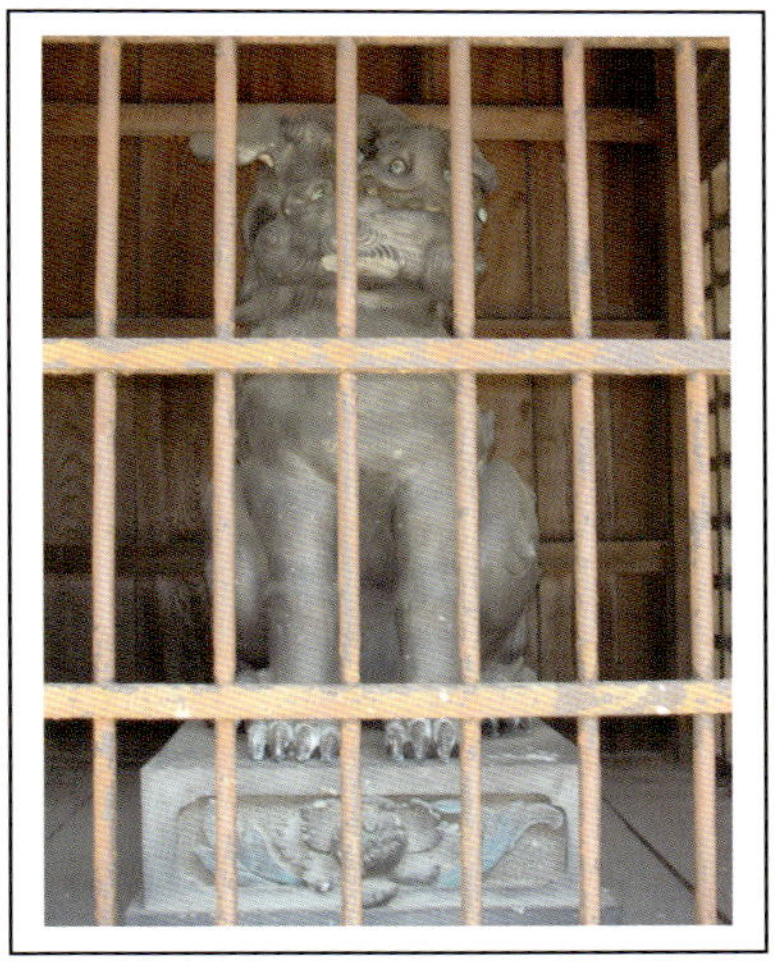

一五．八幡神社

一六．岩牟良神社

一七．八幡神社（本殿）

一八．天神社

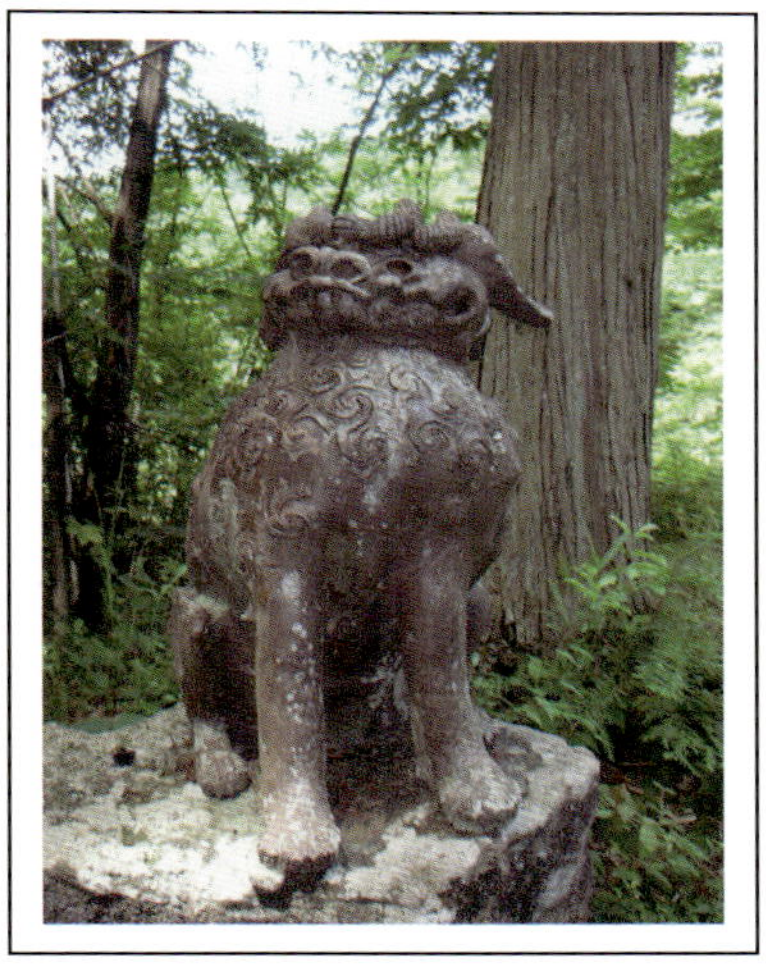

一九．正八幡神社

二〇．熊野神社

二一・守吉神社

二二・八幡神社

二三．鳩八幡神社（御旅所）

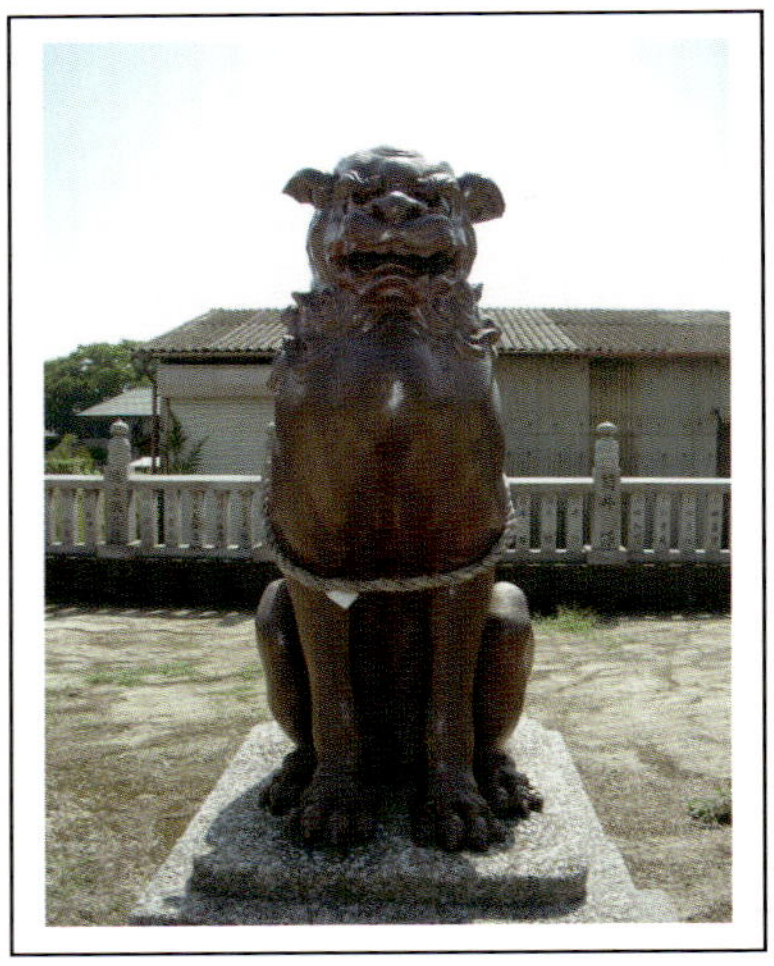

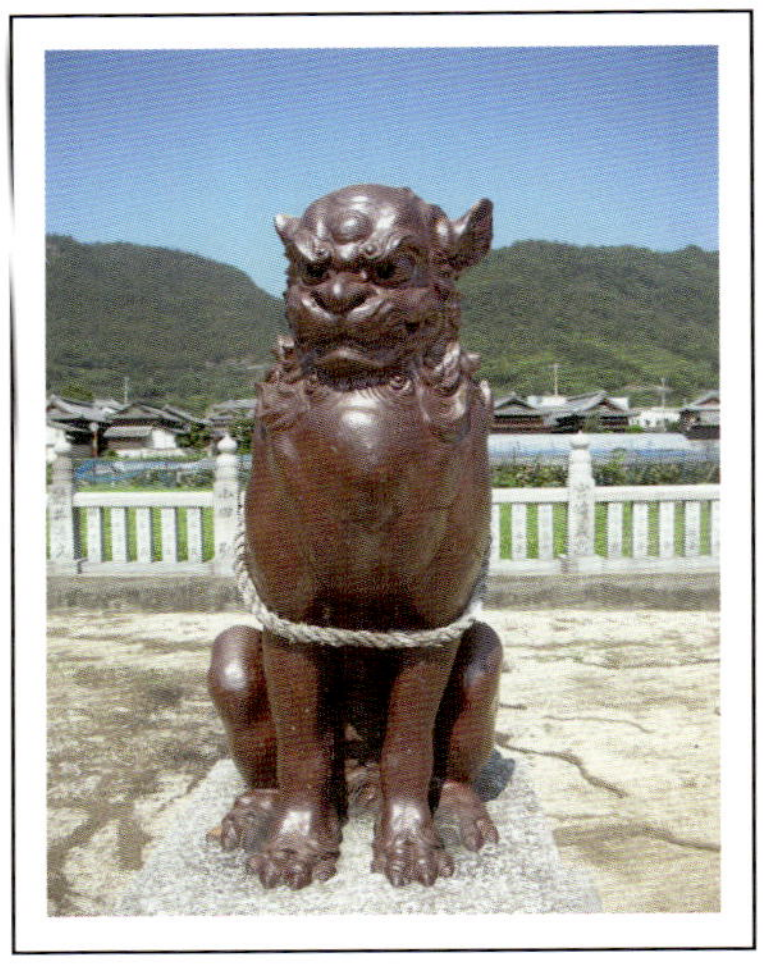

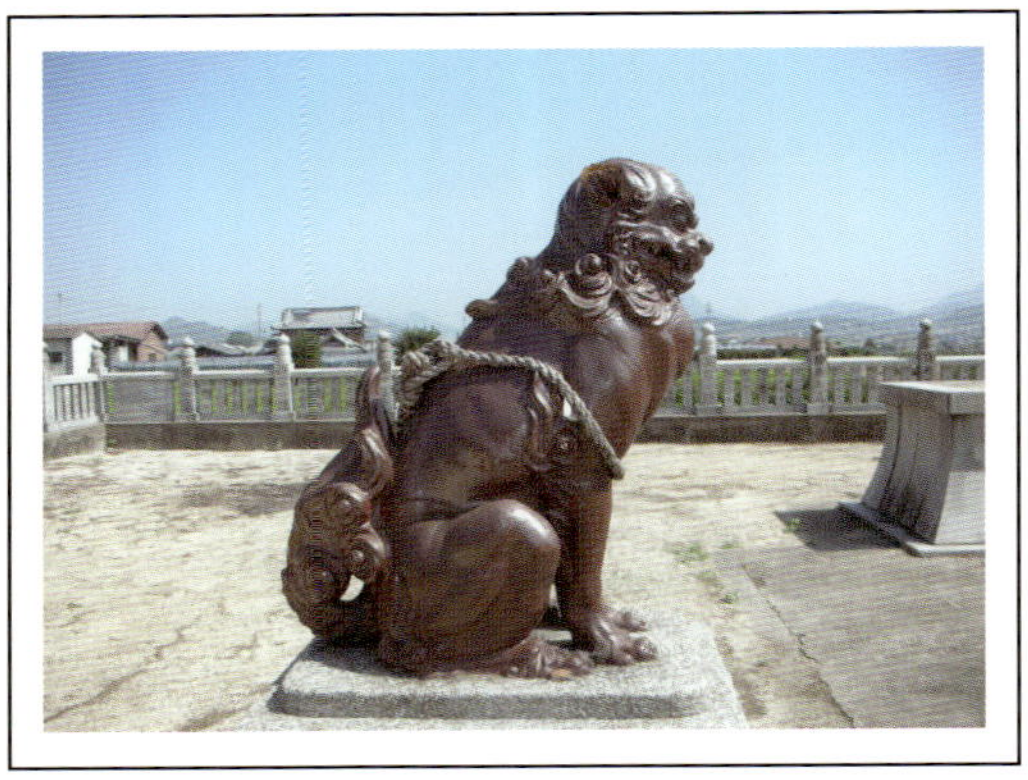

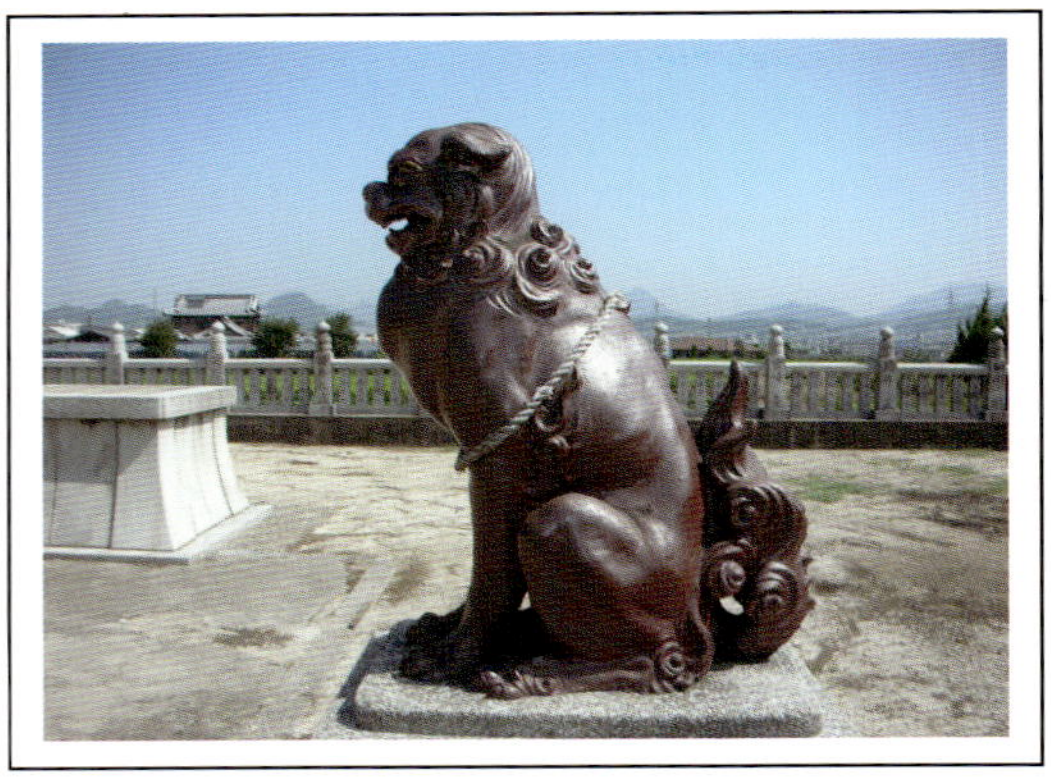

二四．鳩八幡神社

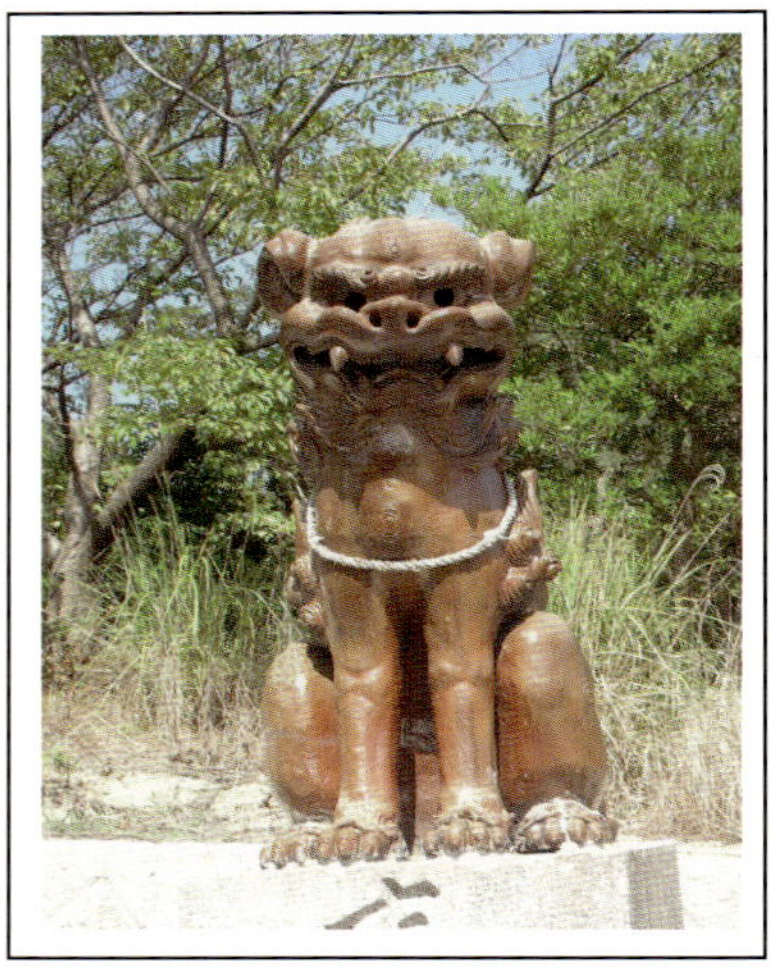

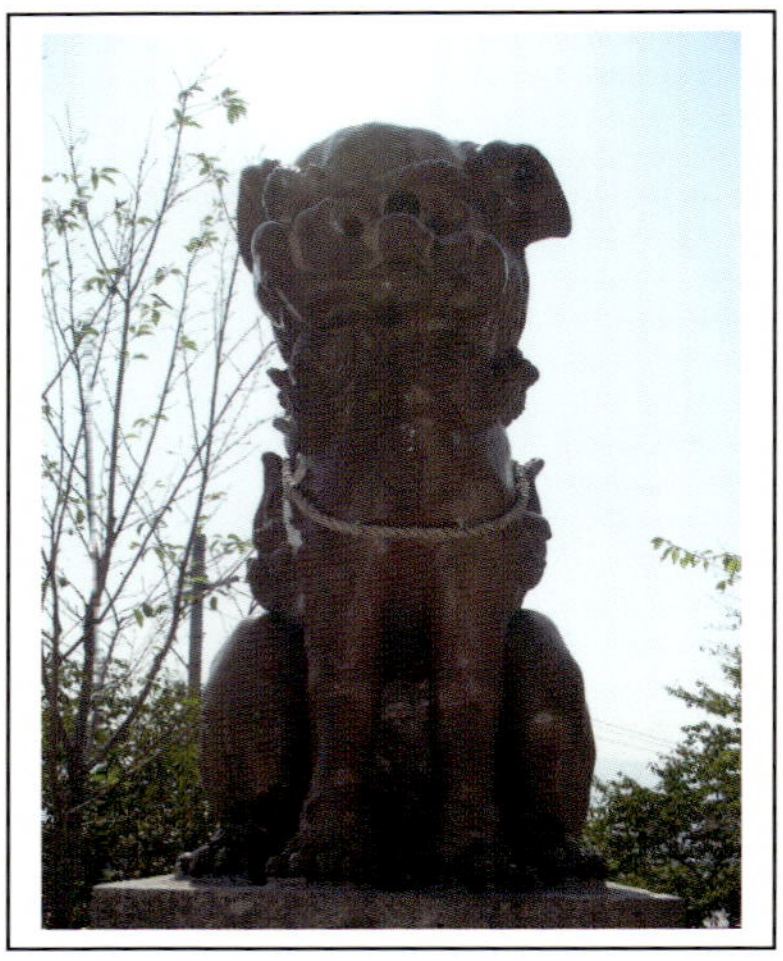

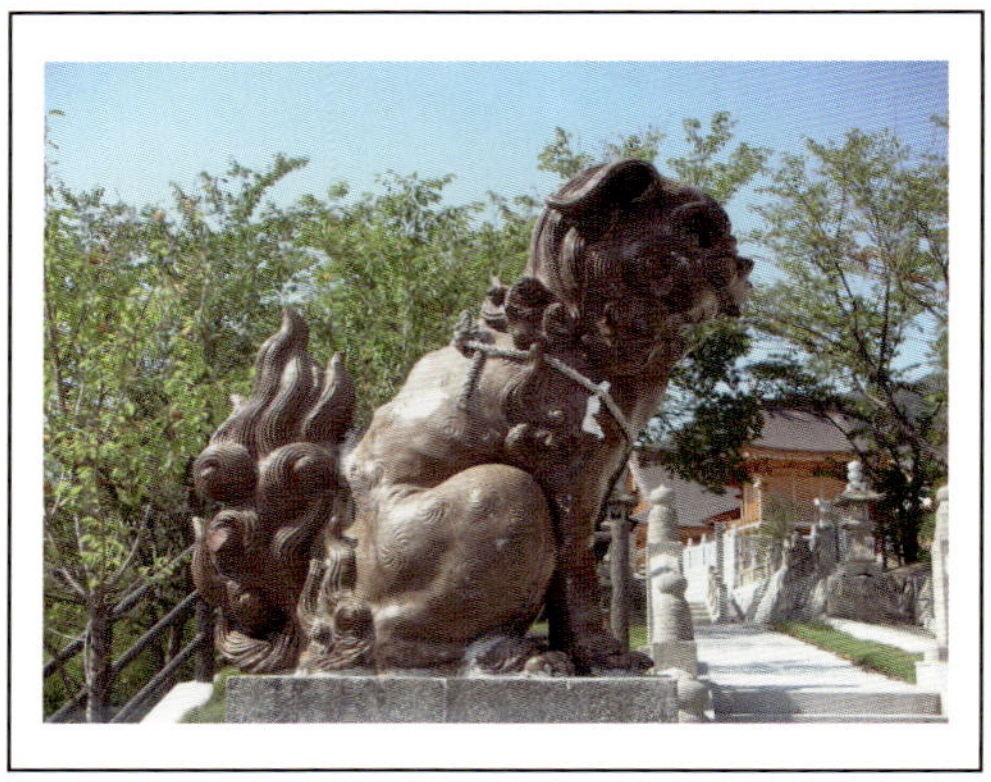

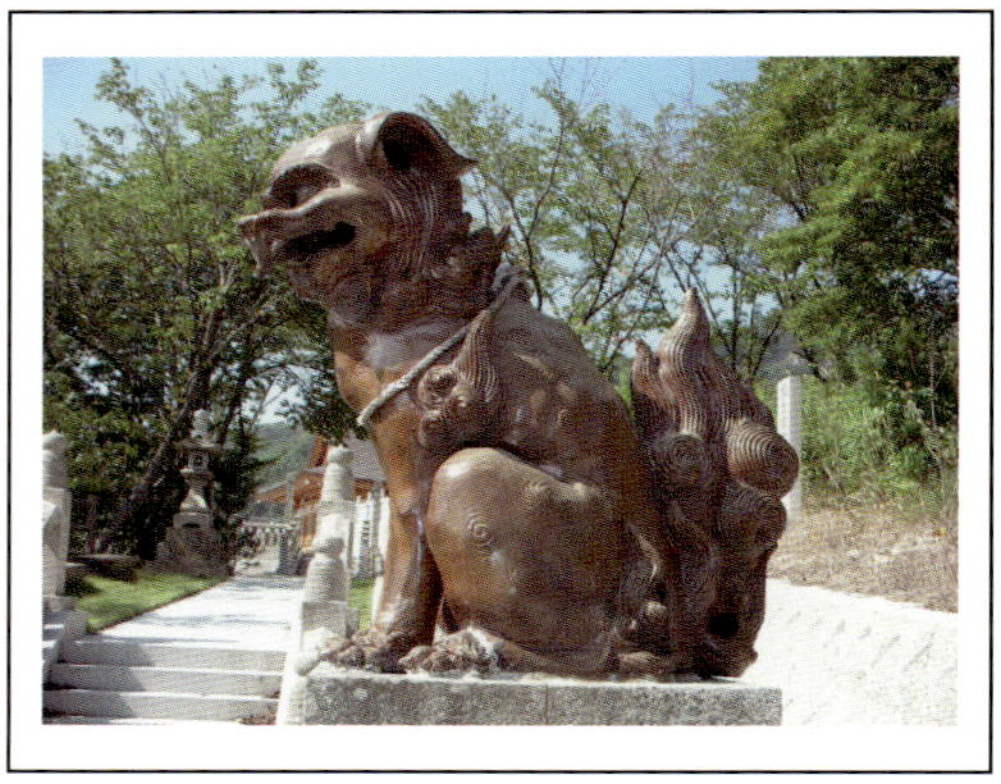

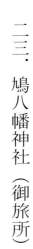

二五．鳩八幡神社（天満宮）

二六．荒神神社

二七・伊予稲荷神社

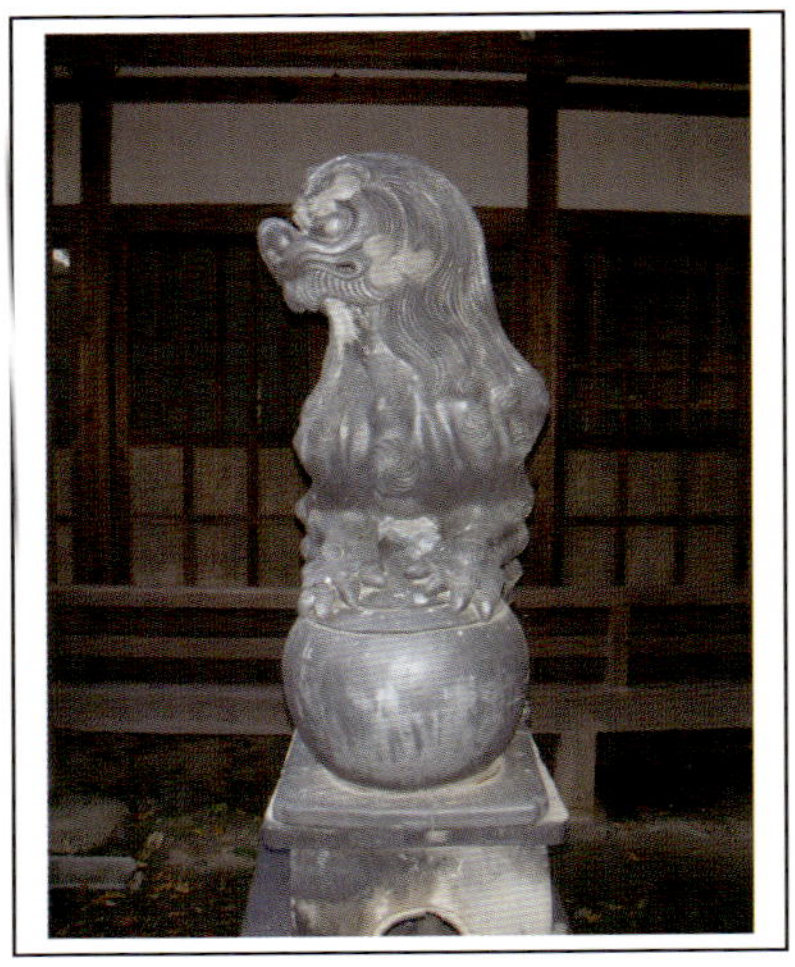

二八・石井神社

二九・海内八幡宮

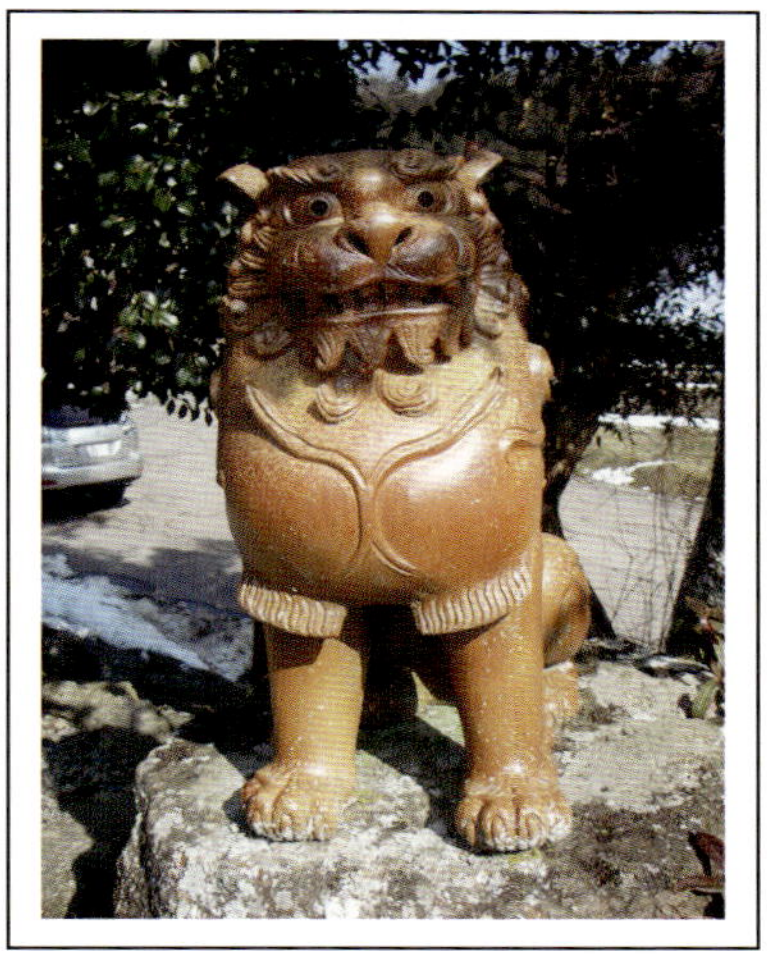

三〇・吉備津彦神社（拝殿）

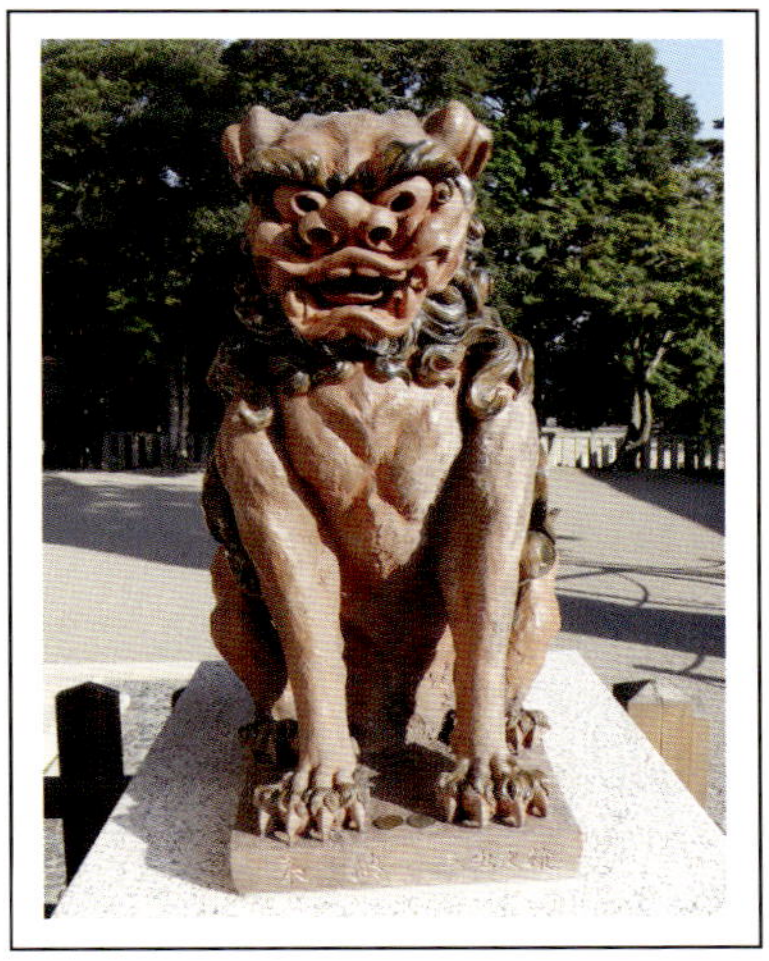

三一・愛宕神社

おわりに

調査においては、集めた情報を元に一つ一つの狛犬を直に見るため現地へ出かけました。

現地では狛犬の写真を撮るとともに高さの計測をしたほか、宮司や神社近くの地元の人達と話を聞くことができました。

北海道を除きマイカーを利用しましたので、狛犬探索以外に道中の景色を楽しむこともでき、特に神奈川など関東方面の調査で見ることができた東名高速からの富士山が印象的でした。

また、出かけた先で狛犬を見つけることができた喜びとともに、神社が地域で大切に守られている状況にも驚かされました。

地域によっては限界集落といわれるような、集落に人が殆ど居ない場所もありましたが、それでも多くの神社は定期的に地域の人たちによって清掃されており、境内ではゲートボールをする人達やサークル活動で集まった人達の声も聞かれ、神社が地域に愛されていることに心が和まされました。

備前焼の狛犬は一般に型物のように、どれも同じような顔や姿をしているとして様々な形態を持つ石製の狛犬に比べ、画一的で、面白味がないと思われています。

しかし、今回の調査で年代や作者によって個性のある狛犬がいるということが判り、狛犬を研究している方々にもっと興味を持ってもらいたいと思ったところです。

過去の資料でその神社にあるとされた狛犬が、今回訪ねてみると盗難や紛失、あるいは誤って破損・破壊され、境内の片隅に無惨な姿を晒しているものもあり、とても残念な気持ちになりました。

特に、平成一六年の新潟県中越地震により新潟県柏崎市にある番神堂にあった狛犬が地震により破損したため廃棄されていたことには、本当に残念でなりません。

破損しても、破片さえあれば修理ができるのですから。

また、地域の方が寄進され大切に見守られている狛犬が、一部の心ない者により奪われ、破壊されていることにも心が痛みました。

調査結果を公表することに際して、この調査が悪用されはしないかとの不安もありますが、それよりも貴重な郷土の文化財・資料としてこれまで以上に地域に存在が認められ、大切に守り続けられることを願って纏めさせてもらいました。

そして、まだ見ぬ備前焼狛犬が今後新たに発見されるとともに、狛犬の研究の一助に繋がっていくことを願っています。

余談ですが、調査で訪ね歩いた神社の多くは拝殿近くまで車で行くことができましたが、その車道は狭く、道に張り出した枝や岩で進入できない所も多々ありました。

もし、備前焼狛犬を訪ねてみたいと思われるなら軽四の四駆がお勧めです。
また、ある程度の体力・脚力も必要でしょう。神社への階段は勾配もきつく、結構長い所がありますから。
最後になりましたが、調査に当たっては岡山県内の狛犬の調査を行われ、その資料の提供をいただいた岡山市の山田成一氏、県内及び県外分布状況の情報をいただいた和気町の目賀道明氏ほか、多くの方々のご協力により実現したものであり、この場を借りて御礼申し上げます。

【参考資料】

陶磁のこま犬の戸籍簿　昭和五一年五月一日発行　本多静雄著
備前の宮獅子探訪　昭和五二年四月一日発行　本多静雄著
備前焼の狛犬　平成三年二月二四日発行　小出公大著
備前焼の系譜　平成一五年一二月一二日発行　目賀道明著

著者略歴

相原武弘（あいはら・たけひろ）

昭和三〇年生まれ

岡山県高梁市出身

住所　岡山県岡山市北区平野六六六―四五

岡山県健康づくり財団において水質・土壌・食品・細菌検査等を行う仕事に携わる傍ら、古備前の細工物や狛犬の研究に取り組んでいる。

著書

『備前の細工物』平成一九年一一月三日発行　日本文教出版

『備前宮獅子』　平成二二年一〇月五日発行　日本文教出版

『備前焼細工物』平成二六年一〇月三一日発行　目賀道明共著　吉備人出版

備前焼の狛犬

―全国の備前焼狛犬を訪ねて―

平成28年9月16日初版発行

著　者　相原　武弘

発行所　日本文教出版株式会社

岡山市北区伊島町一丁目4-23　〒700-0016

Tel 086-252-3175

印刷所　株式会社三門印刷所

製本所　日宝綜合製本株式会社

ISBN978-4-8212-9280-6

C0072